JN436914

미술비평과 법

이 상 돈

法 文 社

머 리 말

<미술과 법>이라는 분과는 아직 매우 낯설다. 그래도 최근 수 년 동안 우리나라에서도 몇 권의 책이 발간되었다. 이 책들은 주로 미술품의 거래와 관련한 손해배상책임이나 형사처벌 또는 조세나 관세 그리고 저작권의 문제를 다룬다. 그러나 여기 이 책은 미술과 법에 대한 법철학적 성찰을 펼친다. 미술의 역사적 발전과 법의 발전이 내적 연관을 맺고 있음을 밝히기도 하고, 미술비평의 방법론들과 법해석의 방법들도 단지 환유적 관계만이 아니라 호환적인 소통의 관계를 맺을 수 있음을 보여주기도 한다. 이런 독특한 작업을 통해 '미술비평이 법이다'라는 새로운 명제가 만들어진다. 이성법의 전통에서 법적 판단은 원칙과 규칙에 의해 정형화될 수 있어야 한다. 하지만 미술을 규제하는 법에서는 그런 정형화가 불가능하다. 그렇기에 비평이 원칙과 규칙의 기능을 대신하게 된다. 또한 이 책은 모던미술과 포스트모던미술에 대해 법학자의 인식관심에서 미술비평을 감행한다. 필자의 미술지식이 일천하기에 무리가 뒤따를 것이다. 그러나 그런 감행을 하지 않고는 미술(비평)과 법을 연결할 수 없기에 미술비평전문가들의 넓은 아량과 이해를 기대해 본다. 하지만 미술지식의 결핍이 법철학적 사고에 의해 상당히 메워질 수 있었다는 점도 부인할 수 없을 것 같다. 이런 미술비평은 법에서 모더니즘과 포스트모더니즘을 새롭게 반추하는 기회를 제공해준다. 또한 이 책은 법철학적 차원에서만 의미가 있지 않고,

형법이나 저작권법, 불법행위법, 조세법이나 관세법 등 실정법률의 해석에도 의미 있고 유용한 지침들을 마련해 줄 수 있을 것이다. 아무쪼록 많은 미술인과 법률가들이 이 책을 통해 미술과 법의 흥미진진한 만남을 경험할 수 있기를 바란다. 그리고 이 책의 설명 가운데 일부(예: 숭고미 등)는 고려법학 제68호에 실린 나의 논문인 <예술과 형법의 상호형성관계>의 설명을 사용하고 있음을 밝혀둔다.

끝으로 이 책의 원고를 교정해준 고려대학교 대학원 석사과정을 밟고 있는 탁가영 양과 박명화 양 그리고 윤지원 양의 노고에 감사의 마음을 전하고 싶다. 언제나 그렇듯 이 책을 만든 법문사 가족들에게도 깊은 감사의 마음을 전하고 싶다.

2013년 4월 봄날에

고려대학교 연구실에서

이 상 돈

차 례

[01] 미술의 법개념화

[02] 미술의 이미지 분석과 법의 해석

[03] 미술작가의 주체성과 법적 정의

[04] 모던미술과 이성법

[05] 포스트모던미술과 법

[06] 미술양식의 해체와 법

[07] 예술반달리즘과 법

01 | 미술비평과 법 |

미술의 법개념화

I 예술의 의미에 대한 법적 이해의 과제

법은 예술과 비예술을 차별하여 규율한다. 미술은 예술의 대표적인 장르이다. 그러므로 법이 미술작품을 규율할 때 그 작품이 예술인지 아닌지를 구별하게 된다. 가령 화가가 그린 그림일지라도 포르노와 차별이 안되면, 그 작품은 음란물(형법 제243조, 제244조)로서 압수·몰수될 수 있고, 작가는 형사처벌을 받을 수 있다. 하지만 이러한 법적 취급의 합리성은 예술의 의미를, 특히 예술의 외연을 법개념으로 만들 수 있어야만 기대할 수 있는 것이다.

예술의 외연을 설정하려면 논리적으로는 예술의 내포(개념)를 확정할 수 있어야 한다. 그러나 예술의 내포, 즉 의미를 법적으로 개념화하는 것은 거의 불가능하다. 무엇보다도 법이 의존할 수 있는 예술의 개념이 철학적으로 또는 예술이론적으로 확립되어 있지 않기 때문이다.

이처럼 예술의 개념이 확립되어 있지 않음에도 불구하고 법이 미술을 통제하려 할 때에는 미술이 예술로서 갖는 여러 (내포적) 특성을 존중해야 한다. 헌법 제22조는 예술의 자유를 기본권으로 보장하고 있기 때문이다. 그러므로 법이 고려해야 할 예술의 내포적 특성을 가능한 한 자세히 분석하는 작업이 필요하다. 법이 미술을 규율할 때에 고려해야 하는 예술의 (내포적) 특성을 발굴해내는 작업은 장기적으로는 예술과 비예술을 법적으로 구분하는 경계를 세우는 작업이 된다. 하지만 포스트모던미술의 예에서 보듯이 예술과 비예술의 경계 해체가 새로운 예술성을 생성시키는 시대적, 문화적 상황에서 이런 작업은 오로지 법적 취급의 합리성을 실현하기 위한 방편이라는 점을 간과해서는 안 된다.

Ⅱ 예술과 비예술의 법적 구분

법은 자신의 고유한 목적을 달성하기 위해 미술을 예술로서 취급하면서, 예술이 아닌 미술과 구분지으려 한다. 그러니까 예술의 법개념은 철저하게 기능적인(functional) 개념으로 구성된 것이다.

1. 기능적 예술개념

그 대표적인 예가 관세법상의 예술 개념이다. 우리나라 관세법은 별표 제97류에서 예술품과 수집품, 골동품을 규정하고 있다. 대체로 예술품은 무관세율을 적용한다. 회화, 데생, 파스텔, 판화, 인쇄화, 석판화, 조각, 조상(彫像)이 포함되고, 100년을 초과한 도자기류, 악기류 등도 무관세율이 적용된다. 그러나 관세법은 예술 개념을 사용할 뿐 예술 개념을 정의내리지는 않는다. 기껏해야 예술품의 장르를 열거할 뿐이다.

(1) 예술 개념의 확장

관세법이 바라보는 예술 개념의 변화는 미국 판례의 발전에서 명확하게 알 수 있다. 미국 연방대법원은 관세법상 면세대상이 되는 예술품과 상품(제품)의 구별을 위해 예술을 법적으로 정의해오고 있다.

1) 순수예술에서 모든 예술로 확장

Constantin Brâncuşi, Bird in Space, 1928[1]

연방대법원이 취한 예술 개념의 외연은 대체로 <순수예술→추상예술→모든 예술>의 세 단계로 확장되어 왔다. 이 확장의 역사를 이루는 중요 판례를 아주 짧게 개관해보자. ① 첫째, 예술 개념에는 순수미술(fine arts)이 가장 먼저 포섭되었다. 1916년 Olivotti사건[2]에서는 조각이 예술로 인정되려면 자연물이나 인간의 모습을 구성적 비율을 그대로 유지한 채 재현하는 것이어야 한다는 입장을 보여주었다. ② 둘째, 1928년 Brancusi v. United States 사건[3]에서는 추상미술(abstract art)을 예술로 인정하였다. 이 사건에서 Constantin Brâncuşi의 Bird in Space라는 작품은 새의 실제 모습과 닮지 않았지만, 새의 몸의 형상에 비유될 수 있다는 점, 바꿔 말해 새의 추상적 이념을 표현한다는 점에서 예술로 인정되었다. ③ 셋째, 이후 미국에서는 1958년 개정 관세법에 의해

---

1) 그림사진은 http://www.andrewgrahamdixon.com/archive/readArticle/296에서 퍼옴.
2) United States v. Olivotti (1916)
3) Brancusi v. United States (1928)

예술 개념은 비로소 대부분의 예술형태를 포괄하게 되었다.

2) 설치미술의 제외

그러나 국가와 지역에 따라서는 비디오 아트와 같은 설치미술이 관세법상의 예술품, 이를테면 조각예술품으로 다루어지지 않기도 한다. 대표적으로는 EU 규정 731/2010을 들 수 있다. 이 규정의 제정은 영국 법원의 빌 비욜라 작품에 대한 판결로까지 그 연원이 거슬러 올라간다. 2006년 영국에서 미국의 비디오 아티스트 빌 비욜라(Bill Viola)의 <이졸데의 승천(Isolde's Ascension <The Shape of Light in Space After Death>, 1995)>[4]이라는 비디오와 음향으로 이루어진 설치 작품을 전시하기 위해 수입해올 때 영국 세관은 이 설치작품을 미술품이 아니라 제품, 즉 프로젝터와 조명장치로 분류하였다. 이에 소송이 제기되었고, 우여곡절 끝에 2008년 영국법원에서 설치작품을 미술품으로 분류한 바 있다. 그러나 2010년 EU 규정 731/2010은 여전히 위와 같은 설치작품을 조각으로 분류하지 않는다. 그런 설치작품이 비디오플레이어와 스피커 등의 원래 기능을 바꾸지 않는다는 점이 그 주된 이유로 보인다.

3) 공예품의 제외

하지만 오늘날 미국에서 관세법은 예술가(artist)의 작품과 장인(artisan)이나 공예가(craftsperson)의 제품을 구별한다고 해석된다. 우리나라 관세법도 수입물품의 과세과격을 결정할 때 구매가격에 더하여 조정하는 거래가격으로서 그 물품의 생산 및 수출거래를 위해 무료 또는 인하된 가격으로 공급하는 물품 또는 용역(제30조

---

4) 같은 작품은 아니지만, 이와 비슷한 작품으로 바그너의 오페라 트리스탄에서 영감을 얻어 만든 비욜라의 <트리스탄 프로젝트(The Tristan Project)>가 2012년 여수 엑스포 전시장과 국립현대미술관(2012.5.23)에서 전시된 바 있다.

제1항 제3호)의 하나로서 “수입물품의 생산에 필요한 기술·설계·고안·공예 및 디자인”(관세법시행령 제18조 제4호)을 들고 있다. 여기서 예술의 개념은 직접 언급되어 있지 않지만, 디자인은 응용미술작품일 수 있는데, 그렇다면 응용미술작품은 저작권법(제2조 15호, 제4조 제1항 4호)에서와 달리 관세법에서는 예술로 취급되지 못하고 있는 셈이라 할 수 있다.

(2) 예술과 공예의 구분

그러나 예술품과 비예술품의 구별은 예술과 비예술의 구별처럼 근원적으로는 해결불가능한 문제이다. 이 점을 예술품에 근접해 있는 공예품과 예술품의 구별 가능성에 대한 검토를 통해 살펴보기로 한다. 이 둘의 구분은 매우 방대한 역사적 연구를 필요로 한다.[5] 여기서의 논의를 위해 그 역사를 다음과 같이 짧게 종합할 수 있다.

> “고대에는 정신노동과 육체노동을 근거로 자유학예보다 하위에 위치했지만 동등했던 미술과 공예의 관계가 르네상스시대에 들어와서 미술이 자유학예의 지위를 획득하면서 위계적 질서를 갖게 되고 그 이후 다양한 이론적, 철학적 기반하에 조형예술이 자유학예에서 독립하면서 미술과 공예의 경계가 굳건하게 다져졌고, 산업혁명의 여파로 다시 그 경계가 해체되었다가 20세기 모더니즘의 대세 속에 넘기 힘든 장벽이 재건되는 과정을 거쳤다. 시대마다 세워진 경계의 양상은 달랐지만, 그 기저에는 대체로 육체와 정신, 학예와 기예, 순수와 기능과 같은 이분법적 사고가 자리하고 있음을 알 수 있었다.”[6]

---

5) 예술과 공예의 역사적 구분에 관한 연구로 Edward Lucie-Smith, *The Story of Craft: The Craftsman's Role in Society* (Cornell University Press, 1981) 참조.

6) 정무정, “미술과 공예: 그 경계와 위상”, *미술사학* (제21호, 2007.8), 246쪽. 이러한 역사적 연구의 종합을 통해 정무정은 미술과 공예의 경계에 관한 논의는 더 이상 의미있는 담론을 생산하지는 못하며, 그래서 미술이든 공예든 시대의

그러면 예술과 공예는 오늘날 법적으로 어떻게 구분할 수 있는 것일까? 이 둘의 구별기준으로서 예술품은 제품과 달리 ① 족적을 남기고(leave the paths of his or her trade), ② 사상성(mental concept)이 있으며, ④ 예술적 안목과 정신에 호소하는(appeal to artistic eye/mind), ③ 고유성(originality)이 있는 것이어야 한다고 볼 수 있다.[7)]

1) 구별기준의 상대성

그러나 이 구별기준들은 예술품과 상품을 구별하는 범주적(categorical) 기준을 제공하지 못한다. 가령 미술품뿐만 아니라 스마트폰인 아이폰의 '첫' 출시도 족적을 남긴 것(요소 ①)이라 할 수 있고, 아이폰에는 미니멀리즘(minimalism)이라는 사상(요소 ②)도 인정될 수 있다. 더 나아가 아이폰도 소비자들의 예술적 안목과 정신에 호소(요소 ④)하는 고유성을 갖고 있다.

반면에 미술품도 예컨대 루벤스(Rubens)가 조수나 학생의 도움으로 색칠을 한 것처럼 화가의 조수들이 상당한 부분 그 제작에 관여한다는 점에서 그 고유성(요소 ③)이 희석되기도 한다.[8)] 수많은 미술품의 위조품들이 시장에 난무하는 현상은 미술품이 창출하는 특별한 미적 가치 전반에 대해서 회의를 가져다 주며, 그에 따라 미술품이 과연 공예품에 비해 특별한 미적 가치를 창출하는 지도 의심하게 만든다. 굳이 차이를 말한다면, 제품의 경우에는 족적

문화적 욕구를 어떻게 반영하고 얼마나 충족시키는가가 중요하다고 본다.

7) 이 도표의 구별항목에서 ① 족적을 남김, ② 사상성, ③ 고유성, ④ 예술적 안목과 정신에 대한 호소력은 Leonard D. DuBoff/Christy O. King, *Art Law* (2006), 4~6쪽에서 추출한 것을 사용한 것이며, ⑤⑥은 필자가 추가한 것임.

8) Thomas Wurtenberger, "Criminal Damage To Art - A Criminological Study", *DePaul Law Review* (Vol.14, 1964-1965), 86쪽. 우리나라 유명 화가들도 조수를 미술작업에 참여시켜 그리게 하는 경우가 드물지 않다.

의 역사적 의미나 사상성이 상대적으로 약하다는 차이가 있다. 하지만 인상주의 회화가 어떤 철학적 이론이나 사상과 연관되지 않는 순수한 시각적 즐거움을 지향한다는 점[9]도 예술과 공예의 구분을 상대화시킨다. 또한 미술품이 1점 또는 석판화(lithography)처럼 한정량으로 복제되는 반면, 아이폰은 수천만 대 정도로 대량으로 복제되고 소비된다는 양적 차이가 있다. 그러나 이 차이도 오늘날에는 미술품이 프린트화로 대량으로 생산되고 소비된다는 점에 의해 상대적인 것이 된다.

	예술품	공예품
① 족적을 남김	○	△
② 사상성	○	△
③ 고유성	○ (한정)	○ (대량)
④ 예술적 안목과 정신에 대한 호소력	○ (강함)	○ (약함)
⑤ 실용적 목적성	△	○
⑥ 생산자 의도	소통지향성	소비자선호 지향성

2) 실용성과 예술성

여기서 새로운 구별요소를 추가로 발굴해볼 필요가 있다. 이를테면 예술품은 비실용적인 것이고, 제품은 실용적인 것이라는 구별이다(요소 ⑤). 그러나 이 차이도 양적 차이일 뿐 유무의 차이는 아

9) Arthur C. Danto, *After the End of Art* (Princeton University Press, 1997), 33쪽. 물론 순수한 시각적 즐거움을 지향하는 것 자체가 순수이성의 회화적 표현이라고 해석할 수도 있다. 그렇다면, 사상성에서 차이를 인정할 수 있게 된다.

니다. 제품에서 실용성은 심미적 요소와 상하관계에 놓이지 않고, 수평적 상호제약의 관계에 놓이기 때문이다. 제품의 실용적 목적성이 심미적 요소보다 언제나 우월하게 설정되는 것이 아니다. 심미적 목적을 위해 제품의 기능성이 재단되기도 한다. 예컨대 쿠페(coupe) 자동차가 뒷좌석의 안락한 착좌감을 희생시키는 것은 차의 바디 라인의 아름다움을 위한 것이다. 반면에 예술품도 언제나 비실용적인 것은 아니다. 가령 미술치료에서 보듯, 예술적 가치가 인정되는 그림들은 감상자의 마음을 치유하는 수단으로 기능하기도 한다.

3) 소통과 소비자선호 지향성의 상대성

예술품과 공예품은 저자의 의도 내지 지향성에서도 상대적 차이가 있다. 예술품이 저자가 생산하는 메시지에 대해 관람자와의 '소통적 이해'(communication)를 지향한다면, 제품은 소비자선호(consumer preference)를 지향한다. 소비자선호 지향성은 제품의 의미에 대한 생산자와 소비자 사이의 소통을 지향하는 것이 아니라 판매의 극대화를 지향할 뿐이다(요소 ⑥).

물론 예술의 소통 지향성과 상품의 소비자선호 지향성도 상대적이다. 그림을 그릴 때 화가는 자신의 그림에 담기는 메시지와 심미적 의미에 대한 감상자들과의 소통이 활발해질수록 미술시장에서 높은 수요로 나타난다고 생각하기 쉽다. 폭넓고, 깊은 소통이 많은 수요를 낳는 현상이 반복되면서 소통과 소비자 선호는 작가들의 의식 속에서 동일화되기 쉽다. 그렇기 때문에 화가는 종종 시장의 수요를 먼저 생각하고, 높은 수요를 창출할 수 있는 심미적 가치를 지향하게 된다. 즉, 소통이 소비자선호의 틀 안에 갇힐 수 있는 것이다.

이와는 정반대로 상품의 소비자선호 지향성은 본래는 판매와

수익의 증대를 목표로 한 것이지만, 소비자선호를 높이는 성공의 깊이에는 제조자와 소비자가 삶에서 그 상품이 갖는 의미와 가치에 대해 깊이 소통하는 흐름이 자리하고 있기 쉽다. 그러므로 예술은 외면적으로는 소통을 지향하지만, 내면적으로는 시장의 선호를 지향하기 쉽고, 상품은 외면적으로는 시장의 선호를 지향하지만, 내면적으로는 소통을 지향하는 것일 수 있다.

4) 유형적 개념

이상의 논의에서 예술과 상품의 구별은 지극히 상대적인 것임을 알 수 있다. 범주적 차이가 있는 것이 아니라 어떤 특성은 상품에서 두드러지고, 다른 어떤 특성은 예술품에서 두드러지는 식의 양적 차이만 있을 뿐이다.

(가) **예술품, 상품적 예술품, 예술적 상품, 상품** 이 양적 차이는 예술품과 제품의 개념을 유형(Typus) 개념으로 이해할 수 있게 한다. 전형적인 예술품과 전형적인 상품 사이에 다양한 혼합유형이 존재할 수 있다. 그런 유형을 가장 단순하게 예컨대 <ⓐ 예술품→ⓑ 상품적(상품스러운) 예술품→ⓒ 예술적(예술품스러운) 상품→ⓓ 상품>과 같이 네 가지 단계적 유형으로 나누어 보자. 물론 더 세분화된 단계설정도 가능하다. 여기서 중요한 점은 법이 예술 개념을 사용할 때 그것이 어떤 단계의 예술과 상품의 유형까지를 포괄하는 것인지가 명확하지 않다는 점이다. 이와 같이 예술 개념의 외연이 불명확하다면, 그 내포(의미)도 불명확할 수밖에 없게 될 것이다.

(나) **공예품과 응용미술저작물** 네 가지 유형에서 중간 유형인 ⓑⓒ의 예를 들어 보자. 현행 저작권법은 응용미술저작물과 공

예에 대해 모두 저작권을 인정한다. 응용미술저작물이 ⓑ 상품적 예술품(상품스러운 예술품)에 좀 더 가깝다면, 공예품은 ⓒ 예술적 상품(예술품스러운 상품)에 더 가깝다.

> 물론 응용미술의 개념은 건축디자인, 제품 디자인, 세라믹스, 보석공예, 텍스타일, 유리공예, 가구디자인 등에 사용되기도 한다. 그러나 이런 개념사용은 응용미술을 공예와 구별할 수 없게 하고, 순수미술과의 구분도 어렵게 만든다. 예술비평의 관점에서 순수미술과 응용미술의 구분은 의미가 없는 것이지만, '법적 개념'으로는 의미가 있다. 왜냐하면 저작권법은 미술저작물로서 "회화 · 서예 · 조각 · 판화 · 공예 · 응용미술저작물 그 밖의 미술저작물"(제4조 제1항 제4호)을 구분하여 규정하기 때문이다. 따라서 응용미술 개념은 주로 '디자인'을 통한 미학적 요소와 제품의 기능적 요소가 결합된 작품을 가리킨다고 보아야 한다. 이런 개념 이해에 따르면 응용미술저작물은 현행 디자인보호법(과거의 의장법 意匠法)이 적용되는 분야와 중첩되게 된다.

하지만 이런 구분도 상대적이다. 응용미술저작물이 대량 생산되는 상품과 결합되는 경우거나 공예품이 소량 제작되는 경우에는 어느 것이 상품적 예술품이고, 어느 것이 예술적 상품인지를 말하기 어렵게 된다.

㈐ **공예품과 응용미술저작물의 저작권법적 구분** 그러므로 여기서 법실무에서 종종 간과되고 있는 두 가지 저작권법적 원칙을 세울 필요가 있다.

- 첫째, 본래 제작의 목적(telos)이 상품이 되는 것이었지만, 예술적 차원을 갖고 있는 공예품이 저작권의 보호를 받기 위해서는 일본처럼 '일품제작의 원칙'이 지켜질 것을 요구해야 한다.
- 둘째, 응용미술저작물(예: 창의적인 도안)이 대량 생산되는 상품

(예: 넥타이)에 결합되는 경우에 그 응용미술저작물이 저작권의 보호를 받기 위해서는 대량 생산되는 제품성에도 불구하고 다른 미술작품과 같은 법적 보호를 받을 만한 정도의 '예술성'이 있을 것을 요구해야 한다.

2. 저작권법의 미술작품 개념

저작권법 제4조 제1항 제4호는 공예나 응용미술저작물이 순수예술이 아니라 예술적 상품과 상품적 예술품임에도 불구하고 회화와 같은 법적 보호를 받을 수 있게 한다.

(1) 창작성의 의미

저작권법이 보호하는 미술작품, 즉 미술저작물에 공예나 응용미술저작물이 포함되어 있다는 것은 공예나 응용미술품도 저작권의 보호를 받기 위해서는 다른 순수미술처럼 예술성이 있어야 함을 말해준다.

미술저작물만이 아니라 다른 저작물도 '예술성'의 요소를 많든 적든 포함해야 한다. 저작권이 인정되기 위한 기본요건인 ① 인간의 사상 또는 감정의 표현과 ② 창작성(저작권법 제2조 1호: "저작물"은 인간의 사상 또는 감정을 표현한 창작물을 말한다.)에서, 첫째 창작성에는 예술성이 내재해 있고, 예술성에도 창작성이 내재되어 있기 때문이다. 물론 예술성은 저작권법 제1조가 규정하는 다양한 저작물[10]의 장르마다 그 분야의 비평담론이 생산하는 예술비평적 기준을 통해서

10) 저작권법 제4조 제1항은 "1. 소설·시·논문·강연·연설·각본 그 밖의 어문저작물, 2. 음악저작물, 3. 연극 및 무용·무언극 그 밖의 연극저작물, 4. 회화·서예·조각·판화·공예·응용미술저작물 그 밖의 미술저작물, 5. 건축물·건축을 위한 모형 및 설계도서 그 밖의 건축저작물, 6. 사진저작물(이와 유사한 방법으로 제작된 것을 포함한다), 7. 영상저작물, 8. 지도·도표·설계도·약도·모형 그 밖의 도형저작물, 9. 컴퓨터프로그램저작물"을 규정한다.

세분화된 채 차별적으로 판단될 수 있다. 둘째, 인간의 사상이나 감정의 표현이란 작품의 보편적인 구성요소이기 때문에 저작권법상 저작물 개념의 핵심은 창작성에 놓이게 된다.

1) 새로움이 아닌 고유함

첫째, 이 창작성이란 저자가 처음으로 만든 것(novum, novelty)을 의미하지는 않는다. 이는 특허법의 요구사항이다. 그 대신 저작물로서 창작성은 그 저자가 만든 작품이 다른 사람이 만든 작품과 구별되는 저자만의 특성, 즉 고유성(originality)이 있어야 함을 뜻한다.

2) 최소한의 예술성과 상당한 미학적 가치

둘째, 창작성은 작품이 예술성, 즉 미학적 가치(aesthetic value)를 갖고 있어야 함을 의미한다. 저작물은 예술품과 동일어가 아니기 때문에 저작물의 창작성으로서 요구되는 예술성은 그 작품을 '예술의 범위'에 속하게 만드는 특성, 그러니까 넓은 의미에서 예술로 취급할 수 있게 만들 정도의 예술성이면 충분하다. 그런 예술성을 최소한의 예술성('최소예술성')이라고 개념화할 수 있다. 하지만 예술이 되기 위한 최소한의 예술성은 분석적으로 작품을 비평해볼 때 나름대로 '상당한' 미학적 가치를 갖고 있는 경우이어야 한다.

[저작물의 개념 변경과 예술성의 요청] 물론 저작권법은 1957년 제정 때부터 (학문 또는) "예술의 범위에 속하는 창작물"이라고 하여 예술 개념을 명시적으로 사용했지만, 2007.6. 개정법부터는 "인간의 사상 또는 감정을 표현한 창작물"이라고 하여 저작물의 개념에서 예술 개념을 삭제하였다. 그러나 이것은 예술 개념이 문학이나 학문 등과 외연적으로 명확하게 구별되지 않을 뿐만 아니라 저작물의 장르가 다양화되면서 본래적 의미의 예술품에서 요구되는 예술성을 요구하기

에 부적절한 경우가 생겼기 때문이다. 이런 개정으로 오히려 저작물은 예술성이 전제되어야 한다는 해석이 요구된다. 이 개정의 취지는 저작물이 갖추어야 할 예술성이 저작권법이 열거하는 다양한 장르마다 그 정도의 차이를 갖고 요구되어야 함에 있다. 저작물의 각 장르에서 어느 정도의 예술성을 요구할 것인지는 그 장르에 관계되는 예술담론에서 결정될 수 있을 뿐이다.

(2) 물품과 구분되는 독자성

저작권법은 공예나 응용미술저작물도 미술저작물로 바라보지만 응용미술품들은 회화 등과는 다른 특성을 가진다. 저작권법은 이 특성을 '물품에 동일한 형상으로 복제될 수 있는 미술저작물로서 그 이용된 물품과 구분되는 독자성'(저작권법 제2조 제15호)이라고 정의한다.

1) 융합이 아닌 결합

물품과 구분되는 독자성이란 물품 자체의 실용적인 기능성(intrinsic utilitarian function)[11]과 미학적인 양식성이 '융합된' 것이 아니라 단지 '결합된' 것이어서 서로 떼어낼 수 있는 속성을 가리킨다. 미학적 양식성을 제품의 실용적 기능성과 떼어낼 수 없다면, 대량 생산되는 제품의 속성으로 인해 예술품은 생산과 소비의 일상영역에서 홍수를 이루게 된다. 이런 홍수 현상은 어떤 물품에 대한 저작권보호를 과잉의 상태로 만들고, 동시에 예술의 일상화로 인해 예술의 비예술화를 가져올 수도 있다.

2) 분리가능성

그러므로 응용미술저작물에서 독자성 개념은 실용적 기능성과 미학적 양식성의 분리가능성을 가리킨다고 보아야 한다.

11) 이 개념을 사용하는 미국의 17 U.S.C. §101 참조.

(가) **물리적 분리가능성** 이 분리가능성은 첫째, 실용적 기능성을 수행하는 부분과 미학적 양식으로 표현된 부분이 물리적으로 분리가능함(physical separability)을 가리킨다. 미국 연방법원은 <발리섬의 춤추는 사람>이라는 조각을 스탠드의 몸통으로 제작·판매한 행위는 그 조각을 한 작가의 저작권을 침해한 것으로 보았다.[12] 그 몸통부분은 스탠드의 실용적 기능성으로부터 분리될 수 있기 때문이다. 이런 기준을 엄격하게 적용한다면, 우리나라 판례에서 보듯, 예컨대 보온밥통의 꽃무늬 문양(대판 99노4546)이나 생활한복(대판 2000도79)의 디자인 등도 분리가능성의 결핍으로 인해 저작권이 인정되기 어렵다.

(나) **관념적 분리가능성** 하지만 이러한 물리적 분리가능성이 없어도, 관념적 분리가능한 것(conceptual separability)만으로도 그 물품으로부터 독립한 미술저작품이 인정될 수 있다. 관념적 분리가능성은 물품의 미학적 양식성이 생성시키는 예술성이 실용적 기능성을 압도하거나, 그로 인해 매우 탁월하게 높은 시장경쟁력을 갖는 경우 등을 가리킨다. 따라서 히딩크넥타이 사건(대판 2005도1450)에서 그 넥타이의 도안은 – 응용미술저작물의 또 다른 요건인 예술성과 고유성이 인정될 수 있다고 전제하고 본다면 – 저작권보호의 대상이 된다. 이때 그 도안은 넥타이로부터 비록 물리적으로 분리가능한 것은 아니지만, 바

히딩크넥타이

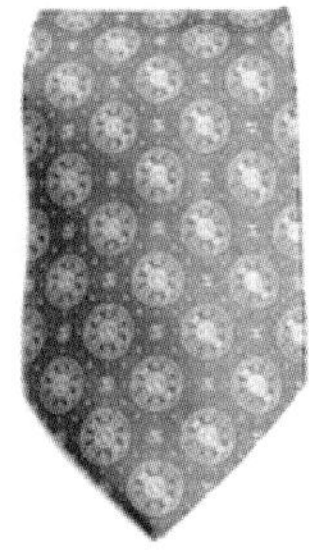
모방 넥타이[13]

12) Mazer v. Stein, 347 U.S. 201 (1954) 참조.

13) 사진은 네이버(http://search.naver.com) 이미지 검색에서 나온 사진을 퍼옴.

로 그 도안으로 인해 그 넥타이가 시장에서 매우 잘 팔리는 힘을 갖게 되었다는 점에서 관념적으로 분리가능하다고 볼 수 있다.

(3) 응용미술작품의 법적 보호요건

이상의 설명에서 응용미술작품에 대한 저작권법의 보호는 결국 ① 고유성 ② 예술성 ③ (물품과의) 독자성의 요건을 충족할 때 인정된다. 여기서 히딩크넥타이에 대한 저작권법의 보호가 예술 개념을 적절하게 포착하고 있는지를 살펴보기로 하자.

1) 히딩크 넥타이 사건의 경과

甲은 2002년 월드컵 축구대표팀 감독인 히딩크 감독이 착용했다고 하여 히딩크넥타이로 불리는 넥타이(사진의 왼쪽 넥타이)의 도안을 제작하였다. H공사 과장 乙이 丙에게 히딩크넥타이 문양을 본딴 넥타이 제작을 의뢰하였고, 사진의 오른쪽과 같은 넥타이(이하 모방넥타이) 530개를 납품받았다. 乙과 丙은 저작복제권침해죄로 기소되었다. 1심과 항소심은 이 넥타이의 도안이 독창적인 응용미술작품임을 인정하였지만, 응용미술작품은 "하나의 독립적인 예술적 특성이나 가치를 가지고 있어 예술의 범위에 속하는 창작물에 해당하는 것만이 저작물로서 보호된다"는 과거의 판례(대판 94도3266[14];

14) 대판 94도3266: "저작권법에 의하여 보호되는 저작물이기 위하여는 어디까지나 문학, 학술 또는 예술의 범위에 속하는 창작물이어야 하고, 본래 산업상의 대량생산에의 이용을 목적으로 하여 창작되는 응용미술품 등에 대하여 의장법 외에 저작권법에 의한 중첩적 보호가 일반적으로 인정되게 되면 신규성 요건이나 등록 요건, 단기의 존속기간 등 의장법의 여러 가지 제한 규정의 취지가 몰각되고 기본적으로 의장법에 의한 보호에 익숙한 산업계에 많은 혼란이 우려되는 점 등을 고려하면, 이러한 응용미술작품에 대하여는 원칙적으로 의장법에 의한 보호로써 충분하고 예외적으로 저작권법에 의한 보호가 중첩적으로 주어진다고 보는 것이 의장법 및 저작권법의 입법취지라 할 것이므로 산업상의 대량생산에의 이용을 목적으로 하여 창작되는 모든 응용미술작품이 곧바로 저작권법상의 저작물로 보호된다고 할 수는 없고, 그 중에서도 그 자체가 하

2000도79)에 따라 무죄를 인정하였다. 그러나 대법원은 히딩크넥타이의 도안이 물품에 동일한 형상으로 복제될 수 있는 응용미술작품으로서 그 이용된 물품인 넥타이와 구분되어 독자성을 인정할 수 있는 것이라면 응용미술저작물에 해당한다고 보았다. 원심판결은 파기환송되었고, 乙과 丙은 결국 저작복제권침해죄로 처벌되었다.[15)]

2) 판결의 분석

무죄를 인정한 하급심의 판결은 응용미술작품의 저작물 인정요건인 ① 고유성 ② 예술성 ③ 독자성 가운데 주로 예술성을 부정하는 논증을 보인 것인 반면, 대법원은 ② 예술성 검토는 거의 하지 않고, ③ 도안이 넥타이라는 물품으로부터 독자성이 있다는 점만을 중시하여 판단을 한 것이다. 그러나 응용미술작품은 그것이 동일한 형상으로 복제된 물품과 물리적으로 또는 관념적으로 분리 가능하다는 독자성만으로 응용미술저작물이 되는 것이 아니라 미술저작물의 일반적 요건인 고유성과 예술성도 갖추어야만 하는 것이다. 물론 하급심이나 대법원은 모두 이 히딩크넥타이의 도안이 우리 민족 전래의 태극문양 및 팔괘문양을 이용한 것이지만, 그런 문양을 이용한 기존의 도안과는 다른 고유성을 갖는다고 본 듯하다. 창작성의 의미로서 고유성 인정을 바탕으로 하급심은 예술성의 부족을 중시한(②요건의 불충족) 데에 비해, 대법원은 독자성을 중시한 것(③요건의 충족)이다. 그러나 응용미술저작물이 되기 위해서는 독자성 요건뿐만 아니라 고유성과 예술성 요건도 아울러 충족하여야 한다.

나의 독립적인 예술적 특성이나 가치를 가지고 있어 위에서 말하는 예술의 범위에 속하는 창작물에 해당하여야만 저작물로서 보호된다."

15) 파기환송받은 원심법원의 유죄판결은 서울중앙지방법원 2005.2.4. 선고 2004노2851 판결을 그리고 이에 대한 상고기각판결은 대판 2005도1450을 참조.

3) 도안의 예술성 비평

그러므로 히딩크넥타이 사건에서 피고인들의 유·무죄는 그 도안의 예술성에 달려있게 된다. 즉 디자인보호법의 보호 이외에 저작권법에 의한 보호가 중첩적으로 인정되려면 디자인은 디자인보호법의 요건 충족을 넘어서는 예술성이 인정되어야 한다. 여기서 저작권형법은 응용미술작품의 예술성에 대한 판단에 의해 좌우되고, 결국 그 작품의 예술성을 판단하는 예술비평에 의해 형성되는 것임을 알 수 있다.

(가) 사상적 예술성 미술작품의 예술성은 그 작품의 '양식'이 생성시키는 예술성과 '사상'이 생성시켜주는 예술성으로 나누어 판단해볼 수 있다. 히딩크넥타이의 예술성을 이루는 사상은 2002년 당시 월드컵 결승전 진출을 원하는 모든 국민의 염원이었고, 따라서 히딩크넥타이 도안자에게 고유한 것도 아니며, 동시에 죽음을 무릅쓰는 바와 같은 작가 자신의 실천적 행동을 통해 그 사상의 숭고성이 생성된 것도 아니었다. 그런 점에서 히딩크넥타이의 도안은 사상적 예술성을 인정하기 어렵다.

(나) 양식적 예술성 미술작품의 예술성을 생성시키는 전통적인 요소는 그 양식(style)이다. 히딩크넥타이에 사용된 팔괘나 태극문양 또는 사각형이나 다이아몬드형의 점들은 작가에게 고유한 것이 아니다. 다만 8강, 4강, 2강 등을 태극문양, 팔괘문양 및 4각형의 점들의 배열을 통해 상징화한 점이 그 도안자에게 고유한 양식성이라 할 수 있다.

여기서 이 고유한 양식의 예술성 문제와는 별개로 모방넥타이의 도안이 히딩크넥타이의 고유한 양식을 그대로 재현한 것인지가 먼저

> 의문으로 남는다. 모방넥타이는 히딩크넥타이와 태극문양, 팔괘문양 점 등을 사용한 점은 같지만, 자세히 보면, 히딩크넥타이와는 달리 팔괘를 안에 갖고 있는 원형 주변에 흰색 점선들이 단지 4각구조를 이루지 않고, 환형(環形)구조를 이루고 있음을 볼 수 있다. 이 점에서 모방넥타이는 히딩크넥타이가 기존의 태극과 팔괘문양을 이용한 도안에 대해 가졌던 고유성보다 결코 적은 고유성을 갖는다고 단정하기는 쉽지 않다. 그렇다면 모방넥타이는 응용미술저작물의 세 가지 요건 중 ① 고유성의 요건을 새롭게 충족한다는 점에서 히딩크넥타이의 저작복제권을 침해한다고 볼 수 없다.

그런데 이 고유한 양식적 표현이 최소한의 예술성을 갖는 것인지가 관건이 된다. 나의 주관적인 비평적 감각으로 히딩크넥타이의 고유한 양식적 표현은 디자인보호법의 보호수준을 넘어서는 법의 보호가 요청될 정도의 예술성을 갖고 있지 않다고 판단된다.

3. 말하지 않는 예술성과 법의 차연

이로써 저작권(형)법과 그 적용은 궁극적으로는 '예술(성)이란 무엇인가' 하는 물음으로 되돌아간다는 점을 알 수 있다. 그러나 이제까지 법과 법원이 어떤 예술 개념을 취하고 있는지 전혀 밝혀지지도 않았고, 심지어 논의된 바도 없다. 그렇기에 예술성의 문제를 맴도는 법은 "결정불가능성(indécidabilité)의 시련"[16](the ordeal of undecidability)을 겪고 있고, 그래서 법은 마치 유령[17]과 같은 것이 된다고 할 수 있다. 예술성이 법이 적용되는 현실의 범위를 결정한다는 점에서, 법의 규범영역(Normbereich)[18]은 예술성의 판

---

16) John D. Caputo, *Deconstruction in a Nutshell: A Conversation with Jacques Derrida* (Fordham University Press, 1997), 138쪽.

17) Jacques Derrida (진태원 옮김), *마르크스의 유령들* (이제이북스, 2007) 참조.

18) 이 개념은 법학방법론상 법을 구성하는 요소 가운데 하나로서 뮐러(Müller)가

단에 의해 정해진다고 할 수 있다. 해석학적 법이론의 관점에서 보면 법의 규범영역은 법을 구성하는 요소가 된다는 점에서, 예술성의 판단은 곧 (저작권)법을 구성하는 요소가 된다고 말할 수 있다. 이처럼 예술성이 법을 구성하는데도 예술성이 무엇인지 말하지 않은 채 법은 실행되고 있는 것이다.

또한 법원은 법을 구성하는 예술성의 판단을 수행하면서도 어떤 점에서 예술성을 인정하거나 인정하지 않는지 등을 언제나 '나중에 말할 것'처럼 말하지 않고 있는 셈이다. 이렇게 볼 때 예술을 다루는 법도 언제나 데리다(Derrida)의 용어로 표현하면 차연(différance)[19]되어 있는 것이다. 나중에서 말할 수 있게 되는 것(예술성)에 의해 지금의 법을 실현하고 있기 때문이다.

Ⅲ 예술의 내포적 특성의 분석

그러면 법에서 말하지 않은 예술이란 무엇인가? 이제 예술의 특성에 대한 논의를 더턴(Dutton)의 자연주의적 개념을 중심으로 논의해본다.

1. 예술의 자연주의적 요소

더턴(Dutton)은 예술 개념을 자연주의적으로 파악함으로써 보편적인 예술 개념을 정립하려고 한다. 그는 먼저 보편적 예술 개념의

창안한 개념임. 이에 관해 자세히는 F. Müller, *Juristische Methodik* (1976) 참조.

19) "법이란 차연의 또 다른 이름"이라고 말하는 Jacues Derrida, "Before the Law", Derek Attridge (편), *Act of Literature* (New York: Routledge, 1992), 203쪽.

정립이 실패한 까닭을 예술의 형태와 기술이 역사적으로 사회적으로 변화하는 점, 예술철학자들이 자신들에게 고유한 미학적 체험으로부터 예술 개념을 형성하는 점, 예술 개념의 정립에 철학적 수사학이 만연하는 점에서 찾는다.[20] 그렇기 때문에 그는 자연주의적인(naturalistic) 방법, 즉 문화를 가로지르는 예술의 담론과 그에 기초한 특징들을 중심으로 예술을 정의하려고 한다. 그는 다음과 같은 12가지 요소를 예술의 자연주의적 특성으로 제시한다.

12가지 요소	내 용	평가
① 직접적 쾌락 direct pleasure	예술품은 다른 목적을 위한 유용성이 아니라 그 자체로 경험적 쾌락의 직접적 근원이다.	○
② 기술 또는 기교 skill or virtuosity	예술행위는 특별한 기술이나 기교가 필요하다.	×
③ 양식 style	예술은 양식 속에서 또는 양식에 대항하여 (그 신선함과 경이로움이) 생성된다.	△
④ 새로움과 창조성 novelty & creativity	예술은 규칙에 지배되지 않는 새로움과 창조성이 있다.	×
⑤ 비평 critics	예술은 작가들 사이의 커멘트나 비평가들의 공적 담론, 대중들의 평가 등이 비평과 함께 한다.	△
⑥ 재현 representation	예술은 세계의 현실적 또는 상상적 경험을 모방적으로 나타낸다.	×
⑦ 특별한 초점 special focus	예술은 일상생활로부터 괄호를 치고, 경험에 대해 고유하고 드라마틱한 초점을 이룬다.	○

20) Denis Dutton, "A Naturalist Definition of Art", *The Journal of Aesthetics and Art Criticism* (Vol. 64, No. 3, 2006), 367쪽.

⑧ 표현적 개성 expressive individuality	예술은 그 창작활동에 따른 성취가 (제조물의 생산활동과 달리) 모호하고 그 성취의 끝도 열려 있어서, 표현적 개성이 펼쳐질 잠재적 공간이 크다.	△
⑨ 감정적 침투 emotional saturation	예술의 내용은 감정을 일으키고, 감정적 풍미(flavor)나 기조(tone)가 스며들어 있다.	△
⑩ 지적 도전 intellectual challenge	예술은 인간의 인지능력과 지적능력을 최대한 활용하도록 디자인된다.	△
⑪ 문화적 전통 art tradition & institutions	예술은 문화적 전통과 역사적 맥락 속에서 창조되고, 그 의미를 가진다.	△
⑫ 상상적 경험 imaginative experience	예술은 작가와 관객 모두에게 가상의 세계에서 꿈꾸는 상상적 경험을 제공한다.	×

2. 예술의 요소에 대한 평가기준

그러나 이러한 12가지 요소가 예술의 구성적 요소인지는 판단하기가 매우 어렵다. 그래서 각 요소들을 예술의 입력(input) 요소와 출력(output) 요소로 나누어 분류해보자. 입력요소란 그 요소가 예술에 투입되지 않으면 예술이 되기 매우 어려운 요소를 말하고, 출력요소란 예술이라면 생산해낼 가능성이 매우 높은 결과들을 말한다. 이 기준을 갖고 12개의 요소를 분류해보면, 다음과 같이 세 가지 부류가 나온다.

- 입력요소이면서 출력요소인 경우(①⑦⑨),
- 입력요소이지만, 출력요소는 아닌 경우(③⑤⑧⑩⑪),

- 입력요소도 출력요소도 아닌 경우(②④⑥⑫)

(1) 입력요소와 출력요소인 경우

입력요소이면서 출력요소인 경우로는 직접적 쾌락(①), 특별한 초점(⑦), 그리고 감정적 침투(⑨)를 들 수 있다.

1) 직접적 쾌락

직접적 쾌락은 칸트가 말하는 편안함의 쾌락(예: 음식, 향기), 윤리적 선함의 쾌락(예: 사회봉사), 아름다움의 쾌락 가운데 아름다움의 쾌락을 가리킬 것이다.[21)]

㈎ 칸트의 미학적 쾌락 이론　　칸트는 쾌락(pleasure)을 편안함의 쾌락(예: 음식, 향기), 윤리적 선함의 쾌락(예: 사회봉사), 아름다움의 쾌락(예: 명화감상)으로 구분한다. 편안함의 쾌락은 사물을 지각할 때 감각적으로 향유하는 기쁘고 즐거운 느낌이다. 윤리적 쾌락은 실천이성이 요구하는 선의지가 발현됨으로써 갖게 되는 기쁘고 즐거운 느낌이다. 이에 비해 아름다움의 쾌락은 어떤 대상의 아름다움을 감상할 때 기쁘고 즐겁게 느끼는 것을 말한다.

ㄱ) 주체의 의향성　　그런데 칸트는 쾌락을 그런 느낌 자체로 이해하는 것이 아니라, 그런 느낌이 미래에도 계속되기를 원하는 상태(의향성 intentionality)에 자신이 빠져 있다는 점에 대한 주체의 의식으로 바라본다.[22)] 그러므로 이런 미학적 쾌락은 첫째,

---

21) 이에 관해 Rachel Zuckert, “A New Look at Kant’s Theory of Pleasure”, *The Journal of Aesthetics and Art Criticism* (Vol. 60, No. 3, 2002), 239~252쪽 참조.

22) 이 삽입글은 주로 칸트의 미학적 쾌락을 감각이 아니라 형식적이며 지향적인 관점으로 해석한 Rachel Zuckert, “A New Look at Kant’s Theory of Pleasure”, *The Journal of Aesthetics and Art Criticism* (Vol. 60, No. 3, 2002), 239~252쪽의 내용을 정리한 것임.

단순한 감각(sense)과 구분되는 형식, 즉 아름다운 대상의 형식(form)이 된다.[23)]

ㄴ) 목적 없는 합목적성 둘째, 미학적 쾌락은 어떤 목적을 위한 것이거나 목적에 의해 결정되는 것이 아니다. 그러므로 예컨대 그림의 아름다움이란 그것을 감상하는 기쁘고 즐거운 상태로 향해 있는 주체의 의식상태 그 자체를 가리킨다. 이 미학적 쾌락은 작품이 생성된 문화에 대한 자기반성적 과정 속에서 주체가 해방감을 체험하는 등의 방식으로 달성된다. 그렇기에 미학적 쾌락은 "목적 없는 합목적성"(Purposiveness without a purpose)[24)]을 갖는다고 할 수 있다.

ㄷ) 미래지향성과 주관적 보편성 셋째, 또한 미학적 쾌락은 미래에도 그 대상에서 느끼는 기쁘고 즐거운 상태를 계속 유지하려는 지향성, 즉 미래지향성(future-directedness)을 특징으로 한다. 그러나 이 미래지향성은 (편안함의 쾌락에서) 편안함을 지향하게 만든 고통의 경험이나 (윤리적 쾌락에서) 선함을 지향하게 만든 악함의 경험과 같은 전제를 갖고 있지 않다는 점에서 다른 두 가지 쾌락들과 구분된다.[25)] 또한 편안함의 쾌락이 주관적이고, 윤리적 쾌락이 보편적이라면, 미학적 쾌락은 주관적 보편성(subjective universality)[26)]을 띠는 것이다. 미학적 체험은 개인마다 다르다는 점에서 주관적이지만, 그 체험이 공감을 형성하고, 미학적 판단의 사회적 기준이 지속적으로 생산된다는 점에서는 보편성을 말할 수 있다.

---

23) Rachel Zuckert, 앞의 논문, 242쪽 아래 참조.
24) Rachel Zuckert, 앞의 논문, 특히 245쪽.
25) Rachel Zuckert, 앞의 논문, 특히 248쪽 참조.
26) 이에 관한 설명으로 Arthur C. Danto, *After the End of Art* (Princeton University Press, 1997), 86쪽 참조.

㈏ **미학적 자율주의** 게다가 다른 목적에 대한 유용성을 배제하는 것은 미학적 자율주의의 입장에 가깝다. 그러니까 더튼(Dutton)이 말하는 예술의 직접적 쾌락적 성격이 의미하는 바는 예술이란 외향적인(extrinsic) 목적에 이바지하는 수단이 아니라 내향적(intrinsic) 가치로서 아름다움을 창출하고, 그것을 통해 사람들을 기쁘고 즐겁게 만드는 작용을 한다는 것이다. 이를 미학적 자율주의라고 부를 수 있다.[27)]

> 자율주의에 속하는 그린버그(Greenberg)는 이렇게 말한다. "나는 도덕성이 어떤 의미에서든 미학적 요소에 의해 영향 받아야 한다고 느껴본 적이 없다. 그것은 완전한 분리이다 … 나는 예술을 실제적인 의미에서 어떤 것을 가지는 것(having ever), 인간사의 과정에 관계되는 것으로 바라보지 않는다."[28)]

이런 미학적 쾌락이 없다면 예술이 되기 어렵고, 예술이라면 미학적 쾌락을 사람들에게 줄 수 있어야 한다. 다시 말해 '사람들을 기쁘고 즐겁게 만드는 아름다움'은 예술의 가장 중요한 요소가 된다.

㈐ **미학적 쾌락과 법가치의 상호침투** 하지만 법을 구성하는 예술성이란 어느 정도의 도구적 성격을 가질 수밖에 없다. 가령 포르노와 차별화되지 못하는 음란성을 보이는 회화는 법적으로는 예술성이 인정되기 어렵거나 매우 미미한 것으로 판단된다. 이런 점에서 "어떤 경우에 예술작품에서 도덕적 결함은 또한 미학적 결함이 될 수 있고, 도덕적 미덕은 때때로 미학적 가치로 중요할 수

---

27) 이에 대해 자세히는 이상돈, *법미학* (법문사, 2008), 27쪽 아래 참조.

28) Clement Greenberg, *Modernism and Modernity: The Vancouver Conference Papers* (The Press of the Nova Scotia College of Art and Design, 1983), 190쪽.

있다"는 캐롤(Carroll)[29]의 말은 타당하다.

2) 특별한 초점

먼저 예술이 인간경험의 특별한 초점이 된다는 것은 예술이 일상생활을 괄호치고, 관람자가 일상에서 탈출하는 해방적 과정으로 위치하게 된다는 의미로 이해할 수 있다. 어떤 작품이 특별한 초점을 만들어 일상에서 해방되는 경험을 줄 수 없다면 그 작품은 공예품이나 제조물이 되기 쉽고, 거꾸로 그런 특별한 초점을 만들어 주는 예술작품이라면 감상자들에게 해방적 경험을 주기 마련이다. 그러므로 특별한 초점은 예술성을 구성하는 또 하나의 핵심적인 요소가 된다.

3) 감정적 침투

감정적 침투(⑨)는 예술의 내용적 작용이다. 예술의 미학적 쾌락적 성격은 바로 미학적 감정의 작용이다. 가령 감정적 풍미나 기조는 예술의 입력요소이면서, 동시에 예술은 감정적 풍미나 기조를 산출시키고, 감상자들은 그것을 느끼고, 함께 교감한다.

(2) 입력요소이지만 출력요소가 아닌 요소들

다음으로 예술의 입력요소이지만 출력요소가 아닌 요소를 살펴본다.

1) 양식

양식(③)은 예술이 표현되는 형식이면서, 새로운 예술을 낳기 위해 해체되어야 할 소재이므로 예술의 입력요소가 된다고 할 수

29) Noel Carroll, "Moderate Moralism", *British Journal of Aesthetics* (Vol. 36, 1996), 223~238쪽. 이런 입장은 온건한 도덕주의(moderate moralism)라고 부를 수도 있다.

있다. 하지만 예술 가운데는 양식이 없는 것도 있다. 게다가 양식은 언어나 행동에도, 공예품이나 제조물에도 존재한다. 물론 양식이 없다는 것이 새로운 (관념적) 양식이 될 수는 있다. 이처럼 '양식 없음의 양식성'은 포스트모던 미술에서 찾을 수 있다. '양식 없음의 양식성'도 예술적 양식의 하나로 본다면, 양식은 예술의 필수적인 입력요소로 남게 된다. 실제 작품의 예술성을 생성시키는 가장 중요한 요소는 언제나 양식이었다고 할 수 있다.

2) 비평

비평(⑤)은 예술이 관객과 소통하기 위한 지식이기 때문이 예술이 사회적으로 성립하고 기능하기 위한 조건, 즉 입력요소가 된다. 또한 오늘날 비평은 예술 밖의 요소가 아니라 비평에 의해서 비로소 예술성이 생성될 수 있다는 점에서 예술을 구성하는 요소가 된다. 거꾸로 예술품이지만 비평을 불러일으키지 않는 경우도 있다는 점에서 비평은 예술의 출력요소라고 보기 어렵다.

3) 표현적 개성

표현적 개성(⑧)은 예술의 모호성과 비종료성을 구성하는 요소라는 점에서 예술의 입력요소이다. 여기서 예술이 표현하는 것은 개성(invividuality)이다. 개성이란 개인의 것뿐만 아니라 집단의 것도 포함한다. 그러나 예술은 표현적 개성을 드러내지 않을 수도 있다.

4) 지적 도전

지적 도전, 또는 인지능력과 지적능력의 최대화(⑩)는 예술을 생성시키는 입력요소이지 출력요소가 아니다. 특히 정신적 능력의 극한성은 숭고미를 생성시키는 점에서 이를 쉽게 이해할 수 있다. 지적 도전은 작품의 표현적 양식 속에 들어가 있는 사상으로 발현될 수 있고, 그런 사상은 양식과 비평의 요소와 더불어 예술성의 판단에서 가장 중요한 요소의 하나가 된다. 하지만 학문적 이론의 구성도 지적능력의 최대화를 요구하며, 수공예품의 제작도 인지능력의 최대화를 요구한다는 점에서 이 요소는 예술과 비예술을 가르는 기준으로서 자리하기에는 매우 취약하다.

5) 예술의 문화적 전통

예술의 문화적 전통과 역사적 맥락(⑪)은 예술작품을 이해하는 의미의 망으로 기능하므로 예술을 생성시키는 요소이다. 하지만 학문적 이론도 그 문화적 전통과 역사적 맥락 속에서 그 의미를 생성한다는 점에서 역시 예술과 비예술을 가르는 기준으로 한계가 많다.

(3) 입력요소도 출력요소도 아닌 요소

다음으로 예술성의 입력요소도 출력요소도 아닌 요소들을 살펴본다.

1) 기술과 기교

기술이나 기교(②)는 예술적 표현을 위해 투입되는 요소이다. 하지만 개념 예술에서 보면 예술성은 기술이나 기교의 투입이 없거나 미미해도, 관념(concept)에 의해서도 생성될 수 있다. 이와는 반대로 기술이나 기교는 공예품의 제작이나 제조물의 수제작에도 넘쳐난다. 르네상스에서 근대에 이르는 사이에 과학화(학문화)를 통하여 근대적 예술의 개념이 기술로부터 독립하고 변화된 데서 비롯된 역사적 발전[30]은 기술이 예술의 충분조건이 되지 않음을 역사적으로 이미 잘 말해준다.

---

30) 이에 대해 자세히는 강손근, “근대 예술 개념의 성립에 관한 연구”, *철학논총*(제65집, 2011), 3~30쪽 참조.

2) 새로움과 창조성

새로움과 창조성(표의 ④) 없이도 모방예술처럼 예술이 될 수 있다는 점에서 그 요소는 입력요소도 출력요소도 아니다. 법적으로 보면 새로움은 발명특허의 요소, 창조성은 저작권의 요소가 된다.

3) 경험의 재현

경험의 재현(표의 ⑥)이 없는 예술도 있다. 바흐의 '푸가'(fuga)와 같은 절대음악(absolute music)은 음의 순수한 예술성만을 지향함으로써 어떤 경험의 재현도 투입되지 않은 채 예술이 되며, 듣는 이에게 경험의 재현을 제공해주는 것도 아니다. 물론 감상자가 '푸가'를 들으면서 어떤 시를 떠올리게 되면, 푸가는 절대음악에서 표제음악(標題音樂)이 된다. 그러므로 예술의 재현성을 예술품이 감상자에게 경험을 연상시키는 작용이라고 이해한다면, 그것은 모든 예술에 존재한다고 볼 수 있다. 그러나 그런 해석자의 주관적 경험은 예술이 아닌 공예품에서도 가능한 것이므로, 작가의 의향을 고려할 필요가 있다. 게다가 재현성이 지나치게 강화되어 있으면, 예컨대 사상이나 물건의 특성 등을 사람들의 머리 속에 각인시키는 작품들은 예술이기보다 광고물이 되기 쉽다.

4) 가상의 상상적 경험

사실화나 정물화처럼 가상의 상상적 경험(표의 ⑫)이 입력되지 않는 예술도 있다. 또한 예술보다 인터넷 게임과 같은 다른 매체가 오히려 가상의 상상적 경험을 풍부하게 생산해준다는 점에서 가상의 상상적 경험은 예술의 출력요소로서 중요하다고 보기 어렵다.

(4) 예술성의 판단요소로서 입력요소와 출력요소

이제까지 한 비평적 분석을 통해서 다음과 같은 결론을 얻을 수 있다.

1) 예술의 구성요소

첫째, 더턴(Dutton)이 제시한 12개 요소 중 ② 기술 또는 기교, ④ 새로움과 창조성, ⑥ 재현, ⑫ 상상적 경험은 예술의 요소라고 보기 어렵다. 따라서 예술과 비예술을 경계짓는 기준으로서도 무용하다. 둘째, 입력요소이지만 출력요소가 아닌 요소, 즉 ③ 양식, ⑤ 비평, ⑧ 표현적 개성, ⑩ 인지능력과 지적능력의 최대화, ⑪ 문화적 전통과 역사적 맥락의 요소는 예술의 중요한 요소이긴 하다. 하지만 이 요소들이 흠결되어 있다고 하여 곧바로 예술이 되지 않는 것은 아니다. 그러므로 이 요소들이 예술과 비예술을 경계짓는 기능(한계기능)은 매우 불완전한 것이 된다. 다만, 이런 요소들을 많이 흠결할수록 예술일 가능성은 낮아지고, 적게 흠결할수록 그 가능성은 높아진다고 말할 수 있다. 셋째, 입력요소이면서 출력요소인 ① 직접적 쾌락, ⑦ 특수한 초점(해방적 기능), ⑨ 감정적 침투는 예술이 되기 위해서는 반드시 갖추어야 할 요소가 된다. 이 한에서 이 요소들은 예술과 비예술을 좀 더 확실하게 경계짓는 기능을 갖는다고 할 수 있다. 하지만 ⑨ 감정적 침투는 예술과 비예술을 경계짓는 기능이 상당히 불안정하다. 예컨대 가령 브람스의 음악들은 고독과 애절함 같은 감정적 기조가 입력되어 있고, 감상자로 하여금 그런 기조를 느끼게 한다. 하지만 유명한 남성잡지 Playboy에도 — Penthouse와 비교해 볼 때 — 감정적 기조(tone)가 스며들어 있다. 이처럼 Playboy에 실린 화보들이 감정적 기조가 풍부하다고 하여도 그것으로는 아직 예술이 되지 않는다.

2) 예술비평의 구조

여기서 입력요소이지만 출력요소가 아닌 요소들과 입력요소이면서 출력요소인 요소들은 예술성의 판단에서 그 중요성이 차이가 나는 것이 아니라는 점에 주의해야 한다. 예술성의 판단에서 필수적인 입력요소들, 특히 양식, 비평, 사상(지적 도전)의 요소는 예술성을 판단하는 가장 중요한 토포스(topos)가 되고, 그 토포스마다 직접적 미학적 쾌락과 해방적 기능이 (그리고 감정적 기조가) 어느 정도 들어가고 나오는지를 분석하는 것이 바로 예술비평이라고 할 수 있다. 예술비평에 의해 어떤 작품의 예술성은 작가의 주관적 확신을 넘어 사회적으로 승인되는 보편성(주관적 보편성)을 얻게 된다. 이렇게 보면, 더턴(Dutton)의 자연주의적 예술개념은 사실은 예술비평의 일반적 구조를 밝히는 선행작업이었다고 평가할 수 있다.

Ⅳ 예술의 법적 개념과 개방성

1. 예술 개념의 화용론적 차원

지금까지 논의한 예술 개념의 두 가지 측면, 즉 관세법의 적용에서 발전한 예술의 외연을 정하는 개념요소들과 더턴(Dutton)의 자연주의적 예술개념에서 논의한 예술의 내포적 특성들은 예술 개념을 법적 개념으로 만들기 위한 기초작업이다.

(1) 의미론에서 화용론으로 전환

이 작업들은 법적 의미의 예술 개념을 이루는 구조적 요소들을 밝힐 뿐, 무엇이 법적으로 예술인지를 결정짓는 개념을 만들어내지는 못했다. 사실 예술의 속성상 법적인 예술 개념을 의미론적 차원(semantic dimension)에서 명확하게 하는 것은 불가능하다. 법적인 예술 개념은 오로지 어떤 작품에 대하여 예술품의 자격을 귀속시키는 과정 속에서만, 즉 화용론적 차원(pragmatic dimension)에서만 만들어질 수 있을 뿐이다.

[의미론과 화용론의 이해][31] ① 모리스(Morris)에게로 거슬러 올라가는[32] 기호들 간의 관계에 관한 이론은 기호들 상호간의 관계를 분석하는 구문론, 기호와 그 지시대상 사이의 관계를 분석하는 의미론 그리고 기호와 기호이용자 사이의 관계를 분석하는 화용론으로 나눌 수 있다. ② 기호론의 고전적인 패러다임은 소쉬르(Saussure)처럼 언어(랑그 langue)와 말(함)(빠롤 parole)을 구분하여 말(함)과 '독립된' '언어기호체계의 구조'를 생각하거나[33] 촘스키(Chomsky)처럼 말하는 사람이 그의 언어능력에 의거하여 구문론적으로 잘 정돈된 문장을 무한대로 생산해낼 수 있게 하는 근본토대, 즉 말함의 근본토대로서 어떤 '이상적인 언어의 규칙체계'를 탐구하는 기호론(이른바 변형문법론)[34]이다. 이런 기호론에서 화용론은 단지 실제로 말할 때 등장하는 장애요소들(예: 제한된 기억력, 의미혼동 등)의 총체를 연구하는 주변적인 분야로 자리잡는다. 말하는 자는 단지 이미 존재하는 기호체계의 이용자일 뿐이며 기호체계를 창설하는 주체의 지위는 누리지 못한다. ③ 이에 반해 현대적인 패러다임은 언어를 추상적이며 이

31) 이 단락의 설명은 기호론에 대한 독자들의 일반적인 이해를 돕기 위해 이상돈, "중지미수에서 자의성 개념의 화용론적 재구성", *저스티스* (제33권 제1호, 2000.3), 111～136쪽에서 부분 발췌한 것임.

32) Morris, *Foundation of the Theory of Signs* (1938); *Language and Behavior* (1955) 참조.

33) Saussure, *Grundfragen der allgemeinen Sprachwissenschaft* (독일어판 1967) 참조.

34) Chomsky, *Aspekte der Syntax-Theorie* (1973), 특히 14쪽 참조.

상화된 기호나 규칙의 체계가 아니라 '말함'이라는 일종의 사회제도, 즉 특수한 사회적 행동(=말행위)을 규율하는 사회적 프로그램으로 파악한다.35) 어떤 말행위도 말하는 자의 의도나 말하는 사회적 상황(콘텍스트)을 고려하지 않고는 파악되지 않는다. 언어기호의 일정한 의미나 그 기호들 간의 관계에 관한 규칙은 이와 같이 특수한 사회적 행위라 할 수 있는 말행위가 끊임없는 의사소통적 과정에서 축적된 사회적 결과로서만 비로소 형성된다. 이로써 의미론 또는 구문론의 화용론에 대한 우위는 역전된다. 그리고 의미나 구문은 말함의 맥락에 종속적인 현상으로 파악될 수 있게 된다.

물론 예술 개념의 화용론적 전환이 예술이란 객관적 기준에 의해 정해질 수 없고, 주관적 판단에 따라 정해지는 것임을 뜻하지는 않는다. 예술 개념은 객관적이지도 주관적이지도 않다. 즉, 앞서 분석한 예술의 외연을 정하는 요소들과 더턴(Dutton)이 밝혀낸 바와 같은 예술의 내포적 특성을 정하는 요소들을 종합적으로 고려하는 과정을 거쳐야 한다. 이 과정은 어떤 작품에 대해 먼저 분석적으로 다양한 예술적 요소를 살피고, 판단해본 뒤, 그 분석적 판단의 결과들을 이익형량의 방법에 의해 종합적으로 고려함으로써 예술(품)인지 여부를 결정짓는 것이다. 이 과정은 주관적 판단을 객관화하면서, 동시에 객관적 기준을 주관화하는 과정이다. 즉, 주관적 보편성(subjective universality)에 지향된 작업이다. 이 작업은 뒤에 설명하듯이 예술비평의 과정이기도 하다.

(2) 맥락의 중요성

이런 화용론적 예술개념에서는 작품이 전시되거나 실현되는 맥락이 매우 중요하다. 물리적 공간도 예술을 생성시키는 중요한 맥

35) 이런 제도개념으로 Peter Berger/Brigitte Berger, *Individiuum & Co. Soziologie beginnt beim Nachbarn*, 1974 참조.

락의 하나이다. 공간은 작품을 구성하는 요소로 기능하며, 작가를 포르노와 같은 상품의 제작자에서 예술가로 변환시키는 요소[36]로도 기능한다. 물리적 공간이라는 맥락이 작품의 예술성을 좌우하는 상반된 예를 들어 보자.

1) 갤러리 공간의 기능

첫째, 물리적 공간 때문에 예술이 생성되는 경우이다. 듀샹(Henri Robert Marcel Duchamp)의 <샘(fountain)>이라는 작품은 변기를 갤러리에 전시한 것인데, 이것이 예술로 판단되는 까닭은 '일상의 사물도 예술이 될 수 있다는 새로운 '사상'의 독창성 때문이었다. 그러니까 인지능력과 지적능력의 극대화라는 예술적 요소가 매우 강하지만, 양식성에서는 예술성이 없다. 이 상반된 요소들은 다시금 변기가 '갤러리'라는 공간에 전시됨으로써 사상의 예술성이 양식의 비예술성에 대해 우위를 점하게 되는 방향으로 저울질될 수 있다. 이런 이익형량적 고려 속에서 '갤러리에 전시된 변기'는 예술이 된다. 하지만 듀샹의 변기가 갤러리가 아니라 통상적인 일상적 공간에 전시되었다면, 예술작품이 아니라 단지 변기로 기능하도록 설치가 끝나지 않은 물품으로서만 존재한다. 갤러리라는 공간은 더턴(Dutton)의 자연주의적 예술요소에서 보면, 미학적 쾌락이나 특별한 초점 또는 감정적 침투를 생성시키는 필요조건이 된다.

2) 웹공간의 기능

둘째, 이와는 상반된 예가 아래서 설명하는 미술교사부부의 누드사진 <우리부부>이다. 이 작품은 학생이 자유롭게 드나드는 인터넷 홈페이지에 게시되었다. 이로써 그 사진의 사상적 예술성은

36) 이런 견해로 김동일, *예술을 유혹하는 사회학: 부르디외 사회이론으로 문화읽기* (갈무리, 2010), 350쪽.

— 작가의 말대로 최대한 인정하더라도 — 사진예술로서의 양식적 결함을 메울 수가 없다. 웹공간은 갤러리와 달리 그 작품의 사상적 예술성이 양식적 결함보다 우위에 놓이도록 만들지 못한다. '웹아트'(web art)란 예술이 웹 속에 들어오는 현상이지, 웹에서 벌어지는 모든 행위나 그 결과가 예술이 되는 그런 현상이 아니다. 게다가 사진이 게시된 홈페이지가 학생과 교사가 소통하는 사실상의 교육공간으로 기능하는 곳이라면, 청소년에게 도덕적 허무주의를 가져다 줄 위험이 있다는 점에서 형법적 의미의 사회적 유해성도 인정될 수 있다.

2. 예술 개념의 화용론적 특성

(1) 법예술비평

예술 개념의 화용론적 구성, 즉 다양한 예술요소들을 이익형량의 방법에 의해 종합적으로 고려하여 예술 개념을 사용하는 과정은 예술비평의 성격을 띤다.

1) 법과 예술을 동시적으로 구성하는 예술비평

예술비평은 그 시대 그 사회의 문화적 맥락 속에서 펼쳐지는 예술담론을 배후에 두고 이루어진다. 예술비평을 통해 법적인 예술 개념이 화용론적으로 만들어지는 과정은 예술과 비예술을 차별적으로 규제할 수 있게 함으로써 예술을 규제하는 법의 구체적 규범이 형성되는 과정이기도 하다. 또한 예술비평은 어떤 작품의 예술성을 발굴하여 드러내거나 또는 사상적으로 그 미학적 가치를 만들어 그 작품에 귀속시키는 과정이기도 하다. 이렇게 볼 때 어떤 작품에 대한 법적 규제의 기초가 되는 예술비평은 법을 구성하면서 동시에 예술을 구성하는 것이 된다. 이런 의미에서 예술비평은 법(학적) 예술비평(legal criticism of art)이 된다고 할 수 있다.

2) 법과 예술의 해석학적 상응으로서 예술비평

이 점에서 예술비평은 법해석학(Juristische Hermeneutik)에 말하는 법률과 사안, 규범과 사실, 당위와 존재 사이의 상응(Entsprechung),[37] 또는 '사안을 통한 법의 구체화와 법을 통한 사안의 구성이 동시적으로 이루어지는 과정'[38]에 견줄 수 있다. 왜냐하면 예술비평을 통해 법은 예술을 과도하게 규제하지 않고, 예술은 법이 그 예술적 표현의 자유가 가능할 수 있기 위해 전제되어야 할 조건임을 받아들이는 상호적 관계에 들어갈 수 있기 때문이다. 다시 말해 예술비평은 법과 예술 사이의 상응, 바꿔 말해 서로를 존중하면서 서로에게 수렴되는 관계를 창출하는 행위가 된다.

(2) 예술 개념의 규칙 불가능성

이 법예술비평에서 진행되는 이익형량은 비례성원칙이나 의심스러울 때에는 시민의 자유이익으로(in dubio pro libertate)-원칙(시민자유우선원칙)과 같은 법원칙에 의해서 통제된다.

1) 의미론의 형성불가능성

하지만 이익형량을 객관화시킬 수 있는 규칙(rule), 바꿔 말해 예술 개념의 사용규칙은 법적으로 정립될 수 없다. 예술비평은 바로 그런 이성법적 전통에 서 있는 '규칙'의 형성과 사용을 대신하는 기능을 수행한다. 이처럼 예술 개념의 규칙화 불가능성은 화용론적 예

---

37) Arthur Kaufmann, *Analogie und Natur der Sache* (1982), 18쪽.
38) 이런 법해석학의 통찰을 보여주는 W. Hassemer, "Juristische Hermeneutik", *ARSP* (1986), 195쪽.

술개념을 비트겐슈타인(Wittgenstein)의 사용이론(Gebrauchstheorie)[39]과 구별하게 만든다. 예술 개념의 화용론적 전환은 의미실재론과 유명론의 대립을 넘어선다는 점에서는 비트겐슈타인의 사용이론과 철학적 기반이 같다고 할 수 있다. 그러나 비트겐슈타인의 사용이론에서는 단어의 사용에 의해 규칙이 생성되고, 이는 스포츠의 경기규칙에 비유된다. 사용이론은 실재론과 유명론의 사이에 위치하지만 화용론을 우위에 둘 뿐 의미론의 가능성을 배제하지 않는 것이다. 그러나 예술 개념의 의미론은 매우 추상적인 수준에서만 가능할 뿐, 법률을 사안에 적용하는 데 작동할 수 있는 규칙의 형태로는 가능하지가 않다. 또한 예술 개념에서 규칙의 불가능성은 예술의 법적 개념을 법률해석학(Rechtsdogmatik)의 학설들의 전형적 모습인 주관설, 형식설, 실질설[40] 등과 같은 미시적 법패러다임에 의해 정립할 수가 없음을 뜻하기도 한다. 그런 학설들은 예술 개념의 의미론(semantics)을 만드는 작업이기 때문이다.

2) 예술 개념의 사용규칙 설정시도의 실패

이와 같은 예술 개념의 규칙화 불가능성에 대한 예를 들어 보자. 헌법재판소는 음란의 개념을 다음과 같이 판시한 바 있다.

> "음란이란 인간존엄 내지 인간성을 왜곡하는 노골적이고 적나라한 성표현으로서 오로지 성적 흥미에만 호소할 뿐 전체적으로 보아 하등의 문학적, 예술적, 과학적 또는 정치적 가치를 지니지 않은 것으

39) L. Wittgenstein, *Philosophische Untersuchungen* (Ffm. 1982), §43: "단어의 의미는 그것이 법적 의사소통공동체 속에서 사용됨으로써 비로소 형성된다". 이 화용론의 법이론적 의미에 대해 자세히는 이상돈, *법이론* (박영사, 1996), 173쪽 아래 참조.

40) 이런 논의로 오세탁, "예술활동의 자유와 행정규제", *충북대학교 법학연구* (제6권, 1994), 3~35쪽 참조. 하지만 이 논문은 법적인 예술개념의 탐구 필요성을 제기했다는 점에서 예술법학의 시대를 여는 문제의식을 보여주었다고 할 수 있다.

로서, 사회의 건전한 성도덕을 크게 해칠 뿐만 아니라 사상의 경쟁메커니즘에 의해서도 그 해악이 해소되기 어려워 언론·출판의 자유에 의한 보장을 받지 않는 반면, 저속은 이러한 정도에 이르지 않는 성표현 등을 의미하는 것으로서 헌법적인 보호영역 안에 있다."41)

이는 '인간성을 왜곡하는 노골적이고 적나라한 성표현은 예술이 아니다'라는 예술 개념의 사용규칙42)을 세운 것으로 볼 수 있다. 여기서 인간성 왜곡의 함의는 주로 수간이나 강간, 미성년자를 이용하는 성표현 등의 행태를 가리킨다. 이런 사용규칙에 따르면 최경태의 <여고생-포르노그래피展>(2001)에 출품된 작품들은 '미성년자를 이용하는 성표현'이라는 점에서 이미 예술이 될 수 없다. 그러나 작품에서 표현되는 소재나 내용이 인간성을 왜곡하는 것이라고 해서 예술성은 생성되지 않는 것은 아니다. 그런 인간성 왜곡의 예술적 표현을 통해 역설적이게도 인간성 왜곡의 현실로부터 해방되는 상징이 생성되고, 바로 그 점에서 미학적 가치가 창출될 수 있기 때문이다.

(3) 예술 개념의 역사적 개방성

셋째, 예술비평은 문화특수성과 담론의 영향력 아래서 전개되기 때문에, 예술비평은 단지 작품에 따라 또는 비평가나 그의 이론적 관점에 따라 그리고 사회문화의 역사적 변화와 함께 거대사적으로 변화한다. 이것은 곧 무엇이 예술인가 하는 의미에 대한 법적 결론도 역사적으로 변화하게 됨을 의미한다. 그런 점에서 예술 개념은 매우 높은 개방성을 갖는다.

41) 헌재결 1998.4.30, 95헌가16.
42) 그렇기에 이 판례를 기초로 ① 진정음란과 ② 부진정음란, ③ 청소년이용음란(아동포르노)을 구별하는 견해도 있다. 대표적으로 이인호, "성표현의 자유와 한계", *언론과 법* (제7권 제2호, 2008), 30쪽 참조.

3. 사진의 예술성

예술 개념의 개방성을 사진예술을 예로 하여 좀 더 자세히 살펴보기로 하자. 예술 개념의 화용론적 구성은 사진이라는 장르가 일반적으로 예술이 될 가능성이 있는가 하는 문제(아래 (1))에 대해서도 이루어질 수 있고, 특정한 작품, 예컨대 자신의 블로그에 게재한 성기노출 사진이나 미술교사부부의 누드사진이 예술작품인가 하는 문제(아래 (2))에 대해서도 이루어질 수 있다.

[사진의 예술사적 개관] 사진이 예술사에 편입되는 데까지는 오랜 세월이 걸렸다. Douglas R. Nickel의 분석에 의하면 미국에서는 대체로 ① 19세기부터 대략 뉴홀(Beaumont Newhall)이 1937년 사진의 역사를 개관한 전시회(Modern Art 박물관)를 연 시점 전까지 사진은 예술로 취급되지 않았다고 한다. ② 그의 분석에 의하면 1960년대 포스트모던 비평이 성장한 문화를 배후로 하고, 1970년대 사진수집시장의 성장을 배경으로, 그리고 1980년대에는 미국대학들이 미술역사학부에서 사진을 미술사의 하나로 제도화함으로써 사진예술이 성장하였다. ③ 하지만 1990년대 들어와서부터 사진은 문학이나 철학, 인류학 등의 학문에서 연구되는 소재의 일종으로 그 위치가 변경되었다고 한다. ④ 그리고 이제는 사진술 자체가 가능한 것인가라는 의문, 즉 사진술의 사회적 문화적 정체성을 되묻는 사진술의 메타비평(photography's metacritique)이 시배하기 시작했다고 본다.[43] 이렇듯 예술로서 사진의 역사는 사진 자체의 본질적 특성보다는 사회문화적 맥락과 시장의 형성 그리고 비평이론의 흐름 등에 의해 회화와 같은 미술보다는 상대적으로 더 크게 좌우되고 있음을 알 수 있다. ⑤ 여기서 사진의 예술성이 갖는 민주성이라는 특징에 주목할 필

43) 이상의 역사개관은 Douglas R. Nickel, "History of Photography: The State of Research", *The Art Bulletin* (Vol. 83, No. 3, 2001), 548~558쪽의 내용을 필자가 다소 재구성적인 방식으로 정리한 것임.

요가 있다. 누구나 때때로 의도하지 않은 채 심미안적인 사진, 즉 예술적 사진을 찍을 수 있다는 점에서 예술의 고급성이 사라지기 쉽다. 그러나 이 고급성의 상실은 부정적 가치가 아니라 '예술의 고양된 민주성'이라고 볼 수 있다. 예술의 민주성은 팝아트와 같이 매우 현대적인 예술이 갖는 특징의 하나이기도 하다. 현대미술에서 고급미술과 저급미술의 경계는 지워져 있다. 하지만 사진이 고급미술과 저급미술의 경계를 해체하고, 나름의 높은 예술성을 생성시키려면 마치 개념예술(concept arts)처럼 사진의 이미지에 미학적 가치를 부여하고, 의미화하는 사회문화적 발전이 전제되어 있어야 한다.

(1) 사진의 예술적 특성 분석

여기서 사진의 매체적 특성과 표현적 역량 등을 중심으로 사진이 도대체 일반적으로 예술이 될 수 있는 것인지에 대한 논의, 즉 메타비평(metacritique)을 간략하게 해보자. 이런 메타비평은 개별 사진작품에 대해 법이 예술작품성을 인정하지 않고, 음란물과 같은 비예술로 낙인찍을 수 있는가 하는 문제에 선행한다.

1) 사진의 예술적 특성

오늘날 사진전시회, 사진작가라는 개념이 보편화된 데서 보듯이 사진은 예술작품으로 만들어질 수 있다. 사진은 공예품보다 더 ① 족적을 남기고, 더 투철하게 ② 진실을 드러내는 사상성을 담을 수 있으며, 때로는 회화보다도 ④ 독자의 예술적 안목과 정신에 호소하기도 한다. 게다가 ⑤ 표현적인 사진은 공예품과 같은 실용적 목적성이 거의 없으며, ⑥ 소비자선호에 지향하기보다는 관람자와의 소통을 지향하는 성격도 매우 강하다. 하지만 사진은 ③ 언제나 대량 복제될 수 있다는 점에서 예술로서 가져야 할 고유성이 매우 취약하다. 또한 사진은 그 이미지의 아름다움을 통해 직접적인 쾌락(내포적 특성 ①)을 줄 수 있으며, 특별한 포커싱을 통해 일상적 모습으로부터 해방된 이미지를 창출할 수도 있다(내포적 특성 ②). 이런 특성은 사진이 예술로서 성립할 수 있음을 보여준다.

2) 예술적 사진의 조건

그러나 모든 사진이 예술작품이 되는 것은 아니다. 사진이 예술이 되기 위해서는 예술의 내포적 특성을 이루는 요소들을 종합적으로 고려해야 하겠지만, 특히 양식의 측면에 대해서만 말한다면, 다음과 같은 점을 갖추고 있어야 한다.

(가) 표현적 사진과 기술적 사진 첫째, 사진이 인쇄물(프린트)처럼 제작될 때에는 더 이상 예술이 아니다. 비예술로서 사진은 그것이 나타내는 영상이 주로 사진의 기술적 메커니즘에 의해 만들어지고, 바로 그렇기 때문에 (예술품의 제작과 달리 값싸게) 복제될 수도 있다. 여기서 비예술적 사진은 '카메라 기술로 찍히는 것'(기술적 사진)이라는 점에서 작가가 '표현적으로 찍는 사진'(표현적 사진)과 구분된다고 볼 수 있다. 사진의 표현성은 바로 사진이 진실을 드러내는 사상성을 갖기 위해 갖추어야 할 최소한의 전제조건이 된다.

(나) 기술과 미학의 통합 둘째, 이 민주적인 예술은 자신만의 '고유성'을 갖기 위해 기술적 기제와 심미적 표현을 통합할 수 있어야 한다. 회화가 표현할 수 없는 기술적 정교함과 통합된 심미적 차원을 보여줄 수 있어야 한다. 이것은 사진이 예술로서 가져야 할 고유성의 핵심을 이룬다. 가령 '예리한 초점'이나 광학의 작용으로만 나타낼 수 있는 '오묘한 톤'(색조), '디테일의 극단적 선명함' 등은 기술적 정교함과 통합된 심미적 가치를 보여준다. 이런 고유성은 매뉴얼 미술(manual arts)과 분명하게 구분된다. 다시 말해 사진

은 광학적 정교함과 작가의 표현행위의 융합이 양식적으로 나타날 때 비로소 예술작품이 되는 것이다. 그러므로 자동 카메라의 작은 광학기술적 역량은 예술사진을 만들기에 적합하지 않다. 바로 그렇기 때문에 전문 사진작가들이 성능이 좋은 카메라를 구입하려고 돈을 모으는 것이며, 그런 카메라를 구입했을 때 행복해하는 것이다.

(다) 이미지의 제어 셋째, 사진이 표현하는 영상은 기술과 미학이 통합된 가운데 작가에 의해 고도로 제어되는 이미지가 특징이다. 카메라의 광학세계가 생성시킬 수 있는 이미지는 거의 무한대라는 특징이 있다. 이 무한대의 이미지 세계 속에서 작가가 자신이 표현하고자 하는 바를 위해 어떤 이미지를 선택하는 과정은 그 무한대를 마구 사용하지 않는 절제의 과정이고, 이 절제는 그 속에서 선택된 이미지에 숭고함을 가져다줄 수 있다. 다시 말해, 광학적 이미지의 절제된 선택과 표현적 행위와의 융합은 사진이 예술작품이 되기 위한 필요조건이 된다.

(2) 구체적인 사진작품의 예술성 판단

이상의 세 가지 양식적 특성을 충분히 갖추지 못한 사진은 — 사상적 예술성이 아무리 높다고 할지라도 — 예술사진으로 분류되기 어렵고 비예술적 사진이 된다고 볼 수 있다. 가령 미술교사 김인규가 자신의 홈페이지에 올린 부부의 누드사진인 <우리부부>가 사진예술인가를 판단해보자.[44] 이 작품은 첫

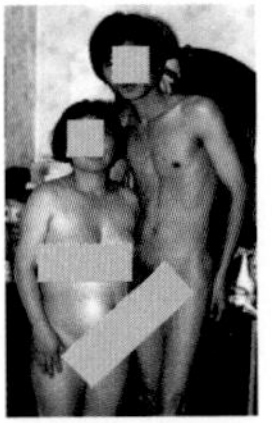

김인규, 우리부부, 1996[45]

44) 이 사건의 재판경과에 대해 자세히는 고시면, "홈페이지에 알몸사진 등의 작품들을 게시한 '미술교사 김인규 사건'에 대한 대법원의 판결", *사법행정* (10월호, 2005), 13~23쪽 참조.

45) 이 사진은 http://42art.com/bbs/view.php?id=42critic&no=7에서 퍼옴. 다만 작가가 있는 그대로 드러냄에 예술성이 있는 것이라 봄에도 불구하고, 대법원

째, 작가에 의하면 '자동 카메라에 의지해서 찍었다'고 했다. 이는 그 사진이 일응(prima facie) 표현적 사진이 아니라 기술적 사진임을 말해준다. 둘째, <우리부부>를 찍은 카메라는 작가에 의하면 자동 카메라였다고 한다. 물론 자동 카메라가 반드시 그런 광학적 정교함을 보여줄 수 없는 것은 아니겠지만, 통상적으로는 기대하기 어렵다. 이런 점에서 기술과 미학의 통합이라는 사진예술의 요소가 결여되어 있다고 할 수 있다. 셋째, <우리부부>가 찍힐 때, 김인규는 있는 그대로가 표현되기를 희망했던 것 같다. 그의 작가의식은 자동 카메라의 렌즈에 들어오는 광학적 이미지들이 하나도 빠짐없이 그 사진에 담기기를 원했을 것이다. 그래야 김인규가 의도했던 바대로 '있는 그대로의 신체'가 재현될 것이기 때문이다. 이렇게 볼 때, <부부사진>은 이미 사진의 예술성을 구성하는 고유한 요소로서, 광학적 이미지의 절제된 선택과 표현적 행위와의 융합이 별로 보이지 않는다고 할 수 있다. 이와 같은 법적 예술비평을 통해 이 사진은 형법상 음란물로 취급될 수 있다. 대법원은 이 사진을 형법 제243조, 제244조의 음란물로 판시한 바 있다.[46]

에 의해 음란물로 판결을 받은 작품이라는 점에서 필자는 부득이 성기와 가슴 부분을 가렸고, 부부의 얼굴도 식별할 수 없도록 모자이크 처리했다. 김인규 작가도 자신의 작품이 형사사건화 되었을 때 미디어가 보도했던 <우리부부> 사진은 이미 그가 의도했었던 의미의 사진이 아니었음을 비판하고 있다(김인규, *나의 그림은 실제상황이다* (푸른나무, 2002), 159~160쪽). 그의 항변은 맞다. 미디어의 보도는 사실을 왜곡하곤 한다. 그런데도 이 책에서 나는 김인규 작가에게는 미안한 일이지만, 그의 <우리부부>가 아닌 (사각형의) 모자이크로 처리된 <우리부부>를 두고 논의를 해야만 할 것 같다. 이 사진의 예술성에 대한 논의는 우리사회에서 꼭 필요하고, 그래서 이 글의 논의에서 정확한 사진은 아니지만, 대강 어떤 구도에서 어떤 표현으로 만든 작품인지에 대한 인식 정도는 있어야 하겠기 때문이다. 대법원 판결에 대한 존중과 작가의 의도에 대한 존중 그 사이에서 이렇게 모자이크 처리된 사진을 놓고 논의하는 것에 대해 김인규 작가를 포함한 모든 이의 깊은 이해와 아량은 부탁드릴 수밖에 없을 것 같다.

46) 대판 2005.7.22, 2003도2911 참조.

02 | 미술비평과 법 |

미술의 이미지 분석과 법의 해석

I 미술의 이미지성과 법텍스트의 명확성

미술은 공간과 시각(視覺)의 아름다움을 표현하는 예술로 이해된다. 이는 입체성이 없으며 텍스트의 논리정연한 체계로 짜인 이성법의 가치와 대비된다.

1. 이미지로서 미술

물론 예술이론가 단토(Arthur C. Danto)는 포스트모던미술에서는 미술이 철학적으로 성숙해짐에 따라 시각성은 아름다움과 거의 관련이 없는 것이 되어버렸다고 주장한다.[1)]

(1) 미술의 비텍스트성

그러나 미술이 생산하는 아름다움의 중심은 여전히 시각적 아

1) Arthur C. Danto, *After the End of Art* (Princeton University Press, 1997), 16쪽.

름다움에 있다. 그리고 이 점은 바로 미술이 음악이나 문학과 차별화되는 요소이다. 미술은 문학이나 음악과 같이 기호적 텍스트가 없다. 춤도 불완전하지만 기호적 텍스트로서 무보(舞譜 choreography)를 갖고 있다. 물론 미술작품이 생성되는 사회문화적, 역사적 맥락은 일종의 텍스트이다. 그러나 그것은 미술작품을 '직접' 구성하는 기호들로 짜인 텍스트가 아니라, 그 작품의 의미를 형성시키는 네트워크(의미망)와 같은 것이다. 여기서 다른 예술의 텍스트성과 대비되는 미술의 비텍스트성은 이미지(image, 독일어로 Bild)라고 부를 수 있다. 물론 미술이 텍스트가 아니라고 해서 미술작품이 생산하는 이미지가 아무런 논리를 갖고 있지 않은 것이라고 보아서는 안된다. 비트겐슈타인의 '화용론적 전환'(pragmatic turn)에 비견되는 고트프리드 뵘(Gottfried Boehm)의 아이콘적 전환(iconic turn) 이론[2]에 의해 이미지는 일정한 논리를 갖고 있다는 점이 이미 밝혀졌다. 합리적 근거로 논의될 수 없다고 해서 논리가 없는 것은 아니다.

(2) 합리와 열정

하지만 텍스트의 논리와 이미지의 논리는 차이가 있다. 텍스트는 합리적 근거(reason)에 의해 의미를 구성하는 반면, 이미지는 열정(passion)에 의해 의미를 구성하기 때문이다. 열정은 순수할 수 있지만, 과장되거나 사실을 왜곡하기 쉽다. 합리적 근거는 사실을 냉철하게 파악하게 하지만, 논증적으로 설명되는 것의 '배후'에 있는 근본적 의미를 드러내기 어렵다. 그렇기에 전시되는 그림의 옆

2) 이에 관해 자세한 소개와 설명은 김승호, "현대미술에서 이미지의 논리: 곳프리드 뵘을 중심으로", *현대미술논집* (제22집, 2007.12), 141~166쪽, 특히 144쪽 아래 참조.

에 텍스트로서 그 그림을 설명하는 제목 등이 그림의 감상을 지배하고, 그래서 그림을 설명하는 텍스트는 그림의 이미지가 가져올 수 있는 다양한 의미의 생성가능성과 그 의미들의 전복가능성을 오히려 빼앗아 갈 수 있다. 전통문화에서는 텍스트는 고상하고, 이미지는 저속한 것이라는 인식이 지배한다. 이는 텍스트보다 그림에 대해 법이 음란성 통제를 강하게 하는 원인의 하나가 된다. 문학소설은 고상하고, 만화는 저속하다는 인식도 그 한 예이다.[3] 하지만 사람들에게 주는 영향력은 텍스트보다 이미지가 더 크다. 가령 음란소설보다는 음란그림이 사람들의 윤리적 해이를 더 강하게 유발할 수 있다. 그러기에 우상숭배주의자들(idolatry)은 그림을 통해 우상화를 도모하고, 정반대로 성상숭배의 우상파괴주의자(iconoclasm)들은 우상숭배의 이미지가 있는 그림을 훼손하는 일을 범하기도 한다. 그만큼 이미지의 영향력은 텍스트보다 더 크다는 것이다.

(3) 그림에 대해 더 강한 법의 통제

	텍스트	이미지
가치	大	小
영향력	小	大

바로 이런 점에서 텍스트보다 그림의 음란성이나 이적성에 대해 법이 더 강하게 통제하는 경향을 이해할 수 있다. 도표에서 보는 바와 같이, 그림은 텍스트보다 가치는 낮으나 대중적 영향력은 더 크기 때문에 그림이 음란하거나 이적표현을 하는 경우에 법은 더 강하게 통제하게 된다. 이처럼 그림에 대해 통제를 강하게 하는 법은 이성법의 전통에 있는 법이다. 이성법의 세계에서는 말의 설득력이 가치를 구성

3) 독일사회의 예를 들어 보면, 이에는 가령 FAZ(Frankfurter Allgemeiner Zeitung)의 독자는 사진과 이미지로 기사를 쓰는 BILD지보다 더 고상한 가치가 있으며, BILD지를 읽는 사람은 지성이 약한 사람이라는 가치의 차등화가 널리 통용된다.

하고, 법은 로고스(logos)의 왕국에 머무른다.

하지만 포스트모던 시대에는 로고스의 법은 복잡하고 다원화된 사회현실을 규율하는 데 한계가 있다. 이미지는 비록 불확실하지만 거의 무한대로 다양한 의미를 생산할 수 있고, 그 의미생산을 이끄는 열정은 법이 규율하는 대상(현실)에 대한 에로스의 발현이 될 수 있다. 이처럼 이미지의 열정이 구성하는 의미를 수용하는 법을, 이성법의 로고스적 전통과 대비하여 에로스(eros)의 법[4]이라고 부를 수 있다. 에로스의 법은 어떤 대상의 아름다움을 체험하는 것을 북돋거나 보호하는 매체이다. 가령 헌법재판소가 말하는 음란 개념, 즉 '인간성을 왜곡하는 성표현'[5]을 하고 있는 회화는 현실에서 인간성을 왜곡하는 것이 아니라, 그런 표현을 통해 오히려 인간성이 왜곡된 현실에서 해방되는 이미지를 생성시킬 수 있다. 그런 이미지의 생성을 억압하는 법은 정의로울 수가 없다.

2. 이미지의 불확실성과 이성법의 확실성

그러나 이미지는 매우 불확실한 것이다. 따라서 법이 회화의 이미지를 이유로 통제하는 것 역시 고도의 불확실성에 시달리게 된다. 이 점을 뉴먼의 추상표현주의 작품을 예로 설명해보기로 한다.

(1) 뉴먼의 추상표현주의

버넷 뉴먼(Barnett Newmann)의 그림 <Who's Afraid of Red, Yellow and Blue IV>이 갖는 이미지도 매우 모호했다. 1950년대 초반까지도 뉴먼의 그림은 사람들에게 널리 이해되지 못했다. 그는 당시 지배적이던 미국의 사실주의, 유럽의 입체주의나 구성주의,

4) 이상돈, *법미학* (법문사, 2008), 5~6쪽 참조.
5) 헌재결 1998.4.30, 95헌가16.

초현실주의를 넘어서 신비적인 추상의 표현(abstract expressionism)을 지향했다. 그의 추상표현은 ① 사물성, ② 신비성, ③ 숭고성을 강조한다. ① 첫째, 그는 상투적인 직사각형이 아닌 세모 등의 모양을 지닌 캔버스(shaped canvas)를 사용하여 그려냄으로써 그림이란 사물을 반영하여 단순히 재현하는 것이 아니라 사물 그 자체임을 강조한다. ② 둘째, 그의 그림은 엄청나게 커다란 캔버스를 난색으로 채움으로써 삶의 비극과 공허를 대면해야만 하는 인간존재의 무력감에 대한 두려움과 분노의 감정을 표현하면서도, 동시에 그 거대한 색면에 단색의 선을 위아래로 가로지름으로써 마치 구원의 빛과 같은 신비성을 표현한다.[7] ③ 셋째, 거대한 화폭의 장엄함으로 인해 그 감상은 얼마간 걸음으로써 화폭이 두 눈의 시각에 담기는 지점을 잡을 때까지의 시간적 흐름을 요구한다. 하지만 그 흐름 속에서 감상자는 역설적이게도 시간이 정지된 공간 속으로 빨려들어가는 느낌을 받는다. 이는 숭고함을 느끼는 과정이기도 하다.

Barnett Newman, Who's Afraid of Red, Yellow and Blue, 1966[6]

(2) 이미지 해석의 불확실성

회화의 이미지가 갖는 의미의 불확실성은 이성법의 명확성(Bestimmtheit)과 대비된다. 가령 뉴먼의 위 작품을 다시 예로 삼아 설명해보자. 러시아계 유태인인 뉴먼에게 숭고성은 히브리 민족제일주의의 아우라와 같은 것이기도 하다. 그런데 1982.4.13. 29세의 독일 수의학과 학생이 당시 독일 내셔널갤러리에 전시되었던 이

6) 그림사진은 구글(http://www.google.co.kr) 이미지 검색에서 나온 사진을 퍼옴.
7) 그래서 버넷 뉴먼은 색면회화(color field painting)의 선구자로 평가되기도 한다.

그림을 난타하는 사건이 일어났다. 그 학생은 뉴먼의 작품이 (검정, 빨강, 노랑으로 이루어진) 독일국기를 오용(誤用)한 것이었고, 독일 사람들을 겁줄 것이며, 그래서 독일국립미술관에 있어서는 안 된다고 생각했다고 한다. 당시 뉴먼도 이 작품이 적개심을 불러일으킬 수 있음을 인정한 적도 있다고 한다. 물론 독일 학생이 우상파괴주의자(iconoclasm)로 이해될 수 있는지 분명하지는 않다. 그러나 우상파괴주의자들은 "이미지는 단지 예술이기만 한 것은 아니라는 시인에서 나오는 경험의 심오한 재구성을 인정한다."[8] 여기서 독일 학생이 느낀 경험의 심오한 재구성을 다음과 같이 시도해보자. 뉴먼의 그림은 특히 독일인들에게는 독일 국기와 같이 빨강, 노랑을 사용하면서 검정을 슬쩍 파랑으로 비껴 칠한 것으로 볼 여지가 있다. 뉴먼이 검정 대신 파랑색을 선택한 것이 의도된 것이 아니라 설령 무의식의 표현이었다고 하더라도 이는 프로이트가 말하는 본심이 드러나는 실언(freudian slip)이었다고 볼 수 있다. 파랑색의 선택은 '의도함이 없이 의도한' 결과인 셈이다. 이로써 독일국기와 히브리즘적인 신성성 사이의 경계가 허물어지고, 뉴먼의 그림은 그 둘의 경계를 넘어서는 비체(abject)와 같은 것이 된다. 비체는 주체와 객체의 경계를 넘어선 '무엇인지 알 수 없는 어떤 것'을 의미한다.[9] 이것이 뉴먼의 그림이 주는 낯설음이며, 이 낯설음은 라깡이 말하는 '실재', 즉 '미끄러운(slippery)' 것으로서 이성적 언어 질서로는 포착할 수 없는 것이라는 점에서 공포감과 혐오감을 갖게 한다.[10] 여기서 우상파괴주의자와 철학자 사이의 차이는 사라지고

8) David Freedberg, *The Power of Images: Studies in the History and Theory of Response* (The University of Chicago Press, 1991), 426쪽.

9) 이는 크리스테바의 개념으로, 이에 대해서는 줄리아 크리스테바, *공포의 권력*(서민원 옮김)(동문선, 2001), 22~25쪽 참조.

만다. 이런 점은 그림의 이미지가 얼마나 불확실한 것인지를 잘 보여준다. 텍스트의 세계에서는 철학자의 이성적 논증과 우상파괴주의자의 편협한 괴변은 나름의 합리성을 갖고 구분될 수도 있다. 그러나 이미지의 해석에서는 그런 구분이 쉽지가 않다.

(3) 알 수 없음의 숭고함에 대한 이성법의 자기반성

이처럼 간략하게 비평해 본 뉴먼의 회화세계에서 엿볼 수 있듯이, 그의 작품에 대한 감상의 과정으로는 그의 작품의 의미를 알 수 없다고 할 수 있다. 비평 역시도 그 이미지의 불확실성을 완전히 제거해 주지 못하기 때문이다. 그러나 회화의 이미지가 갖는 의미의 바로 그 '알 수 없음'(unknowability)[11]은 뉴먼의 추상표현주의가 숭고함의 가치를 생성시키는 방식임에 주목할 필요가 있다. 이는 마치 신의 이미지가 금지됨으로써 신에 대한 숭고성이 생성되는 것에 비견할 수 있다. 근대 이성법은 이 같은 신적인 것을 모방하였다.[12] 즉, 사람들이 법의 규율을 받으면서도 그 법을 알아볼 수 없게(unknowable) 함으로써 법의 권위를 생성시킨 것이다.

1) 이미지로 재현되는 정의가 결핍된 이성법

근대 이성법은 법전편찬(Kodifikation)의 역사에서 보듯 텍스트 중심으로 짜임으로써 '이미지'로만 재현할 수 있는 정의가 결핍되

10) Fred Botting, "Relations of the real in Lacan, Bataille and Blanchot", *SubStance* (Vol. 23, No. 1, Issue 73, 1994), 24~26쪽 참조.

11) Costas Douzinas, "Sublime Law: On Legal and Aesthetic Judgements", *Parallax* (Vol. 14, No. 4, 2008), 18~29쪽 참조.

12) 근대법이 신적인 숭고성을 모방한다는 분석으로 Costas Douzinas, "Sublime Law: On Legal and Aesthetic Judgements", *Parallax* (Vol. 14, No. 4, 2008), 18~29쪽 참조. 그래서 두지나스는 "이미지의 금지"(Prohibition of images)가 "법의 선험적 조건"(the transcendental condition of the law)이 된다고 본다(앞의 논문, 24쪽 참조).

는 것을 감수하였다고 볼 수 있다. 여기서 '이미지'란 주로 미학적 체험에 의해서 생성되는 영상화된 가치(예: 진리/거짓, 옳음/그름 또는 아름다움/추함)를 가리킨다. 제2차 세계대전이 끝난 직후인 1950~60년대에 미국 화단을 주도하였던 추상표현주의는 모더니즘의 회화(근대회화)를 탈피하는 반성적 회화였다. 이런 회화의 흐름은 이미지로 재현할 수 있는 정의(에로스)가 결핍되어 온 근대 이성법의 발전사에 대한 반성을 촉매하는 문화적 맥락을 형성한다. 법감정(Rechtsgefühl)에 의한 판결처럼 감성법에 대한 법원의 관심[13]과 그 성장역사는 추상표현주의의 비평사적 의미맥락 속에서 이루어진 것이라고 할 수 있다.

2) 감성법의 의미

여기서 감성법이라는 매우 새롭고 낯선 개념을 간략히 설명하기로 한다.

(가) 인지작용의 네 가지 유형 인간의 인지작용은 ① 의식의 지배를 받아 사물을 과학적으로 인식하고, 논리적으로 추론하고 아울러 그 가치를 체계적으로 평가하는 인지작용인 이성(understanding, Vernunft, Verstand), ② 비과학적으로, 비논리적으로, 비체계적으로 사물을 파악하는 인식작용인 감정(느낌, feeling, Gefühl), ③ 오관(눈, 귀, 코, 피부, 혀)에 의한 지각인 감각(sensing), ④ 감각(또는 그에 따른 관찰)에 의존하지 않는 지각의 총체로서 감각의 대척점에 위치하는 직관(intuition, Anschauung)으로 나뉠 수 있다.

13) 수많은 판결들에서 이 용어가 사용되지만 최근 예로 대판 2007.8.23, 2007도4818 참조.

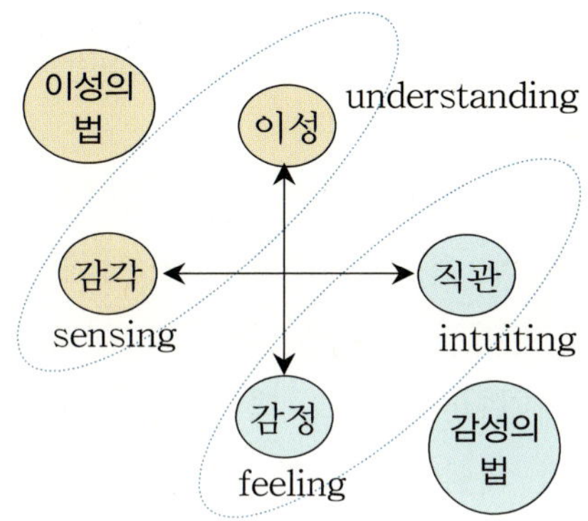

(나) **이성법과 감성법의 대척성** 이성법은 ① 자유의 공평한 향유를 가능케 하기 위해 각 개인에게 배분되는 권리와 의무의 정합적인 체계로 형성된 법, 즉 실천이성의 제도화로서 법을 가리킨다. 이에 비해 감성법이란 ② 이성의 대척점에 있는 감정, 예컨대 법감정에 의해 판결을 할 때 생성되는 법(규범)이나 ③ 이성적 추론이나 언어적 논증(이성의 작용)이나 감정의 작용을 개입시키지 않고, 대상(의 명증성)을 직접적으로 인식함으로써 실현되는 법, 예컨대 어떤 도안이 상표법상 상표인지에 대하여 판단으로 '설명적 의미를 인식할 수 없을 만큼 문자인식력을 압도하여 일반인의 특별한 주의를 끌 정도라는 점에서 기술적 상표에 해당하지 않는다'는 식의 판단'[14]에 의해서 실현되는 법을 가리킨다.[15]

(다) **법아이콘학** 감성법은 이미지를 통해 형성되는 법이기도 하다. 앞서 고트프리드 뵘(Gottfried Boehm)의 아이콘적 전환(iconic turn) 이론이 보여주듯 감성법은 법에서 '이미지적 전환'이

14) 대판 2002.6.11, 2000후2569.
15) 이상의 설명에 대해 더 자세히는 이상돈, *법의 춤* (법문사, 2012), 139쪽 아래 참조.

라고 부를 수 있다. 이 전환의 한 예로서 법해석과 미술비평이 하나가 되는 분과로 법아이콘학(legal iconography)을 비롯한 법미학[16]을 들 수 있다.

ㄱ) 유스티치아의 이미지 해석 법아이콘학이란 예컨대 정의의 여신상 유스티치아(justitia)와 같은 아이콘의 이미지 압축을 풀어 그 상징적 기호의 의미를 풀어내어 법에 그 의미를 담고, 그 의미에 대한 미학적 체험에서 비롯되는 힘을 바탕으로 그 의미를 법의 가치로 축적시키는 현상을 분석한다. 아이콘의 해석은 창조적이다. 눈가리개는 흔히 "감각의 부패로부터의 자유"(freedom from corruption of the sense)[18]를 의미한다고 해석된다. 그러나 이 이미지는 미국에서 유색인종에 대한 불공정한 재판에서 판사들이 보여주는 불공정한 지각(perception of unfairness)을 상징할 수 있다. 흰옷을 입은 여성으로서 유스티치아의 이미지는 여자판사가 없던 시절에는 "현실에서 떨어진 정의"(justice removed from actuality)[19]를 암시했지만, 오늘날에는 여성성이 내재된 남성의 이미지로 해석할 수 있다. 이 해석을 통해 법은 숭고한 형이상학적 이념이거나 존재론적으로 단일한 실체로서의 정의가 아니라 다양한 소수자들의 다성적인 목소리[20]가 깃든

Justitia[17]

16) 법미학이 무엇인지, 어떤 분야가 있으며, 이성법학과 달리 어떤 성과를 가져다 줄 수 있는지에 관한 자세한 논의로 이상돈, *법미학* (법문사, 2008) 참조.

17) 사진은 구글(http://www.google.co.kr)의 이미지검색에서 나온 justitia 이미지의 하나임.

18) M. Loughlin, *The Iconography of Justice, Sword & Scale: An Examination of the Relationship between Law & Politics* (Mart Publishing, 2000), 58쪽.

19) D. Curtis/J. Resnik, "Images of Justice", *The Yale Law Journal* (제96권 제8호, 1987), 1765쪽.

인간됨을 추구해야 한다는 인식이 강화될 수 있다.

ㄴ) 무의식 차원의 이미지 해석 또한 아이콘에서 체험하는 이미지는 '개인의 생물학적 차원, 사회적 차원 그리고 무의식의 차원(the unconscious dimension)을 연결'[21]해주기도 한다. 가령 1937년에서 1938년 사이에 화가 Stefan Hirsch는 에이켄(Aiken)에 있는 사우스 캐롤라이나주 연방법원의 신청사에 벽화를 그려달라는 의뢰를 받고 "수호자이자 복수자인 정의"(Justice as Protector and Avenger)라는 벽화를 그렸다. 그런데 이 벽화 가운데 중심인물의 하나로서 정의를 나타내는 여인이 인디안과 백인의 첫 혼혈인이라는 뮬라토(mulatto)를 닮았다는 이유로 벽화를 철거하자는 캠페인이 벌어졌고, 2년이 지난 후 결국 벽화는 철거되었다. 이 사건을 두고 케이퍼즈(Capers)는 서구의 법률역사에서 정의는 백인주의(whiteness)와 무의식적으로 연결되어 있었다고 해석한다.[22] 이런 법무의식의 형성을 분석해내고, 그 이데올로기성을 비판하고 해체시키는 대안적 이미지 형성을 할 수 있을 때, 법적 아이콘의 이미지 해석은 정의의 실현에 기여할 수 있게 된다.

---

20) 이에 관해서 이상돈, *인권법* (세창출판사, 2005), 164~168쪽; 이상돈·이소영, *법문학* (신영사, 2005), 285쪽 아래 참조.

21) 이에 관해서 P. Legendre (P. Goodrich/A. Pottage 역), "Introduction to the Theory of the Image: Narcissus and the Other in the Mirror,"(*Dieu au mirroir: Etude sur l'institution des images*) *Law and Critique* (제8권 제1호, 1997), 5쪽, 10~16쪽 참조. 다만 르장드르(Legendre)는 이런 무의식으로 진입시키는 기능을 아이콘에서 체험되는 이미지에 국한하지 않고 이미지 일반에서도 인정한다.

22) I. Bennett Capers, "On Justitia, Race, Gender, and Blindness", *Michigan Journal of Race and Law* (가을호, 2006), 224쪽.

Ⅱ 정신분석학적 미술비평과 법의 해석

이상의 설명에서 볼 수 있듯, 시각적인 이미지의 의미는 바라보는 사람이 어떤 인지적인 입장(cognitive stance)을 갖느냐에 따라 결정적으로 달라질 수 있다. 그런데 이 인지적인 입장을 파악함에는 의식보다는 무의식의 심연까지 들어가는 정신분석학적 접근[23)]이 매우 유용하다.[24)] 회화의 이미지 해석에서 정신분석학적 접근이 필요하다는 점은 이미지로써 재현될 수 있는 정의가 결핍되어 있는 이성법도 정신분석학적 접근을 통해서 그 결핍을 메워야 함을 말해준다.[25)] 모세상의 해석을 예로 하여 미술의 정신분석학적 비평 방법이 무엇인지를 이해하고, 이 방법이 법해석에서 언어의 논리에 힘입은 논증으로 드러나지 않는 진실을 밝히는 데 매우 유용한 것임을 설명하기로 한다.

1. 정신분석학적 비평의 깊이

최고의 조각상으로 평가되는 미켈란젤로(Michelangelo)의 모세상은 일반적으로는 내면에 영혼이 충만한 삶, 그러나 사유와 행동의 잠재성을 갖고 있는 삶을 환기시키는 상징의 절정으로 이해된

23) 맑시즘이나 페미니즘적인 비판적 미술비평의 한계를 넘어서는 비판적 미술비평으로 정신분석학적 미술비평을 제시하고, 그 핵심이 시니피앙(signifiant), 즉 미술이 생성시키는 이미지의 정신분석에 있다고 보는 정은경, "미술사와 미술비평에서 정신분석의 의의", *인문학논총* (제26집, 2011.6), 139~164쪽.

24) 최근 미술비평계에서는 인문학적 미술사 연구의 필요성이 강조되기도 한다. 장진성, "인문학적 미술사의 가능성", *역사학보* (제211집, 2011.9), 350쪽. 정신분석학적 비평은 그런 연구의 가장 대표적인 흐름이 될 것이다.

25) 법의 정신분석학적 이해를 본격적으로 시도한 이상돈 · 민윤영, *법정신분석학입문* (법문사, 2010) 참조.

다. 이 외에도 이 작품의 걸작성을 찬양하는 미사여구는 너무나도 많다. 조각의 디테일한 부분에서 놀라우리만치 섬세한 점과 살아있는 듯한 느낌(생동감)은 그런 미사여구의 중심을 이룬다. 그러나 이런 비평언어들은 이 작품의 깊은 의미를 파헤친다기보다는 작품의 피상적 인상에서 맴돌기 쉽다.

(1) 프로이트의 모세상 해석

이에 비해 정신분석학적 비평을 하게 되면, 다른 비평이 도달할 수 없는 어떤 깊이의 의미를 드러낼 수 있다. 예컨대 프로이트(Freud)의 모세상에 대한 이해는 완전히 달랐다. 그는 모세의 모습을 분노와 고통 그리고 경멸로 점철된 것으로 보았다. 즉, 조각상의 모세는 시나이에서 내려와 십계명(석판)을 든 채, 백성들이 황금 송아지 주변에서 춤추고 있는 것을 보고는, (얼굴의 표정에서 볼 때) 분노가 일어나 있었고, (발을 구를 듯한 자세에서 볼 때) 마치 일어서 석판을 깨버릴 듯한 태세를 보이며 고통 속에서 그들을 경멸하는 모습을 보여준다는 것이다. 그러나 이 모습은 수염에 의해 상징되는 강력하고 건강한 유태인 아버지의 윤리적인 모습이며 마치 신과 같은 이미지를 가진다고 보았다. 프로이트의 정신분석학 이론에서 보면 모세상은 자아(ego)와 이드(id)의 충동과 욕구를 조절하는 초자아(superego)라는 개념을 구상화해주는 것이다.[27] 이와 같은

Michelangelo,
Moses, 1513~1515,
San Pietro in Vincoli[26]

26) 사진은 구글(http://www.google.co.kr)의 이미지 검색으로 나온 사진을 퍼옴.

27) 이러한 모세상에 대한 프로이트의 해석에 대한 설명으로 자세히는 Mary Bergstein, "Freud's Moses of Michelangelo, Photography, and Art Historical Practice", *The Art Bulletin* (Vol. 88, No. 1, 2006), 158~176쪽 참조.

프로이트의 이미지 해석은 모든 미술작품의 이해를 한 차원 더 깊은 곳으로 진행시킨다.

(2) 사상적 예술성의 비평수단으로서 정신분석학

이와 같은 정신분석학적 미술비평은 특히 시각적 표현성이 모던미술(근대미술)에 비해 상대적으로 약화된 포스트모던미술에서 더욱더 필요한 비평의 방법이 된다. 왜냐하면 모던미술에서는 시각성이 감각(sense)을 지배하는 의식의 현현을 보여주는 정점을 이루는 데에 반해, 포스트모던 미술에서 시각성은 의식을 지배하는 관념(사상 thoughts)의 배후에 숨어 들어가 있는 잠재태로서로만 남아 있기 때문이다. 관념(사상)의 배후에 들어가 있는 시각적 잠재태의 의미를 밝히기 위해서는 그 그림의 이미지 해석과 작가정신의 분석이 필요한 것이다. 이런 해석과 분석을 하는 것이 정신분석학적 미술비평의 대표적인 방법이라 할 수 있는 시네마토그래피에 의한 비평이다.

2. 시네마토그래피로서 미술비평

프로이트가 모세상에 대해 수행한 정신분석학적 비평은 바로 다름 아닌 '시네마토그래피'(cinematography)에 의한 작품비평이다.[28]

(1) 시네마토그래피의 세 요소

시네마토그래피는 정신분석학자들이 환자를 분석할 때 그의 표정과 몸짓을 깊이 이해하기 위해 사진을 찍는 것에 비유할 수 있다. 정신분석학적으로 수행되는 미술비평이란 ① 그 작품의 모습을

28) 프로이트의 비평을 시네마토그래픽하다고 본 Peter Fuller, *Art and Psychoanalysis* (London, 1980), 40~57쪽 참조.

세세한 부분까지 (카메라에 의해) 순간의 시간에 담아, 그 이미지를 해석하고, ② 그때그때의 정신특성을 분석하고, ③ 그 해석되고 분석된 내용들을 마치 사진들의 나열순서를 바꿈으로써 그 피사체의 의미를 체계적으로 편집하는 창작적 행위이다. 다시 요약해보면 미술비평은 구조적으로 ① 이미지 창출(해석), ② 정신특성의 분석, ③ (카메라기술적) 편집(창작성)의 요소를 갖는다고 볼 수 있다.

(2) 시네마토그래피에 의한 예술비평의 예

시네마토그래피의 미술비평을 국가보안법 위반으로 형사처벌된 신학철의 <모내기>(1987)를 예로 적용해보면, 법의 적용에서 시네마토그래피의 비평이 얼마나 유용한지를 알 수 있다.

1) 〈모내기〉에 대한 재판

신학철, 모내기, 1987[29]

하급심은 신학철의 <모내기>가 국가보안법상 이적표현물이 아니라고 보았다. 그 이유는 "모내기 그림의 하반부에 관하여는, 전체적으로 원작자가 표현하고자 하는 바대로 통일에 장애가 되는 요소로서의 외세와 저질외래문화를 배척하고 우리 사회를 민주화하여 자주적, 평화적 통일로 나가야 한다는 조국통일에의 의지 및 염원을 나타낸 것이고, 하반부의 그림 중에 탱크, 미사일 등 무기를 써래질하는 모양은 비인간적이고 평화와는 상치되는 무기의 배제를 상징적으로 나타내어 평화통일을 이루어야 함을 표현하고자 하는 것이고", "그림의 상반부에 관하여는 통일이 주는 기쁨과 통일 후의 평화로

29) 그림사진은 구글(http://www.google.co.kr)의 이미지 검색에서 나온 사진을 퍼옴.

운 모습을 이상향으로 묘사하고" 있는 것으로 보았기 때문이다.[30]

그러나 대법원은 다음과 같은 이유로 <모내기>를 이적표현물로 바라 보았다.[31] "그림 상반부는 북한을 그린 것으로서 통일에 저해되는 요소가 전혀 없이 전체적으로 평화롭고 풍요로운 광경으로 그림으로써 결과적으로 북한을 찬양하는 내용으로 되어 있고, 그림 하반부는 남한을 그린 것으로서 미 · 일 제국주의와 독재권력, 매판자본 등 통일에 저해되는 세력들이 가득하며 농민으로 상징되는 민중 등 피지배계급이 이들을 강제로 써래질하듯이 몰아내면 38선을 삽으로 걷듯이 자연스럽게 통일이 된다는 내용을 그린 것이라 할 것이므로, 결국 이는 피지배계급이 파쇼독재정권과 매판자본가 등 지배계급을 타도하는 민중민주주의 혁명을 일으켜 연방제 통일을 실현한다는 북한 공산집단의 주장과 궤를 같이하는 것으로 여겨질 뿐만 아니라, 위에서 본 제작동기, 표현행위 당시의 정황 등 제반 사정을 종합하여 보면, 위 그림은 반국가단체인 북한 공산집단의 활동에 동조하는 적극적이고 공격적인 표현물로서 구 국가보안법 제7조 제5항 소정의 이적표현물에 해당한다고 봄이 상당하다고 할 것이다."[32]

2) 시네마토그래피 비평

하급심과 대법원의 <모내기> 이해 가운데 어느 것이 타당한 것일까? 이 점을 시네마토그래피의 비평방법으로 검토해보자.

㈎ **이미지 해석** 하급심(원심)이 바라본 <모내기>의 상반부의 이미지는 통일이 이루어진 평화롭고 행복한 민중의 삶을 보

30) 서울형사지방법원 1994.11.16. 선고 93노7620 판결 참조.
31) 대판 1998.3.13, 95도117.
32) 대판 1998.3.13, 95도117.

여주며, 하반부의 이미지는 통일을 이루기 위해 극복되어야 할 현실의 모습을 보여준다. 이에 비해 대법원이 바라보는 상반부의 이미지는 통일에 저해요소가 없는 평화롭고 풍요로운 삶이 보장된 북한의 모습이며, 하반부의 이미지는 미제국주의의 식민지로서 겪는 남한의 비참한 현실의 모습이다.

(나) 정신특성의 분석　　다음으로 정신특성을 분석해보자. 첫째, 하급심이 해석한 상반부에서 나타난 작가의 정신특성은 통일 후의 더 나은 삶을 고도산업사회나 후기자본주의 사회가 아니라 농경사회의 삶으로 바라보는 작가의 시대착오적 '역사의식'으로 파악할 수 있다.[33] 이에 비해 대법원이 해석한 상반부에서 작가의 정신특성은 북한체제를 동경하는 작가의 '현재의식'으로 파악할 수 있다. 둘째, 하급심이 해석한 하반부에서 작가의 정신특성은 통일을 위한 선결과제에 대한 작가의 '현재의식'인데 비해, 대법원 해석한 하반부의 이미지는 남한이 미제국주의의 식민지로 전락해 있다는 '역사의식'으로 파악할 수 있다.

(다) 편집　　하급심의 이미지 편집은 하반부의 이미지와 상반부의 이미지를 '시간적'으로 정렬한 것이다. 즉 통일과제에 대한 현재의식(하반부)을 바탕으로 통일 후의 미래적 삶의 모습(상반부)을 그리는 것이다. 이에 비해 대법원은 상반부의 이미지와 하반부의 이미지를 북에서 남으로 내려가는 '공간적인 정렬'의 방식으로 해석하고 편집한 것이다. 즉 공간적으로 상반부는 동경할만한 체제로서 북한체제를 그리고 하반부는 척결해야 할 체제인 미제국주의의

33) 민중미술이 그리는 이상향이 대체로 '산업화되지 않은 농경사회'이며, 경제적 풍요로움보다 '민중이 역사의 주체가 되어 생존의 가치와 존엄성을 존중받는 이상적인 현실'이라고 보는 김현화, "1980년대 민중미술: 반(反)풍요와 반(反)개방, *미술사학* (제25호, 2011.8), 2~83쪽.

식민지로서 남한체제를 그리고 있다고 보는 것이다. 이런 정렬에 의하여 하급심은 신학철이 <모내기>를 통해 '자주민주통일'의 사상을 표현한 것으로 보는 반면, 대법원은 '민중민주주의 혁명사상'을 표현한 것으로 보는 비평적 결론에 이르게 된다.

(3) 미술을 규제하는 법의 구성요소

여기서 시네마토그래피에 의한 비평은 첫째, 언어와 논증의 차원에서 우열을 가리기 힘든 두 가지 상반된 해석(원심과 대법원의 해석)들 가운데 어느 하나를 정신분석학이라는 심층적 기반에 뿌리를 둔 채 선택할 수 있게 해준다는 것을 알 수 있다. 이는 미술작품을 비평하는 이해의 지평과 법을 해석하는 이해의 지평이 정신분석학 위에서 서로 융합('지평융합')할 수 있음을 말해준다. 둘째, 이와 같이 미술비평은 국가보안법의 규범영역을 구체화하는 작업, 바꿔 말해 국가보안법의 해석적용을 좌우하는 요소가 된다. 이로써 미술비평은 적어도 미술의 예술성을 규제하는 법 밖에 있는 것이 아니라 법 안에 들어와, 그 법을 구성하는 요소가 됨을 알 수 있다. 셋째, 이렇게 볼 때, 미술비평은 법의 정신분석학적 기반을 발굴하는 가장 중요한 방법이 된다고 말할 수 있다.

3. 법해석으로서 시네마토그래피

시네마토그래피라는 정신분석학적 비평방법은 미술을 규제하는 법의 구성요소로 기능함에 머무르지 않고, 모든 법의 해석에 완전히 새로운 지평을 열어준다. '이성법'의 전통에서 법의 해석이 언어와 논증 중심으로 이루어졌다면, 시네마토그래피는 '감성법'의 지평을 열어 줄 수 있다. 여기서 감성법이란 개념은 이성적 사유로 정의를 발굴하는 것이 아니라 법감정의 예에서 보듯 감성(feeling) 또는 감각(sense) 혹은 직관(intuition)의 판단으로 정의를 발굴하는 법, 미학적 정의(aesthetic justice)를 지향하는 법, 에로스의 법 등의 개념들을 총괄하는 것으로 사용한다. 영화의 정신분석학적 비평이 법의 근원적인 모습에 대해 새로운 이해를 가져오듯이,[34] 미술비평의 시네마토그래피라는 정신분석학적 비평도 법해석의 새로운 방법적 기초를 마련해줄 수 있다.

(1) 시네마토그래피의 비평과 이성법적 법해석의 구조적 유사성

먼저 미술비평뿐만 아니라 법해석도 일종의 시네마토그래피와 유사한 구조를 갖고 있다는 점에 주목해 보자. 가령 자동차로 행인을 쳐 다치게 한 운전자가 피해자를 병원으로 옮겨 놓고 신원을 밝히지 않은 채 사라져 버린 행위가 도주차량죄(특정범죄가중처벌 등에 관한 법률 제5조의3 제1항)의 "도주"에 해당하는지를 해석해보자.

시네마토그래피	법률해석방법
이미지 해석	문법해석
정신특성 분석	역사적 해석
편집	체계적 해석

1) 문법해석과 이미지 해석

첫째, 도주란 사전적 의미로는 "피하거나 쫓기어 달아남"[35]을 뜻하므로 이런 가해자의 행위도 도주에 해당할 수 있다. 경찰을 피해 달아난 것이기 때문이다. 이처럼 법텍스트의 일상언어적 의미에

34) 이런 작업으로 이상돈 · 민윤영, *법정신분석학입문* (법문사, 2010) 참조.
35) 이 개념은 네이버(Naver)의 국어사전에 나와 있는 풀이이다.

따른 해석을 문법해석(grammatische Auslegung)이라고 한다. 이런 해석은 그림이 주는 이미지의 해석에 상응한다.

2) 정신특성 분석과 역사적 해석

둘째, 도주차량죄의 조항을 제정한 입법자의 의사가 '교통의 안전확보'와 '피해자의 생명・신체의 보호' 그리고 '손해배상청구권의 실효적 확보'를 위한 것이었다고 해석하는 역사적 해석(historische Auslegung)에 의하면 이 행위는 도주에 해당한다. 이때 이 역사적 해석은 그림의 이미지 해석 다음에 이루어지는 화가의 정신특성 분석에 상응한다. 다만 여기서 역사적 해석은 입법이유서나 국회회의록 등에 그 근거가 나타나지 않는다면 사실상 (객관적) 목적론적 해석(teleologische Auslegung)으로 볼 수도 있다.

3) 편집과 체계적 해석

셋째, 도주차량죄가 민법이나 사법이 아니라 특정범죄가중처벌 등에 관한 법률이라는 '특별형법'에 규정되고 있다는 법체계적 위치를 고려하여, 손해배상청구권의 실효적 확보는 형법적 직접적 목적이 아니므로 동 조항의 의미에서 제외시켜야 한다는 해석을 할 수 있다. 이런 해석은 넓은 의미에서 체계적 해석(systematische Auslegung)에 속한다. 이 해석방법은 시네마토그래피에서 편집에 가깝다.

이 유사성을 다시 한번 시네마토그래피의 과정에 비유해보면, 법률해석이란 ① 텍스트에 상징, 즉 의미를 부여하는 행위이고, ② 그 상징의 분석을 통해 법의 기저를 이루는, 또는 법이 지향하거나 금지를 통해 억압하려고 하는 인간정신의 특성을 분석하는 것(예: 입법자의 의사)이며, ③ 그렇게 분석된 상징들을 체계적으로 배열하고, 조합함으로써 법텍스트의 전체적 의미를 밝히는 작업이 된다.

(2) 법률해석방법을 넘어서는 시네마토그래피

그러나 이상과 같은 유사성은 단지 형식적인 것이며, 구조적인 모습의 유사성일 뿐이다. 시네마토그래피와 전통적인 법률해석방법은 그 내용의 실질이 다르다. 시네마토그래피가 감성의 법, 에로스의 법을 실현한다면, 법률해석방법은 이성의 법, 로고스의 법을 실현한다.

1) 법률해석방법의 한계를 넘어서는 해석

이 점을 구체적인 예를 들어 설명해 보자. 남자로 태어났지만 20년간 심리적으로 여자의 성정체성을 갖고, 여장과 여성적 행동을 하며 살아 왔고, 성전환수술까지 받은 사람이 다른 남자에게 폭행을 당해 어쩔 수 없이 성관계를 하였을 때, 그 피해자는 형법상 "부녀"(婦女)(형법 제297조)에 해당하는가?

(가) 성전환자와 부녀 개념의 해석 대법원은 과거에는 이런 성전환자를 "부녀"로 보지 않았다. 무엇보다도 "성염색체의 구성이나 본래의 내 · 외부성기의 구조", "여성으로서의 생식능력은 없는 점"이 결정적인 이유였다(대판 96도791). 이런 해석은 부녀가 '자연언어'(natürliche Sprache)로서 갖는 의미, 즉 문법적 해석에 따른 것으로 볼 수 있다. 삶의 세계에서 자연적으로 형성된 의미의 퇴적층에서만 부녀라는 말을 바라보면, 호르몬 주사 등의 과학적 개입이 없이 남자의 생식기를 갖고 여성의 생식능력을 갖고 있지 않은 사람을 남자로 볼 수 없다. 그런 해석은 부녀 개념의 자연(주의)적 의미에 반한다.

하지만 사회적 성정체성(gender)과 생물적 성(sex)의 구분이 일반화되고, 성전환자가 법적으로 여성으로 대우받을 필요성을 인권으로 바라보는 사회의식이 성장함에 따라 대법원은 2009년도 판례에서 성전환자를 여성으로 바라보는 판결을 내린 바 있다. "성장기부터 남성에 대한 불일치감과 여성으로의 귀속감을 나타내었고, 성인이 된 후 의사의 진단 아래 성전환수술을 받아 여성의 외부 성기와 신체 외관을 갖추었고, 수술 이후 30여 년간 여성으로 살아오면서 현재도 여성으로서의 성정체성이 확고하여 남성으로 재전환할 가능성이 현저히 낮고, 개인생활이나 사회생활에서도 여성으로 인식되어, 결국 사회통념상 여성으로 평가되는 성전환자에 해당한다고 봄이 상당하"(대판 2009도3580)다는 것이다.

(나) 자연언어적 의미의 한계를 넘어선 해석 그러나 새로운 판례는 아마도 1970~80년대 한국사회에서라면 — 가해자를 강제추행죄가 아니라 강간죄로 처벌한다는 점에서 행위자에게 불리한 — 유추금지의 원칙에 위배되는 것으로 판단되었을 것이다. 사회의식의 변화가 있었지만, "부녀" 또는 여자가 자연언어로서 갖는 의미에 여전히 반하기 때문이다. 그러나 만일에 '자연언어적 의미'와 '일상언어적 의미'를 구별하고, 문법해석은 일상언어적 의미에 따른 해석이라고 가정해보자. 그러면 성전환자를 부녀로 보는 해석을 두고, 문법해석(일상언어적 해석)이 설정해주는 법률해석의 한계를 넘은 것일까? 바꿔 말해 통설과 판례가 말하는 형법해석의 한계로서 '법규정의 가능한 의미'를 넘어서지 않은 해석일 수 있는 것일까? 만일 그런 해석이 진정한 의미에서 일상언어적 의미를 따른 것이라면, 굳이 "부녀"를 "사람"으로 개정할 필요도 없을 것이다. 그러나 현재 그런 개정이 추진되고 있다. 이 점은 그런 해석은 부녀의 일상언어적 의미를 넘어선 것임을 반증하는 것이다.

2) 시네마토그래피에 의한 부녀 개념의 재해석

여기서 대법원의 새로운 판례는 이성법을 현실에 옮기는 법률해석방법에 의해서가 아니라 시네마토그래피의 비평방법에 의해 그려진 것으로 볼 수 있다. 먼저 성전환자의 삶을 하나의 그림이라고 가정해보자. 그 그림 속의 성전환 사람(남자)은 첫째, 여성성의 코드로 무장한 모습과 언행을 보임으로써 여성의 이미지를 보여준다. 둘째, 그 사람의 정신특성은 20년간 여성의 성정체성을 갖고 살아왔고, 그 정체성 속에서 심지어 남성 성기를 제거하는 수술까지 받는 '정신적 특성'을 가졌다는 점에서 여성의 특성을 갖고 있다고 볼 수 있다. 셋째, 수술 후에도 여전히 결핍된 여성의 유전자 구조나 생식능력이라는 요소는 그의 성적 의미를 파악할 때 삭제하는 편집을 통해 제거해버릴 수 있다.

(3) 시네마토그래픽에 의한 감성법의 성장

이와 같은 시네마토그래피의 법해석은 감성의 법을 실현한다.

1) 부녀 개념의 감성법적 해석

첫째, 그토록 힘겹게 살고 수술까지 받는 고생을 마다하지 않는 성전환한 자에게 연민을 느끼며, 법도 그를 여성으로 대우해 주라고 요구하는 시민들의 감정은 법을 구성하는 감정, 즉 '법감정'이 된다. 둘째, 그토록 여성으로 살고 싶어 죽도록 노력하는 성전환자의 모습에 알 수 없는 아름다움(숭고미)을 느끼는 미학적 체험에 의하면 그를 여성으로 취급하는 것이 정의로운 것이 된다. 이는 법적 정의가 미학적 정의로서 재구성됨을 뜻한다. 셋째, 이 미학적 체험은 잘린 귀를 붕대로 싸맨 고흐(Vincent van Gogh)의 <자화상>을 볼 때 느끼는 미학적 체험과 유사하다. 성전환자의 힘겨운 삶에 대한 연민이 다수의 시민들에게 공통적으로 발생할 때, 그를 여자로 취급하는 법은 공감(empathy)의 토대 위에서 규범적 타당성을 갖게 된다. 넷째, 하지만 이런 시네마토그래피의 법해석은 법텍스트의 자연언어적 의미를 넘어서는 것이며, 이성법적 전통(유추금지원칙)에서 비켜나 있는 것이다.

2) 감성법과 성찰적 모더니즘의 접점

물론 이성법은 이런 시네마토그래피의 비평을 법률해석의 방법으로 수용할 수 있고, 그럴 경우 이성법은 감성의 법에 개방되어 있는 '성찰적 모더니즘'의 법이 된다. 이 성찰은 이성적 논거로 무장한 채 합리적인 입법의 과정으로 이어질 수 있다. 성전환자를 강간죄의 객체로 인정하기 위해 강간죄(형법 제297조)의 객체를 "부녀"에서 '사람'으로 변경하는 법개정은 기존의 법텍스트가 (자연)언어적 한계로 인해 담지 못했던 미학적 정의의 요청을 이성적 논증과 토론을 통해 합의를 형성하는 새로운 (절차주의적) 실천이성의 형식 속에 담아내는 과정이다. 다시 말해 시네마토그래피의 비평을 통한 감성법적인 법률해석은 법의 성찰적 자기변화를 가져오는 이성적인 힘의 성장으로 이어질 수 있다. 이러한 설명에서 감성법이 이성법으로 흘러들어가고, 이성법은 감성법을 넓히는 상호작용의 관계가 성립함을 알 수 있다.

Ⅲ 에르곤과 파레르곤의 해체와 법의 해석

정신분석학자는 아니지만, 데리다의 해체주의적 사고에서 말하는 에르곤(ergon)과 파레르곤(parergon)의 이론은 미술비평에 중요한 정신분석학적 거점을 제공해주며, 법해석의 방법에 새로움을 가져다 준다.

1. 에르곤과 파레르곤의 구분과 미술비평

데리다(Derrida)는 이성철학의 전통에서, 특히 칸트의 미학 개념에서 에르곤(ergon)은 완성된 작품으로서 파레르곤(parergon)은 작품 옆에서 작품에 덧붙여진 채, 대립적인 것으로 이해된다고 보았다.

(1) 데리다의 루크레티아 해석

데리다는 이 점을 루카스(Lucas)의 루크레티아(Lucretia) 그림을 예로 설명한다.

1) 루카스의 루크레티아에서 단검의 의미

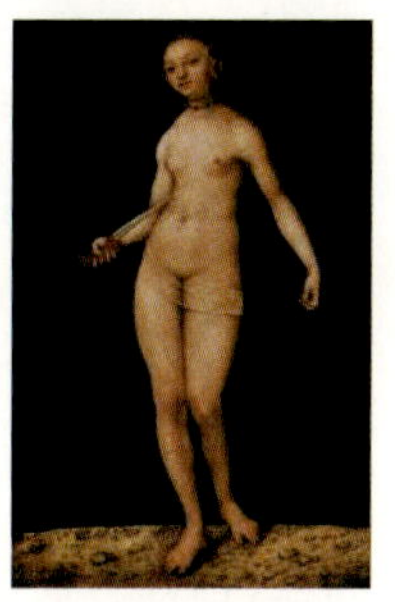

Lucas Cranach, Lucretia, 1533[36]

루크레티아는 B.C. 6세기경 로마인 콜라티누스(Collatinus)의 아내로서 정절로 유명한 여자이다. 콜라티누스가 술취한 채 친구들에게 누구의 아내가 더 정절이 깊은지를 시험하자는 내기를 했고, 고대 로마의 마지막 왕인 타르키니우스의 아들 섹투스 타르키니우스(Sextus Tarquinius)는 루크레티아의 침실로 들어가 사랑을 애걸하고, 듣지 않으면 자신의 종을 죽여 나체상태로 그녀 옆에 둠으로써 그녀와 간통하다가 죽음을 당한 것처럼 꾸미겠다는 협박을 했다. 결국 루크레티아는 무너졌고, 이후 진실을 모두 남편과 시아버지에게 말했다. 그들은 명예를 위해 복수를 결의했지만, 루크레티아는 그들이 보는 앞에서 칼을 빼들고, 자신의 가슴을 찔러 자결하였다. 이 일을 계기로 일어난 분쟁으로 로마의 왕정이 무

36) 그림사진은 구글(http://www.google.co.kr)의 이미지 검색에서 나온 사진을 퍼옴.

너지고, B.C. 509년 공화정이 성립하게 된다. 루카스는 이 루크레티아의 자살을 소재로 여러 종류의 그림을 그린 바 있다. 앞의 그림은 데리다가 그의 논문에서 제시한 루카스의 그림이다.

2) 데리다의 비평

이 그림에 대한 데리다의 비평은 루크레티아의 하반신 쪽을 덮고 있는 투명한 천을 파레르곤이라고 보는 이성주의적 사고에 대해 의문을 제기하는 것이었다. 즉, 이성주의적 사고에서 보면 루크레티아 그림에서 파레르곤인 얇은 천은 나체를 장식하면서 나체(특히 음부)를 감추면서 루크레티아의 표현된 육체와 경계를 이루고, 그 육체의 아름다움 밖에 있는 주변적인 것이 된다.[37] 하지만 데리다가 보기에 이렇게 표현된 본질의 안과 밖, 중심과 주변, 본질과 잉여의 경계를 결정하는 것은 불가능하다. 이 그림에서 단검이나 목걸이도 파레르곤일 수도 아닐 수도 있기 때문이다. 가령 단검은 루크레티아의 아름다운 나신에 파레르곤처럼 보이지만 루크레티아의 나신이 아름다운 것은 이 단검을 통해 그녀의 몸이 죽음에 직면함으로써 순수를 향한 그녀의 의지가 보여주는 숭고함[38]이 아우라가 되었기 때문일지도 모른다. 다시 말해 루크레티아의 하얀 몸은 단검 때문에 더 아름다워진 것이다. 그렇다면 단검은 에르곤인 루크레티아의 몸에 대해 부수적인 파레르곤일까 아니면 그녀와 함께 단검은 이 작품에서 에르곤일까? 데리다가 보기에 이처럼 부수적이고 외재적

37) J. Derrida, "Parergon. The Truth in Painting", trans. by Geoff Bennington and Ian Meleod (The University of Chicago Press, 1987), 54, 55쪽.

38) 물론 여기서는 정절이라는 과거시대의 남성이데올로기 문제를 제쳐두고 하는 논의이다. 그러나 어느 시대 어떤 사상의 표현도 미래에는 이데올로기로 재해석될 가능성이 있다는 점을 간과해서는 안 된다. 그러니까 숭고함이란 이데올로기가 종말을 고한 뒤에야 발생하는 것이 아니라, 어떤 이데올로기 아래서도 발생할 수 있는 것이다.

인 잉여를 떼어내 보면 에르곤, 즉 작품의 중심은 결핍(lack)을 보이기 시작한다.39) 그런 결핍이 없다면 파레르곤은 처음부터 필요하지도 않았을 것이기 때문이다. 그러므로 양자는 서로 모순될지라도 구조적으로 분리가 되지 않는다. 해체는 그처럼 분리되지 않는 것의 해체가 되어야 하는 것이다. 결론적으로 데리다는 파레르곤은 이론적인 허구(theoretical fiction)이며, 이 허구의 내용과 대상은 형이상학 또는 존재신학(ontotheology)일 뿐이라고 본다.

(2) 동양화의 농담과 여백

이성과 비이성의 경계와 대립이라는 이분법을 해체하기 위해 데리다가 미술비평의 소재로 삼은 루크레티아는 에르곤과 파레르곤의 해체를 역설하기에는 다소 궁색해 보인다. 더 적절한 예는 우리나라의 전통적인 동양화라고 할 수 있다. 농담(濃淡)과 여백(餘白)이라는 동양화의 전통적 양식은 파레르곤의 해체를 이해하기에 더 적합하다. 동양화에서 칠해진 부분과 그렇지 않은 여백은 에르곤과 파레르곤으로 이분될 수 없다. 여백 없이는 칠해진 부분이 그 미학적 가치를 생성시킬 수조차 없다. 그렇기에 여백이라는 파레르곤은 주변적인 것, 본래적 아름다움의 밖에 있는 잉여의 것이 아니라, 본래적 아름다움을 그 안에서 구성하는 요소가 된다. 따라서 동양화에서 에르곤과 파레르곤의 이분법은 완전하게 해체되어 있다고 할 수 있다.

2. 에르곤과 파레르곤의 구성적 해체

여기서 에르곤과 파레르곤이 구조적으로 분리되기 어렵다는 데

---

39) J. Derrida, 앞의 논문, 59쪽.

리다의 분석을 그 둘이 '개념적'으로도 구분되어서는 안 된다는 것으로 이해해서는 안 된다.

(1) 에르곤과 파레르곤의 미학적 평등과 기능적 차등

루크레티아에서 그녀의 몸과 얇은 베일의 천이나 단도는 개념적으로, 존재적으로(ontisch) 구분된다. 동양화에서 묵으로 그린 부분과 여백은 — 농담의 기법으로 무수히 많은 단계적 차이가 구분될 수 있을지라도 — 물리적으로 구분된다. 그러므로 에르곤과 파레르곤의 경계 해체는 작품의 예술성을 구성하는 요소로서 에르곤과 파레르곤을 차별화해서는 안 된다는 것을 의미할 뿐이다. 다시 말해 에르곤과 파레르곤은 미학적으로 평등한 것일 뿐, 존재적으로 똑같은 것은 아니다. 이렇게 에르곤과 파레르곤을 존재적으로 구분할 때, 아름다움의 미래적 차원을 바라볼 수 있게 된다. 에르곤과 파레르곤이 작품의 예술성을 '미학적으로 평등하게' 구성한다고 해서 그 둘이 현재 작품의 아름다움을 형성하는 '기능적' 차이도 없음을 뜻하지는 않는다. 가령 루크레티아의 자살 회화에서 그림으로 형성화된 그녀의 몸이 발산하는 아름다움과 그녀의 음부를 살포시 가리는 베일과 같은 천이 그녀의 몸을 더욱 아름답게 만드는 '기능'은 구별되어야 한다. 이것은 마치 영화의 주연과 조연의 차이와도 같다. 조연 없이 영화가 살기 어렵지만, 주연과 조연의 역할과 기능의 차이는 여전히 있다는 것이다.

(2) 전미래시제

에르곤과 파레르곤이 현재 작품의 예술성을 형성하는 기능에서 차이가 있다고 할 때, 그 차이는 현재 시점의 상태로 고정된 것이 아니라 미래에 변화될 가능성 속에서 인정되는 것이다. 즉, 현재 작품의 예술성을 가령 조연의 역할과 기능으로 구성해주는 파레르곤은 언젠가 주연처럼 예술성을 구성하는 에르곤이 될 미래의 가능성이 있다. 그런데 이 미래적 변화의 가능성은 또한 현재의 예술성 판단을 구성하는 요소임에 주목할 필요가 있다.

1) 루크레티아에서 파레르곤의 미학적 기능의 변화

가령 루크레티아의 음부를 가리는 베일이 더 두꺼워지고 불투명해질 때, 그녀의 몸이 더 아름다워질 가능성과 덜 아름다워질 가능성이 전제된 가운데, 현재의 가림(상태)은 미학적 요소로 기능하는 것이다. 어느 경우이든 현재 그림 속의 베일 천에 의한 가림이 기능적으로 구성하는 아름다움이 어떤 것인지는 그 천이 다르게 변화하는 미래에 가서야 비로소 판명되는 것이다. 여기서 현재의 예술성을 미학적으로 평등하게 구성하는 에르곤과 파레르곤의 기능적 차등은 오로지 그것들이 변화하는 경험을 지나서 데리다가 말하는 "전미래시제(futur antérieur)"를 통해서만,[40] 즉 미래에서 과거를 회고할 때 비로소 가장 예술적'이었던 게 될 것이다'.

2) 〈모내기〉에서 파레르곤의 미학적 기능

유죄판결을 받았던 신학철의 <모내기>에서 그림의 상반부 가장자리를 장식하고 있는 잎이 무성한 나무숲에 천도복숭아가 그려져 있는 것도 파레르곤의 한 예라고 볼 수 있다.

㈎ 〈모내기〉의 사상적 예술성에서 에르곤과 파레르곤

복숭아 꽃 파레르곤은 <모내기>의 상반부와 하반부의 의미를 구분함으로써 표현되는 사상을 생성시키는 데 없어서는 안될 요소이다.

40) 이에 관해서 Jacques Derrida (진태원 옮김), *마르크스의 유령들* (문학과 지성사, 2007), 392~395쪽; 이를 법적 정의에 적용한 이상돈, *법미학* (법문사, 2008), 123쪽 참조.

하지만 그것은 상반부와 하반부의 의미를 구분짓게 하는 주된 요소가 아닌 부수적인 요소이다. 주된 요소는 상반부의 추수를 하고 잔치를 하며, 아이들이 평화롭게 뛰노는 모습의 표현과 하반부의 농부가 힘들게 모내기 하며, 황소를 이용하여 써래질을 하면서 이티(E.T.), 람보, 양담배, 코카콜라, 매트헌터, 일본 사무라이, 일본기생, 레이건 당시 미국대통령, 나카소네 당시 일본수상, 전두환 당시 대통령, 탱크, 핵무기 등을 남쪽 방향의 바다 속으로 쓸어버리는 모습의 표현이다. 이처럼 부수적인 요소로서 복숭아 표현부분은 무릉도원(武陵桃源), 즉 서양의 유토피아와 같이 실존하지는 않지만 낙원과 같은 곳을 상징한다. 그러니까 <모내기>의 상반부는 유토피아라는 의미의 맥락 속에 있는 상태라는 것이다.

㈏ 파레르곤의 전미래시제적 이적성과 비예술성 이 유토피아적 상징이 상반부가 하급심의 해석처럼 통일 후의 더 나은 삶을 상징하는 기능을 수행할 수 있는 한에서만, <모내기>는 이적표현물이 되지 않는 사상적 예술성을 생성시킬 수 있다. 그러나 대법원에서 상반부가 공간적으로 북한의 체제를 상징한다고 비평되는 시점에 이르렀을 때, 복숭아의 유토피아적 상징은 <모내기>가 북한체제를 동경하는 작가의 '현재의식'을 표현하는 이적표현물로 취급되는 데 매우 중요한 기능을 수행하게 된다. 다시 말해 복숭아 표현이 생성시키는 사상적 예술성은 하급심에서는 긍정적이고 합법적인 것이었지만, 대법원에 가서는 부정적이고 위법한 것이 되었다. 만일 대법원의 <모내기> 비평이 공감을 더 얻는다면, 작가가 설령 하급심의 비평과 같은 의도로 그림을 그렸을지라도, 그릴 당시의 복숭아 표현은 전미래시제에서 바라볼 때 이미 사상적 예술성이 없었던 것이 된다.

3. 에르곤과 파레르곤의 구성적 해체와 법해석

지금까지 설명한 에르곤과 파레르곤의 구성적 해체는 때로는 그 둘을 구분하고, 때로는 그 둘을 구분하지 않는 법의 해석작용으로 실현될 수도 있다.

(1) 이분법을 유지하는 법해석

먼저 법해석에서 에르곤과 파레르곤의 구분은 유지될 필요가 있는 경우도 있다. 가령 저작물의 제명(題名)은 파레르곤이고, 에르곤인 작품 자체와는 구분된다고 보는 것이다. 따라서 이 이분법은 하나의 작품에 대한 저작권 침해여부를 판단할 때는 원칙적으로 유지할 수도 있다. 예컨대 판례[41]처럼 만화제명 "또복이"는 사상 또는 감정의 표명이라고 볼 수 없어 저작물(저작권법 제2조 제1호)로서 보호받을 수 없다고 보는 것이다.

(2) 이분법을 해체하는 법해석

그러나 에르곤과 파레르곤을 해체하는 법해석도 필요할 때가 있다.

41) 대판 1977.7.12, 77다90. 이런 입장은 상표법의 적용에서도 마찬가지이다. 이를테면 "저작물의 제호나 캐릭터의 명칭은 그 자체만으로는 사상 또는 감정의 표현이라고 보기 어려워 저작권법 제2조 제1호에서 저작권의 보호대상으로 규정한 저작물이라고 할 수 없고, 따라서 특단의 사정이 없는 한 누구나 이를 자유롭게 사용할 수 있는 것이므로, 비록 저작물이나 그 캐릭터가 주지 · 저명한 것이라고 하더라도 저작물 자체 또는 캐릭터 자체에 내재된 재산적 가치는 별론으로 하고 이러한 제호나 캐릭터의 명칭에 어떤 재산적 가치가 화체되어 있다고 할 수는 없으므로, 상표를 등록하여 사용하는 행위가 저작권을 침해하는 행위라고 할 수 없는 이상은, 저명한 저작물의 제호 또는 그 캐릭터의 명칭을 모방한 표장을 사용한다는 사실만으로 저작물에 내재된 재산적 가치를 직접적으로 침해하는 행위로서 상표법 제7조 제1항 제4호 소정의 공공의 질서 또는 선량한 풍속을 문란하게 하는 행위라고 할 수 없다."(특허법원 2003.8.14. 선고 2003허2027 판결)

(가) **다른 장르의 저작물들 간의 실질적 유사성 판단에서 파레르곤** 예컨대 1989년 개봉 상연된 영화 <행복은 성적순이 아니잖아요>가 1987년 공연된 무용극 <행복은 성적순이 아니잖아요>의 2차 저작물로서 원저작물의 저작권(성명표시권, 동일성유지권)을 침해하는지에 관해 법원은 원고청구를 기각하는 판결을 내린 바 있다.42) 무용극과 영화 사이에는 실질적 유사성(substantial similarity)이 없다는 이유에서였다. 이 실질적 유사성의 판단에서는 특히 영화는 풍부한 플롯(plot)이 있는 데 반해 무용극에는 플롯이 없다는 점이 매우 중요하게 고려되었다. 그러나 뒤에 제작된 영화가 먼저 제작된 같은 제명의 무용극의 저작권을 침해하는지를 판단하려면, 무용극과 영화가 서로 다른 예술장르라는 점이 고려되어야 한다. 그러니까 다른 장르의 두 작품 사이의 실질적 유사성의 판단을 하려면 두 장르를 가로지르는 비교분석을 해야 한다. 이를 위해서 얼핏 플롯(plot)이 없어 보이는 무용극의 퍼포먼스는 그 제명 <행복은 성적순이 아니잖아요>를 고려할 때 비록 풍부하지는 않지만 그 플롯이 드러나게 되고, 플롯이 있는 영화와의 실질적 유사성을 비로소 판단할 수 있게 된다.

(나) **모델소설의 명예훼손판단에서 파레르곤** 이분법 해체의 또 다른 예로 소설의 본문과 서문(작가의 말)의 구별문제를 들 수 있다. 소설 <무궁화 꽃이 피었습니다>는 실존했던 재미 물리학자 이휘소 박사를 모델링하면서, 핵물리학자가 핵폭탄 개발에 애국주의적으로 헌신하는 등의 허구적인 내용을 묘사하였다는 이유로 그 명예훼손여부가 재판을 받은 바 있다. 소설 속에는 이휘소 박사의 이름이 전혀 등장하지 않지만, 소설의 서문(작가의 말)에서는 이휘

42) 서울민사지방법원 1990.9.20. 선고 89가합62247 판결.

소 박사를 명시적으로 언급하였다. 법원은 소설 자체와 서문을 구분하여, 서문에서는 실제와 달리 표현해서는 안 되고, 소설에서는 허용된다고 판시하였다.43) 이로써 이 소설은 서문의 표현들만 삭제함으로써 명예훼손의 혐의를 벗게 되었다. 소설의 서문은 파레르곤이고, 본문은 에르곤이라 할 수 있다. 그러나 이 둘의 이분법을 해체한다면, 모델소설이 서문이든 본문이든 실존인물을 추정케 할 수 있게 하는 경우, 그리고 그 소설이 묘사하는 허구적 내용이 역사적 진실일 가능성이 전혀 없는 경우에는 명예훼손에 해당할 수 있다고 보아야 한다.

(3) 에르곤과 파레르곤의 구성적 해체로서 법적 정의의 실현

에르곤과 파레르곤의 이분법은 법의 영역에서는 언제나 해체되어야만 하는 것이 아니라 사안에 따라 구성되었다가 해체되었다고, 다시 구성되었다가 해체되어야 하는 것이다. 이 점을 동성애자의 인권문제를 놓고 벌어지는 헌법해석을 예로 설명해 보자.

1) 정의로서 에르곤과 실정법으로서 파레르곤

법이 추구하는 정의는 에르곤이고, 정의가 없는 법은 정의 밖에 있으면서 정의에 괜실히 덧붙여 있는 잉여의 것으로서 파레르곤이 된다.44) 정의롭지 않은 실정법은 자연법적 사고에서는 제거되어야 하고, 제거되어도 무방한 파레르곤이 되는 것이다. 가령 헌법이 가족제도의 기초로 삼는 양성(兩性)(헌법 제36조 제1항) 간의 애정이 에르곤이면, 동성애는 파레르곤이 된다. 따라서 이성주의적 사고에

43) 서울지방법원 1995.6.23. 선고 94카합9230 판결.

44) 이런 설명으로 John D. Caputo, “Dreaming of the Innumerable: Derrida, Drucilla Cornell, and the Dance of Gender”, *Derrida and Feminism* (Routledge, 1997), 141～160쪽 참조.

서 동성애는 제거되어도 되는 것이었다.

2) 에르곤으로서 헌법상 이성애와 파레르곤으로 동성애

이런 양성의 평등을 기초로 한 가족제도는 제헌 헌법(1948.7.17)에서는 규정되지 않았다. 이는 양성 간의 이성애(異性愛)를 선택하지 않은 것이 아니라 단지 가족 내의 평등 문제를 등한시한 결과이다. 양성의 평등을 기초로 한 가족제도는 1980.10.27. 전부 개정된 헌법 제34조 제1항에 처음 등장한다. 가령 제정 또는 개정 헌'법'(의 양성 기초 가족제도에 관한 규율)은 동성애 혼인권의 법제화가 정의로운 법이라고 인정되는 미래의 어느 시점까지는 여전히 정의로웠던 것이 된다. 현재의 헌법 아래서 가족제도의 양성기초에 대한 규율은 에르곤이고, 동성애는 파레르곤으로 남는다. 그러나 이 이분법은 오늘날의 다원주의 사회에서는 이제 더 이상 유지되기가 어려워졌다. 동성애는 오랜 세월 범죄로 취급되었던 역사를 뒤로 하고, 인권의 하나로 관용되기 시작했고, 최근에는 동성애자의 혼인권이 실정법상 권리로까지 승인되는 국가도 등장하기 시작했기 때문이다.

3) 사안에 따른 해체와 재구성

이런 변화는 에르곤과 파레르곤의 이분법을 해체하는 것이 된다. 그러나 이 해체의 실천적 결론이 반드시 동성애자의 혼인권 인정으로 나아가는 것이 아님에 주의할 필요가 있다. 왜냐하면 그것은 이성애과 동성애를 에르곤으로 설정하고, 미혼자나 다른 가족형태(예: 여성 2명과 남성 1인)를 또 다른 파레르곤으로 설정하는 새로운 이분법을 생성시킬 수 있기 때문이다. 그러므로 에르곤과 파레르곤의 경계해체는 법에 의한 획일적 규율이 아니라 각 사안의 고유성을 최대한 살리는 다양성의 규율에 의해 이루어질 필요가 있다. 예컨대 동성애자에겐 사회보장의 수혜권을 상호보장해주거나 입양권을 인정하는 등의 (가칭)시민적 결합체의 승인만으로 충분하다. 그리고 혼인제도를 양성(兩性)의 결합으로 보는 문화를 전승한 사람들의 가족제도에 관한 권리도 보호되기 위해 동성애자의 혼인권을 인정해서는 안된다. 이 한에서 동성애와 이성애는 법적으로 여전히 구분되는 것이 된다. 물론 이런 구분은 에르곤과 파레르곤의 이분법 도그마에 서있는 것이 아니라 그 도그마의 해체를 넘어서 에르곤과 파레르곤을 새롭게 구성하는 법을 가능케 한다.

Ⅳ 미학적 판단의 주관적 보편성으로서 공감

그림이 법적 규제의 대상이 되는 경우에는, 그 그림의 의미가 엄밀하게 해석되어야 한다. 음란물인지 아니면 포스트모던 미술인지, 손괴행위인지 아니면 창조적 해체인지는 그 그림에 대한 비평에 따라 다르게 판단된다. 그러므로 그림에 대한 미학적 판단이 어떻게 타당성을 확보하는 것인지를 살필 필요가 있다.

1. 미학적 판단의 주관성

먼저 그림에 대한 미학적 판단은 주관적이며, 그렇기 때문에 그림에 대한 법적 규제도 불확실할 수밖에 없게 된다.

(1) 미학적 판단의 인식적 모호성

미학적 판단이 주관성을 띠는 것은 법해석의 규범적 판단과 다른 요소를 갖고 있기 때문이다.

1) 대면의 원칙

첫째, 그림의 비텍스트성으로 인해 어떤 그림에 대해 미학적 판단을 하기 위해서는 그 그림을 직접 경험해야 한다. 직접 경험을 갖지 못한 사람은 도덕적 판단과는 달리 그 그림에 대한 미학적 판단을 논의하기가 어렵다. 텍스트는 내용을 언어로 설명하면 되지만, 그림의 이미지는 직접 경험(체험)해야만 그 판단자에 대하여 미학적 작용을 발휘하게 되고, 그 작용 속에서만 이미지의 의미가 해석될 수 있기 때문이다. 이를 '대면의 원칙'(acquaintance principle)이라고 부른다.

2) 인식적 모호성

둘째, 그림을 직접 경험한 사람들이 그 그림에 대해 내리는 미학적 판단은 언어의 의미에 대한 이해가 갖는 다양성보다 훨씬 더 다양하다. 물론 미학적 판단도 대면한 경험내용을 일정한 심미적 관점에서 판단하고, 그 결과를 언어로 표현함으로써만 다른 사람과 그 판단에 대해 소통하거나 그 판단을 공유할 수 있다. 그런데 그림의 경험내용을 이해하는 심미적 관점을 통일할 수 있는 객관적 기준은 없다. 또한 미학적 경험내용이 동일한 경우에도 그것을 언어로 표현하는 것, 바꿔 말해 자신의 경험내용에다 언어기호를 귀속시키는 것이 매우 불확실하다. 미학적 체험을 언어화하기 위한 언어의 의미론이 매우 불안정하다는 것이다. 이로 인해 미학적 판단은 극도로 주관적일 수밖에 없다. 이와 같은 심미적 관점의 다양성과 언어적 표현의 불안정성으로 인한 미학적 판단의 불확실성을 '미학적 서술의 인식적 모호성'(perceptual elusiveness)이라고 부를 수 있다.[45]

---

45) 대면의 원칙과 미학적 서술의 인식적 불명확성에 관하여, MARÍA JOSÉ ALCARAZ LEÓN, "The Rational Justification of Aesthetic Judgments", *The*

3) 체험과 인식의 해석학적 간극

셋째, 이 인식적 모호성은 그림을 체험하고, 기쁘고 즐거운 감정의 상태에 빠지는 경우에도 그런 자신의 (체험)상태(가 갖는 의미)를 깨닫지 못하는 심리상태, 이른바 "이차 의식이 없는 심미적 반응"46)(aesthetic response without second-order awareness)에서도 비롯된다.

(가) 기호에 대한 신념이 따라가지 못하는 미학적 체험 이는 자신이 갖고 있는 기존의 기호(취향, taste)에 대한 신념이 자신의 감정에 일어나는 변화를 아직 따라가지 못할 때 발생한다.47) 하지만 기호(취향)에 대한 기존의 신념은 그림에 대한 한 개인의 체험적 감상의 역사 속에서 형성된 것이고, 이 신념이 아직 따라가지 못하는 새로운 체험적 감상의 정서적 상태도 계속 반복하여 쌓이게 되면, 미래에는 그 신념의 체계에 반영되게 된다. 그러나 그렇게 되는 시점에는 다시 또 다른 감상의 정서적 상태를 새롭게 경험하게 된다. 따라서 자신의 미학적 기호에 대한 신념체계(의 형성)와 자신의 현재 감상상태 사이에는 좁힐 수 없는 간극이 존재하게 된다고 볼 수 있다.

(나) 법과 미학적 체험의 해석학적 간극 그런데 기존의 신념체계는 새로운 심미적 경험에 일종의 선이해(Vorverständnis)로서 일정한 작용을 하게 되고, 그 경험(의 축적)을 통해 기존의 신념체계가 변화하게 되는 해석학적 순환, 좀 더 정확히는 나선형적 순환

Journal of Aesthetics and Art Criticism (Vol. 66, No. 3, 2008), 292쪽.

46) Kevin Melchionne, "On the Old Saw 'I know nothing about art but I know what I like'", *The Journal of Aesthetics and Art Criticism* (Vol.68, No.2, 2012), 135쪽.

47) Kelvin Melchionne, 앞의 논문, 136쪽.

을 이루게 된다. 이런 의미에서 기존의 신념체계와 현재의 심미적 감상상태 사이에 언제나 존재할 수밖에 없는 간극은 '해석학적 간극'(hermeneutischer Abstand)이라고 부를 수 있다. 이런 간극은 법의 형성과 발전에서도 마찬가지이다. 법이란 법률을 현실의 사안에 적용함으로써 형성되는 '구체적인 규범'을 말한다. 이런 의미의 법은 법률이 지금까지의 사안들에 적용됨으로써 형성된 것이고, 이런 법은 기존의 사안들과 다른 요소(고유성)를 지닌 새로운 사안에 적용되기에는 부적절할 수 있다. 그러나 바로 그 새로운 사안에 법률이 적용됨으로써 법은 다시금 재구성된다. 하지만 기존의 법과 새로운 사안(이 제기하는 정의의 요구내용) 사이에는 좁힐 수 없는 간극이 발생한다. 이런 간극을 나는 법률과 사안 사이의 "해석학적 간극"[48]이라고 부른 바 있다. 이 해석학적 간극은 미학적 기호에 대한 신념체계와 현재의 감상상태 사이의 간극과 꼭 마찬가지이다.

(2) 미학적 판단의 비평적 주관성

미학적 판단의 주관성은 각자의 체험적 내용이 다른 데서 비롯될 수 있지만, 미학적 체험에 개입하는 선이해의 하나라고 할 수 있는 비평이 편견적이거나 미학적 체험의 언어적 표현이 불확실한 데서도 비롯된다.

1) 비평의 편견성

첫째, 이 미학적 경험내용을 언어화하는 과정은 당시의 지배적인 비평관점의 영향을 받기 쉽다. 그럴 경우 미학적 경험의 개인적 주관성은 '편견성'으로 바뀔 뿐 객관성으로 바뀌지 않는다. 왜냐하면 당대에 지배적인 비평관점은 언제나 새로운 미술의 아름다움을

48) 이상돈, *법이론* (박영사, 1996), 397쪽.

느끼는 것을 방해하는 "정서-유형 편견"[49](affect-type-bias)으로 기능하기 쉽기 때문이다. 정서-유형편견이란 심미적 경험을 편향적으로 좋게 또는 나쁘게 평가하는 심리적 경향을 말하고, 이런 경향은 흔히 전문비평가들의 작품에 대한 호·불호의 비평에 의해 만들어지곤 한다. 이를 비평의 수행적 기능(performative function)[50]이라고 부를 수 있다. 다른 말로 비평의 감상안내기능이라고 할 수도 있겠다. 그러나 비평가들의 관점은 언제나 기존의 미술에 대한 비평의 역사에서 형성된 것이고, 기존의 미술과 다른 새로운 정서유형을 만드는 새로운 미술을 비평할 수 있는 적절한 관점을 아직 갖고 있지 못하다. 이처럼 미학적 판단의 주관성은 편견성으로 각인되기 쉽다는 점에서 (법률)텍스트의 해석이 갖는 불명확성보다 훨씬 증가된 모호성을 갖는다고 볼 수 있다.

2) 비평의 편견성의 원인으로서 규칙화의 불가능성

여기서 다시 한번 주목할 필요가 있는 것은 비평의 편견성은 근원적으로 비평관점들이 법해석의 이론들처럼 판단에 관한 '규칙'(rule)을 세우는 것이 아니라는 점에서 비롯된다는 점이다. 예컨대 '김환기의 추상화는 형이상학적 인간을 상징하는 점이 무수히 많아서 좋다'라고 평가할 수 있다고 하자, 그렇다고 해도 '그런 점이 없는 그림은 예술적 가치가 적고, 많은 그림은 예술적 가치가 높다'라는 식의 '양식을 평가하는 법칙'(ecaluative laws of the form)을 설정할 수가 없는 것이다.[51] 좀 각도를 달리 설명하자면, 한 주

49) Kevin Melchionne, 앞의 논문, 137쪽 아래 참조.

50) 이런 주장으로 Arnold Isenberg, "Critical Communication", *The Philosophical Review* (Vol.58, 1949), 330쪽 참조.

51) Mary Mothersill, "Critical Reasons", Francis J. Coleman (ed.), Contemporary Studies in Aesthetics (New York: McGraw Hill, 1968), 210쪽.

체의 미학적 판단을 타당한 것이라고 인정하더라도, 그 판단과 어긋나는 다른 주체의 다른 미학적 판단이 잘못된 것임을 판정해주는 법과 같은(law-like) 규칙[52]을 어떤 비평관점이나 이론도 설정해줄 수 없다는 것이다. 비평은 편견에 친하지, 규칙에 친하지가 않다. 이 점은 법해석에서 법관이 선례나 학설을 이용하여 법률텍스트를 사용하는 규칙을 만들어 법률의 의미를 구체화할 수 있는 점[53]과 확연하게 구분된다. 그림의 해석에서는 그 의미를 형성하는 해석의 규칙이 만들어질 수 없다. 그림의 체험적 의미를 규명하여 법이 규제를 하려고 할 때, 법은 비평에 의존할 수 있을 뿐, 규칙에 의존할 수가 없는 것이다. 그렇기에 미학적 판단은 법률해석의 규범적 판단보다 훨씬 증가된 모호성을 갖게 된다.

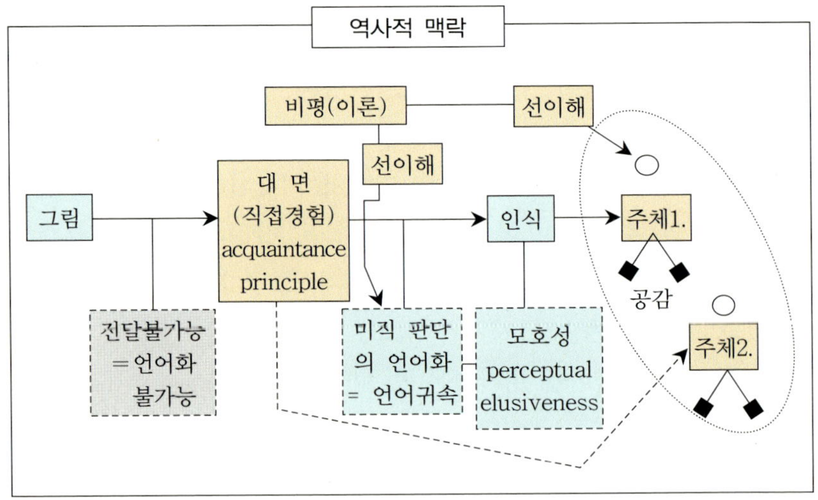

52) MARÍA JOSÉ ALCARAZ LEÓN, 위의 논문, 298쪽.

53) 법률해석이란 법률텍스트의 사용규칙을 설정하거나 그 규칙을 따르는 것이라고 보는 이상돈, *법이론* (박영사, 1996), 342쪽.

2. 미학적 판단의 주관적 보편성

그러나 미학적 판단이 매우 높은 주관성을 띠고 있다고 하여, 그 판단의 보편성이 완전히 불가능한 것은 아니다.

(1) 미술체험의 철학적 의미와 법전화

무엇보다 미학적 체험은 주관적인 것이긴 하지만, 법과 공통적으로 철학적 의미를 갖고 있기도 하다.

1) 에로스로서 미술체험

미학적 체험의 내용은 인간의 행위나 그 행위로 만들어지는 작품에 대한 에로스(eros)라고 말할 수 있다. 이 에로스는 그 행위나 작품이 불러일으키는 이미지가 갖는 체험적 의미(experientialistic meaning)[54]가 그 감상의 주체를 — 욕망이 충족될 수 없는 결핍이나 도덕적 제약 때문에 — 욕망이 억압된 현실이 주는 고통과 슬픔의 세계로부터 '해방'시키는 것일 때 생성된다. 에로스는 제약된 현실이 미래에는 계속되지 않을 수 있다는 상징의 세계 속으로 주체를 이동시킴으로써 미래의 삶이 의미 없는 삶이 되지 않게 하는 힘이다. 이 힘은 죽음을 연기시키고, 삶을 견뎌낼 수 있게 하는 힘이다. 여기서 예술로서 미술은 불행한 현실을 견뎌내게 하고, 그런 현실로부터 벗어날 미래에 대한 희망을 갖게 하는 체험적 의미를 담은 이미지를 생산하는 인간의 행위와 그 행위로 만들어지는 작품이라고 할 수 있다. 반면에 타나토스(thanatos)는 그와 같은 에로스가 약화될수록 커지며, 우리를 급기야는 죽음에 이르도록 만드는 충동적인 힘이다.

---

54) 이상돈, *법미학* (법문사, 2008), 18쪽.

2) 이성법의 텍스트가 된 미학적 가치

근대 이성법도 이와 같은 맥락에서 바라볼 수 있다. 근대 이성법은 자연상태에서의 실존적 불안과 결핍의 현실에서 인간을 해방시켜주는 의미가 법전이라는 시각적 이미지 속에 재현된 결과라고 볼 수 있기 때문이다. 미술의 체험적 의미와 법전의 규범적 의미는 '해방'이라는 차원에서 근원적으로 같은 것이다. 이런 관점에서 이성법은 완전히 재해석될 수 있다. 이를테면 근대의 법전들은 정의의 미학적 가치, 이를테면 균형성, 비례성, 정합성, 통일성 등의 미학적 가치의 상징들이, 사안에 적용됨으로써 현실이 될 수 있는 잠재적인 의미, 즉 규범적 상징 속으로 들어가 있는 것이라 할 수 있다. 여기서 법텍스트의 의미는 미학적 가치의 이미지가 재현된 결과라고 볼 수 있다. 가령 사람들이 8등신을 지향하는 것은 비례성의 미학적 가치 때문이다. 이 비례성의 미학적 가치란 인간에게 불행(감)을 주는 불비례적(균형없는 비율) 형상으로부터의 해방을 꿈꾸게 하는 것이다. 국가권력이 추구하는 목적과 그것을 달성하기 위해 사용하는 수단이 비례적이어야 한다는 비례성원칙은 미학적 가치의 체험적 의미가 규범적 의미로 전환된 결과라고 볼 수 있다. 이런 비례성원칙 없이는 오늘날 헌법재판은 거의 작동하기 어렵다.

(2) 주관적 보편성의 가능성

그러나 미학적 체험의 이와 같은 철학적 의미가 아니라 개개의 미술작품의 미학적 가치에 대한 구체적인 판단은 어떻게 주관성을 넘어서 보편성을 획득할 수 있는 것일까? 먼저 개별 회화작품이 주는 이미지의 체험적 의미는 에로스로 발현되는 미학적 가치이고, 이 미학적 가치는 법해석에 침투할 수 있다는 점에 주목해보자. 예컨대 최경태의 <여고생> 시리즈와 같은 작품에서 미학적 쾌락을 경험한 사람은 그림이 잘못된 것이 아니라 그런 그림을 음란물로 규제하는 법이 잘못된 것이라고 바라보기 쉽다. 즉 주관적 미학적 체험은 규범적 판단으로 전환된다. 이처럼 주관적인 미학적 체험이 객관적인 규범의 의미로 전환된다는 것은 미학적 체험의 주관성은 보편화가능성(Universalisierbarkeit)이라는 차원을 갖고 있음을 전제한다. 그런 차원을 예술작품의 양식 측면(양식적 예술성)에서 설명해보기로 한다.

1) 미학적 체험에서 양식의 기능

주체가 예술행위나 예술작품에 대해 에로스를 갖게 되는 미학적 체험은 인지적으로 보면, 그 작품이 취하는 양식(style, form)을 이해할 때 가능해진다. 예컨대 인상주의 회화는 그 '시각성', '평면성', '표현성'이라는 양식이 그 고유한 아름다움의 체험을 가능하게 한다. 그러므로 양식이란 아름다움을 담는 그릇이며, 체험적 의미를 지닌 이미지를 형성하는 틀과 같다. 물론 양식은 문화적으로 특수한 형태를 취하며, 역사적으로 변화한다. 사회화도 예술작품이 아름다움을 담는 관행적 형태를 양식으로 이해하고, 그 양식을 인지적 자원으로 습득하는 과정이라고 이해할 수 있다. 이런 사회화가 없이는 삶이 무의미해 보이고, 희망의 출구가 보이지 않는 상황에서 자살을 감행하지 않게 만드는 힘, 즉 '삶을 견디는'(enduring life) 힘을 키우기가 어렵다.[55] 그렇기 때문에 포스트모던 예술에서 '양식의 사라짐'도 '양식 없음의 양식성'이라고 볼 수 있다. 가령 팝아트(pop art)에서 양식이 없는데도 아름다움의 체험이 가능할 수

55) 이 말은 청소년의 자살은 많은 경우에 예술적 체험의 결핍에서 비롯된다거나 적어도 예술적 체험을 많이 하게 했다면, 피할 수 있었던 경우가 많다는 것을 의미한다.

있는 것은 미래에는 (다른) 양식을 통해 미학적 체험이 일어날 가능성이 전제되어 있기 때문이다. 양식을 취할 수 없음이 영원하다면, 팝 아트의 양식 없음은 더 이상 아름다움을 생성시키기 어렵다. 데이비드 살르(David Salle)의 작품과 같은 신표현주의가 미국에서 팝 아트 이후에 일어난 것도 결코 우연은 아니다.

2) 놀이로서 미학적 체험

예술작품에 대한 주관적인 미학적 체험은 궁극적으로는 객관적인 것이 될 수 없다. 그러나 어떤 양식을 통해 어떤 아름다움이 표현된다는 규칙성을 많은 사람들이 인정할 수는 있고, 그 규칙성에 따라 예술작품에 대한 미학적 체험을 함께 나누어 가질 수도 있다. 그러므로 아름다움의 체험은 일종의 놀이가 된다.

㈎ 양식의 존재론과 유명론의 지양 　　이것은 첫째, 아름다움의 체험을 가능케 하는 존재론적 실체로서 예술작품이나 그 양식이 존재하지 않음을 뜻한다. 즉, 예술성의 본질주의적 또는 존재론적 입장은 포기되어야 한다. 예컨대 최경태의 <여고생>이라는 그림이 오일 온 캔버스(oil on canvas)라는 전통 회화적 양식을 취했다는 점[56]만으로는 그 그림이 포르노와 차별화되는 예술성이 있다고 말할 수 없다. 둘째, 어떤 작품이든 그것을 작가가 (주관적 의미체험에 따라) 예술(작품)이라고 부르기만 하면, 바로 예술성이 인정되는 것도 아니다. 즉, 예술성의 유명론적 입장도 포기되어야 한다. 예컨대 <우리부부>라는 어느 미술교사의 누드사진사건에서처럼, 교사가 자기 부부의 누드사진을 예술이라고 말한다고 해서, 그것이 곧 예술이 되는 것은 아니다.[57]

56) 이 점에 대해 자세히는 아래 [4]단락 III.2 참조.
57) 이 점에 대해 자세히는 아래 [5]단락 참조.

(나) **예술놀이의 조건으로서 양식** 물론 작품의 양식이 예술성을 최종적으로 단독으로 결정짓는 것은 아니다. 하지만 양식에 대한 이해가 없는 사람은 어떤 작품을 예술이라고 말하고, 그 체험적 의미를 다른 사람과 소통하는 예술놀이에 참여할 수가 없다. 그런 한에서 양식은 예술놀이가 가능하기 위한 조건이 된다. 하지만 인간은 예술작품의 이미 존재하는 양식을 받아들이고, 그에 따라 예술작품을 감상하기만 하는 것은 아니다. 기존의 예술양식에 대한 이해가 있어도 다른 양식의 미학적 쾌락을 추구할 수 있는 것이다.

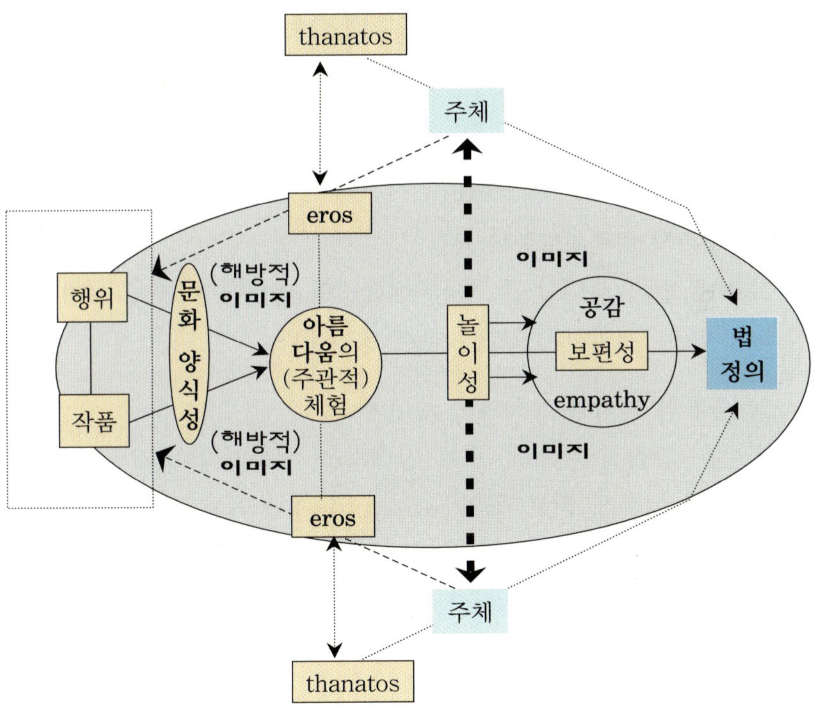

다른 양식의 추구는 곧 예술놀이의 규칙을 변화시키려는 것이다. 이런 변화는 예술이 현실의 질곡으로부터 인간을 해방시키는 상징적 의미를 생산하는 기능을 한다. 바로 그런 점에서 기존 양식의 변화도 양식의 존속처럼 예술놀이가 가능하기 위한 조건이 된다고 할 수 있다.

㈐ **양식의 사용규칙과 미학적 가치의 판단규칙의 구별** 여기서 양식의 사용에 관한 규칙이 그 양식을 사용하는 작품의 미학적 가치에 대한 판단의 규칙이라고 오해되어서는 안 된다. 어떤 양식을 사용한다는 것은 미학적 가치를 가질 가능성을 열어주는 것이긴 하지만, 그 기존의 양식사용규칙을 따르거나 해체하는 행위가 어떤 미학적 가치를 가지는 것인지에 관한 규칙은 여전히 성립하지 않기 때문이다. 그러나 양식은 분명 예술의 가능조건이면서 동시에 변화하는 조건이 된다.

(3) 주관적 보편성으로서 공감

그러면 법이 승인할 수 있는 예술성의 판단은 어떻게 보편성을 얻을 수 있는 것일까? 그것은 바로 공감이다.

1) 공감의 의미와 동의와의 차이

공감은 합리적 논거에 의해 상대방을 설득하거나 자신이 설득당함으로써 이루게 되는 동의(consent)의 개념과는 구별된다. '공감'(empathy)이란 그림에 대한 심미적 체험에다 귀속시킨 언어가 이끄는 판단자의 '정서적 상태'에, 다른 사람들이 '이입'(移入)하게 되는 과정이 광범위하게 일어나는 것을 말한다. 이런 공감은 어떤 양식을 사용했건 해체했건 또는 새로이 만들었건 아무런 양식도 사용하지 않았건간에 일어날 수 있다.

㈎ **공감과 동의, 미학적 판단과 법적 판단의 유사성** 법을 형성하거나 적용하는 이성적인 추론에 의한 규범적 판단과 미학적 판단에 의한 공감 사이에는 적지 않은 구조적 유사성이 있다.

첫째, 법적 판단도 미학적 판단보다 약하지만 주관적인 것이다. 합리적 추론과 논증에 의한 법해석의 끊임 없는 견해대립은 법해석도 주관과 주관 사이의 타협하기 어려운 대립임을 말해준다.

둘째, 개인의 과거 경험과 그에 대한 반성적 성찰, 이해가 이루어지는 사회문화적, 사회역사적 맥락에서 형성되는 일정한 의미기대 등은 미학적 판단에서뿐만 아니라 이성적 법해석에 의한 규범적 판단에서도 선이해(Vorverständnis)로 작용한다.

셋째, 이론이나 학설도 합의의 형성에서뿐만 아니라 공감의 과정에서도 똑같이 기능한다. 법학의 이론들(학설)이 법률해석의 관점을 근거지음으로써 그 해석에 대한 수범자들의 '동의'를 이끌어내듯, 미학적 판단에서 미술비평 전문가들의 비평이론과 관점은 미학적 판단(언어적 귀속)을 근거지음으로써 '공감'을 불러일으킨다.

넷째, 미학적 판단의 타당성 범주인 공감이나 규범적 판단의 타당성 범주인 동의(합의)는 모두 한 주체의 존재에 대한 정확한 인식이 아니라 주체들 사이의 상호적 승인이라는 지향점을 갖는다. 다시 말해 규범적 판단이나 미학적 판단의 궁극적 주체는 개인이 아니라 상호주관성(intersubjectivity)이다.

㈏ **공감의 불안정성** 하지만 공감의 형성은 법해석의 합의 형성보다 쉽지가 않거나 좀 더 불안정적이다. 심미적 반응의 원인은 잘못 찾기가 십상이기 때문이다. 샤갈 그림이 좋은 이유가 비평가들이 샤갈을 중요한 화가로 (미술사나 미술교과서에서) 다루어 왔기 때문인지, 아니면 샤갈이 표현한 말의 환상적인 색상과 몽환적인

이미지 때문인지 알기가 어렵다. 여름방학이면 자주 전시되던 샤갈 전을 구경하는 그 수많은 인파의 행렬이 모두 샤갈 그림이 주는 기쁘고 즐거운 아름다움 때문인지도 매우 의문스럽다. 이처럼 심미적 판단에서 공감은 “심미적 반응의 잘못된 귀속”[58](false attribution of aesthetic responses)에서 비롯되기 쉽다.[59] 그렇기에 공감은 합의보다 정의를 창출하기에 좀 더 불안정적인 기반이라고 할 수 있다. 이 점은 법이 아름다움을 정의의 요소로 받아들이는 경우에 법적 정의가 이성적 논의에 의해 형성되는 합의보다 불안정해질 수 있음을 말해준다. 그런 점에서도 법은 기본적으로는 이성적 합의가능성을 지향하여 구성하되, 다만 아름다움의 감성적 판단을 통해 이성의 폐해(예: 동일성강제)를 반성적으로 지양하는 길(성찰적 모더니즘)을 가야 함을 알 수 있다.

(4) 법과 미학적 판단에서 실재주의와 반실재주의의 종합

이상에서 설명한 미학적 판단의 구조는 실재주의와 반실재주의의 종합으로 이해될 수 있다. 이는 마치 법을 존재와 당위의 변증적 종합이라고 보는 것에 상응한다. 법은 존재도 아니고, 당위만도 아니라, 그 둘이 서로 일치(Entsprechung)하는 접점에 위치한다. 첫째, 이런 인식은 법적 판단은 법적 정의를 담보해주는 존재(실체)를 인식하는 것이라고 보는 존재론적 법의 이해를 물리치는 것이다.

58) Kevin Melchionne, “On the Old Saw ‘I know nothing about art but I know what I like’”, *The Journal of Aesthetics and Art Criticism* (Vol.68, No.2, 2012), 138쪽.

59) 오늘날 이런 잘못된 귀속은 자본의 거대권력들, 국제 비엔날레나 제도기관의 큐레이터들이나 상업화랑이 미술비평가들의 비평을 무력화시키고 있는 데서 비롯되기도 한다. 이런 비평의 보편성 상실과 무력화에 대해서는 정헌이, “1970년대 이후 한국미술의 내셔널리즘과 미술비평”, *서양미술사학회논문집* (제31집, 2009.8), 273쪽 아래 참조.

이와 마찬가지로 미학적 판단은 직접 경험하는 그림의 심미적 실체를 인식하는 것이 아니라는 점에서는 실재주의(realism)를 배척한다. 둘째, 법은 실체도 아니지만, 오로지 규범의 순수한 결정체도 아니다. 미학적 판단도 오로지 심미적 관점에서 내리는 주관적 판단이기만 한 것도 아니다. 이 한에서 반(反)실재주의(antirealism) 또는 유명론(nominalism)이 배척된다. 이 설명을 뒤집어서 말한다면, 미학적 판단이 그림이라는 존재를 직접 경험할 것을 전제로 한다는 점, 즉 대면(직접경험)의 원칙은 실재주의의 요소를 보여주고, 미학적 서술의 주관성과 공감에 의한 타당성의 승인은 반실재주의의 요소를 보여준다. 이 두 요소는 서로를 전제로 하면서 서로를 견제하는 과정을 통해 미학적 판단을 수행하게 한다. 이는 마치 사안이란 법률의 규범적 관점에서 선별되고 조합된 데이터들의 정연한 구성물이면서, 거꾸로 법규범이란 사안을 통해 비로소 그 의미내용이 구체화되는 것[60]이라는 법의 해석학적 실현구조에 견줄 수 있다.

3. 공감의 재해석

그러나 공감의 의미는 종종 합의나 동의와 구별되지 않은 채 이성주의적 관점에서 이해되기도 한다.

(1) 공감의 의미논쟁

대표적으로 공감을 일종의 도덕적 관점(a moral point)으로 바라보는 견해를 들 수 있다.[61]

60) 이런 법해석학의 이론을 대표하는 Winfried Hassemer, "Juristische Hermeneutik", *Archiv für Rechts- und Sozialphilosophie* (Heft 2, 1986), 195쪽 아래; 배종대 · 이상돈 (편역), *형법정책* (세창출판사, 1998), [2]단락 참조.

61) Desmond Manderson, "Requiem: Green Death-Aesthetic Interpretations

1) 덕목이론

공감을 넓은 의미에서 도덕적 관점으로 설정하는 이론의 예로서 덕목이론(virtue theoretical model)을 들 수 있다. 이 이론의 연원은 아리스토텔레스(Aristoteles)의 덕목이론이다. 그에 의하면 모든 존재는 어떤 목적(a telos)를 갖고 있고, 그 존재가 그 목적을 실현하는 기능을 잘 수행할 때 그 존재는 덕목(virtue)을 갖는다는 것이다. 코프먼(Daniel A. Kaufman)은 이를 예술비평이론에 전용하였다. 그에 의하면 다음과 같은 미학적 판단에 관한 공식이 성립한다.

> "한 예술작품(A)의 가치는 그 작품의 예술적 목적(P1-N)에 관련한 성공을 이루는 기능이다. (이 목적들은 또한 특정한 문명(화)에 속하는 문화적 관심들의 기능들이다.) 따라서 다음과 같은 공식이 성립한다: A는 그것이 P1-N에 관련하여 성공적인 한에서 좋은 것이다."[62]

여기서 코프먼이 말하는 예술작품의 목적이란 문화적 인공물(cultural artifacts)이 스타일과 재현의 목적을 실현할 수 있는 역량이라고 할 수 있다. 물론 목적은 매우 다양하지만 한 문명권 안에서 문화적 관심이 미학적 스타일을 갖고 재현된다면, 그것은 문명의 객관적 사실이라는 것이다. 또한 그런 객관성이 바로 예술작품에 대한 미학적 판단의 규범성을 가져온다고 한다.[63]

---

and Influences in the Death Penalty", *Songs without Music: Aesthetic Dimension of Law and Justice* (University of California Press, 2000), 125쪽.

62) Daniel A. Kaufman, "Normative Criticism and the Objective Value of Artworks", *The Journal of Aesthetics and Art Criticism* (Vol. 60, No. 2, 2002), 161쪽.

63) Daniel A. Kaufman, 위의 논문, 157쪽.

2) 목적의 한계

그러나 어떤 그림이 예술적 가치가 높다는 진술이 당대의 문화적 맥락에서 구성되는 어떤 목적성의 평가관점에 완전히 갇히는 것일까?

㈎ **추상표현주의의 목적에 대한 회의**

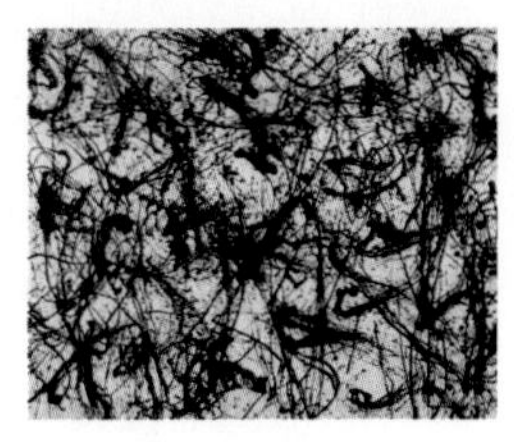
Jackson Pollock, No. 32, 1950[64)]

가령 추상표현주의(abstract expressionism)는 이성적 문명이 오히려 반이성적 사회(예: 세계대전, 집단학살 등)를 초래한 이성의 실체적 내용에 대한 자기반성(self reflexive)이라는 문화적 관심사를 펼치는 목적적 기능을 수행한다고 할 수 있다. 하지만 잭슨 폴록(Jackson Pollock)의 옆 그림이 그런 문화적 관심사의 표현으로만 이해될 수 있을까? 어떤 작품에 대해 문화적 관심사에 따라 그 목적을 구성하고, 배열하는 것은 아마도 화가의 목적이 아니라 비평가들의 목적일 뿐일지도 모른다.

㈏ **목적외의 미학적 가치** 미학적 가치는 목적 이외에 그 연원을 갖고 있다. 예컨대 이 작품을 바라볼 때 관람자는 그의 정신이 치유될 필요가 있는 문명의 질병을 그 작가와 함께 갖고 있으며, 또한 관람자는 작가가 그의 작품활동을 통해 스스로를 치유하는 자기성찰적 과정에 동참함으로써 같이 치유된다는 느낌을 가질 수 있다. 여기서 목적이란 공감의 기반이 되는 문명사적, 문화적 맥락을 공유하고 있다는 사실을 표현할 뿐이다. 또한 공감이 이처럼 작품이 지향하는, 그러나 작품 밖에 위치한 목적의 관점에서

64) 그림사진은 http://terms.naver.com/entry.nhn?docId=263781&mobile&categoryId=1388에서 퍼옴.

내려지는 도덕적 판단이 된다면 작품은 그 자체로서 가치있을 수 있다는 차원(미학적 자율주의)을 잃어버린 채, 목적을 위한 방편이 된다. 또한 그런 이해에 의하면 예술품(art)과 공예품(handicraft)의 차이도 상당한 정도로 사라지게 될 것이다.

(다) 목적가치의 반목적성 더욱 큰 문제는 예술 밖의 목적을 이루는 문화적 관심은 헤아릴 수 없이 많은 목적들로 제시될 수 있다는 점이다. 이것은 작품의 예술적 가치가 결국 그 작품에 대해 설정된 문화적 목적의 가치들에 의해 매겨지게 됨을 의미한다. 하지만 수많은 목적가치들은 끝없는 비교형량의 과정에 놓이게 되고, 그런 과정에서 미학적 판단은 이성적 합리적 판단으로 대체되어 버리게 될 것이다. 그렇게 된다면, 예술의 덕목을 이룬 목적의 수행은 오히려 예술의 기능을 해체시키는 꼴이 된다.

3) 목적 없는 합목적성

여기서 칸트(Kant)가 미학적 쾌락을 목적 없는 합목적성(Zweckmäßigkeit ohne Zweck, purposiveness without a purpose)이라고 한 이유를 이해할 수 있다.65) 예술작품에는 문화적 맥락에서 자기반성이라는 (의도하든 하지 않든, 즉 의향적 또는 비의향적) 목적성이 있지만, 그 목적은 이익형량적 가치판단에 놓이게 되는 그런 특정한 목적이 아니다. 따라서 예술작품의 목적은 미학적 판단의 타당성에 대한 객관적 기준으로서 작동할 수 있는 목적으로 구체화될 수가 없다.

(가) 하이만의 목적을 위한 목적의 오류 칸트가 말하는 목적 없는 합목적성은 '예술을 위한 예술'의 절대적 내재적 가치, 즉 예

65) 이에 관해서 Rachel Zuckert, "A New Look at Kant's Theory of Pleasure", *The Journal of Aesthetics and Art Criticism* (Vol. 60, No. 3, 2002), 245쪽; Arthur C. Danto, *After the End of Art* (Princeton University Press, 1997), 83쪽.

술의 절대적인 자기목적성을 의미하는 것이 아니다. 가령 "칸트가 말하고자 했던 바는 인간이 목적 그 자체가 됨으로써 품격(dignity)을 얻는 것처럼 예술도 목적 그 자체가 됨으로써 품격을 얻는다는 것이다"66)라는 하이만(Lawrence W. Hyman)의 해석은 옳지 않다. 왜냐하면 목적 없는 합목적성이란 예술에 목적이 없다는 것을 강조할 뿐이고, 작품을 통해 문화는 자기반성(예: 억압에 대한 해체적 비판의 상징 창출)을 할 수 있고, 감상의 주체도 그런 반성 속에서 미학적 쾌락을 느끼고, 그것을 지속하려는 의식을 갖게 될 수 있기 때문이다. 그러므로 하이만의 해석은 '목적 없는 합목적성'을 마치 '목적을 위한 목적'처럼 만들어 버린다고 할 수 있다.

(나) **해스킨의 도덕을 위한 도구의 오류** 그러나 다른 한편 해스킨(Casey Haskins)처럼 칸트의 목적 없는 합목적성을 '예술이 인간을 더 도덕적으로 만드는 도구로서 가치가 있는 것'이라고 이해하거나 또는 이보다는 좀 완화된 버전, 즉 예술작품은 마치 인간에게 가능한 도덕적 자율성과 유추적인 자율성을 갖는다67)고 이해하는 것 역시 적절하지 않다. 왜냐하면 이런 이해는 결국 도덕적으로 좋은 의지가 최상의 선이면서 다른 모든 것들의 조건이라는 전제에 서 있기 때문이다. 해스킨의 해석에 의하면 목적 없는 합목적성은 인간의 도덕을 고양시키는 목적성이 되고 만다. 그러나 목적 없는 합목적성에서 합목적성은 인간의 도덕적 자율성이나 그와 유사한 조건에 귀속되는 것이 아니다.

---

66) Lawrence W. Hyman, "Art's Autonomy Is Its Morality: A Reply to Casey Haskins on Kant", *The Journal of Aesthetics and Art Criticism* (Vol. 47, No. 4, 1989), 377쪽.

67) 하이만의 글을 재반박하는 Casey Haskins, "Kant, Autonomy and Art for Art's Sake", *The Journal of Aesthetics and Art Criticism* (Vol. 48, No.3, 1990), 235~237쪽 참조.

㈐ 인간, 문화, 예술의 수평적 상호작용 관계 칸트의 목적 없는 합목적성은 인간의 도덕과 수평적으로 상호작용하는 '문화의 자기반성성'과 그 속에서 인간이 향유하는 '미학적 쾌락의 지속성'에 관계한다. 문화를 만드는 것은 인간들이지만, 거꾸로 인간들의 도덕적 발전을 가져오는 것은 문화이다. 이처럼 인간과 문화는 수평적 상호작용의 관계에 있다. 예술은 그런 문화의 자기반성적 변화를 최선봉에서 이끌며, 그런 과정에서 기존 문화에 배태되어 있는 인간성 억압의 기제를 해체하는 미학적 쾌락을 인간에게 제공해준다. 하지만 거꾸로 예술은 문화가 낳은 산물이면서 동시에 인간이 만든 작품이기도 하다. 따라서 인간, 문화, 예술은 서로 수평적인 상호작용의 삼각관계에 놓여 있는 것이다. 칸트의 '목적 없는 합목적성'은 인간, 문화, 예술 그 어느 하나가 다른 것(의 발전)을 목적으로 삼는 수단이 되는 것이 아니라, 각각이 서로의 목적이자, 서로의 수단이 되면서 모두의 발전과 진화를 가져오는 역사적 의미의 망에 함께 놓여있다는 점을 말하는 것이다.

(2) 공감의 포스트모던적 이해

이상의 설명에서 공감에 대한 논쟁은 대체로 이성주의의 전통에 머물러 있는 것이라고 할 수 있고, 바로 그 점에서 이성적 합의나 동의와 차별화되는 공감의 의미를 파악하는 데 한계가 있는 것이라 할 수 있다. 따라서 공감은 포스트모더니즘의 맥락에서 재해석하는 것이 필요하다. 특히 니체의 이론을 원용하는 것이 매우 유용하다.

1) 삶을 강화시키는 에너지

공감되는 미학적 체험은 니체의 이론에서 보면 '삶을 강화'

(enforcement of life)[68]시켜 주는 '긍정적인 충동'의 발현이 된다. 이 충동은 일종의 바이오에너지이다. 미학적 판단에 있어서 사람들이 갖는 공감의 현상은 그 작품을 감상할 때, 많은 사람들이 각자의 험난한 삶의 현실에서 그 삶을 견뎌낼 수 있게 해주는 에너지를 얻게 되는 것을 가리킨다. 그림의 감상을 통해 바이오에너지를 획득함으로써 그림의 분석하기 어려운 미학적 가치는 법적 정의로 변환된다. 왜냐하면 법이 추구하는 정의라는 것도 삶을 인간답게 살 수 있게 만들어주는 조건들, 이를테면 평등한 자유의 보장이나 자유의 실질조건을 배려하는 기능이기 때문이다. 공감이라는 잣대를 통해 미학적 판단의 타당성을 가늠하는 것은 미학적 판단이 '객관성'이나 '규칙성'을 가질 수 없는 상태에서도 가능하다.

2) 민주적인 상호적인 고귀한 연민

이 공감은 니체가 말하는 고귀한 연민(noble compassion)의 개념에 의해 좀더 심층적인 의미를 가질 수 있다. 니체의 초인(Übermensch) 사상[69]에서 볼 때, 초인이 되어 가는 과정이란 바로 인간이 자기 자신이 되는 과정, 즉 '삶을 강화'(enforce-ment of life)[70]

68) 니체에게 있어 자기 자신이 되는 것은 곧 삶을 강화하는 과정이고, 독자적으로 선의 목록을 만들어가는 '가치의 정화'(purifying values) 과정이기도 하다. 이런 니체사상의 자세한 설명은 Simon May, *Nietzsche's Ethics and his War on 'Morality'* (Oxford University Press, 1999), 104~116쪽, 특히 107쪽 참조.

69) 이에 대해 자세히는 민윤영, *니체(Nietzsche)의 법이론: 법에서 모더니즘의 해체: 법미학, 법여성학, 법심리학의 발흥지로서 니체에 관한 연구* (고려대 석사학위논문, 2008) 참조; 초인은 '극복인'으로 번역되기도 한다. 예컨대 전성택, "니체의 극복인(Übermensch)과 삶의 예술", *열린정신 인문학연구* (제11집 제1호, 2010.6), 5~33쪽 참조.

70) 니체에게 있어 자기 자신이 되는 것은 곧 삶을 강화하는 과정이고, 독자적으로 선의 목록을 만들어가는 '가치의 정화'(purifying values) 과정이기도 하다. 이런 니체사상의 자세한 설명은 Simon May, *Nietzsche's Ethics and his War on 'Morality'* (Oxford University Press, 1999), 104~116쪽, 특히

하는 '긍정적인 충동'이 발현되는 과정이다.[71] 이러한 니체의 고귀한 연민 개념에서 초인의 요소를 제거하고, 연민이 보통의 사람들 사이에 상호적으로 일어난다고 가정할 때, 고귀한 연민은 바로 공감이 된다. 다시 말해 공감이란 민주화된, 상호적인 고귀한 연민이다. 좀더 쉽게 풀어 말한다면, 우리가 예술작품을 감상하고, 그 체험적 의미를 소통함으로써 미학적 쾌락을 갖게 될 때, 우리는 — 가령 자본주의 사회가 길러준 — 타자의 욕망에서 벗어나서 '자기 자신이 되어가는' 과정 속으로 들어가게 되는 것이다. 이처럼 예술작품에서 느끼는 감정은 단지 주관적인 체험이 아니라 예술작품을 통하여 우리 모두가 자기 자신이 되어가는 과정에 진입하게 되는 객관적 체험이 된다. 그러므로 공감이란 예술체험을 통해 각자가 자신 자신이 되도록 서로를 북돋아주는 감정을 함께 느끼는 상태(feeling together)라고 말할 수 있다. 이런 의미에서 예술성은 순수하게 주관적이거나 객관적인 것이 아니라 '주관적이면서 보편적인'(주관적 보편성 subjective universality) 것이다.

107쪽 참조.

71) 이에 대해 이상돈, *법미학* (법문사, 2008), 37~38쪽.

03 | 미술비평과 법 |

미술작가의 주체성과 법적 정의

I 미술작가의 법적 지위 변화

모든 미술작품은 사람이 만든다. 미술작품을 만든 사람(작가)에게 어떤 지위를 인정할 것인지는 시대마다 사회마다 다르다. 물론 작가의 지위가 시대마다 사회마다 다른 데에는 사회역사적 배경과 원인이 있다. 하지만 작가의 지위변화는 미술의 양식적 발전과 같은 미술계의 내적 변화와도 분리되지 않는다.

(1) 중세에서 종교적 이념의 노동자로서 화가

서구사회의 중세에 미술품은 상업의 대상이 아니라 교회와 연계되어 신앙적 가치를 생산하는 방편이었다. 그렇기에 당시에는 예술가 개인의 인격이 예술품 수집가들에게 중요하지 않았고[1] 오늘

1) Thoma Wurtenberger, “Criminal Damage To Art - A Criminological Study”, *DePaul Law Review* (Vol.14, 1964-1965), 83쪽.

날과 같은 화가의 저작권도 인정되지 않았다. 과격하게 표현한다면, 화가는 종교의 이념을 회화적으로 재현하는 노동자에 불과했다. 이 점은 그림에 화가의 서명이나 낙관이 없었던 점에서도 확인된다.

(2) 근대사회에서 상업적 거래의 주체

이에 비해 자본주의체제가 들어선 근대사회 이후의 회화, 이를테면 인상주의(impressionism)와 같은 모던회화(근대미술)에서 작품은 저자의 인격이 발현된 결과이며, 따라서 작품은 당연히 '누구의' 작품으로서 그 의미와 가치가 인정되었다. 이런 저자의 지위는 오늘날에는 법적으로 그림에 자신의 이름을 표시하고(성명표시권[2]), 그 그림을 공표할지 여부를 결정할 권리(공표권[3])로 제도화되어 있다.

회화의 양식도 이런 저자의 주체적 지위와 내적으로 연관되어 있다. 예컨대 인상주의 회화에서 회화적 표현은 주체가 감각적으로

2) 저작권법 제12조(성명표시권) ① 저작자는 저작물의 원본이나 그 복제물에 또는 저작물의 공표 매체에 그의 실명 또는 이명을 표시할 권리를 가진다. ② 저작물을 이용하는 자는 그 저작자의 특별한 의사표시가 없는 때에는 저작자가 그의 실명 또는 이명을 표시한 바에 따라 이를 표시하여야 한다. 다만, 저작물의 성질이나 그 이용의 목적 및 형태 등에 비추어 부득이하다고 인정되는 경우에는 그러하지 아니하다.

3) 저작권법 제11조(공표권) ① 저작자는 그의 저작물을 공표하거나 공표하지 아니할 것을 결정할 권리를 가진다. ② 저작자가 공표되지 아니한 저작물의 저작재산권을 제45조에 따른 양도, 제46조에 따른 이용허락, 제57조에 따른 배타적발행권의 설정 또는 제63조에 따른 출판권의 설정을 한 경우에는 그 상대방에게 저작물의 공표를 동의한 것으로 추정한다. ③ 저작자가 공표되지 아니한 미술저작물·건축저작물 또는 사진저작물(이하 "미술저작물등"이라 한다)의 원본을 양도한 경우에는 그 상대방에게 저작물의 원본의 전시방식에 의한 공표를 동의한 것으로 추정한다. ④ 원저작자의 동의를 얻어 작성된 2차적저작물 또는 편집저작물이 공표된 경우에는 그 원저작물도 공표된 것으로 본다. ⑤ 공표하지 아니한 저작물을 저작자가 제31조의 도서관등에 기증한 경우 별도의 의사를 표시하지 않는 한 기증한 때에 공표에 동의한 것으로 추정한다.

지각한 주관적 내용을 캔버스의 평면 위에 시각적으로 완벽하게 현출시키는 과정이다. 이는 주체의 객체(자연)에 대한 지배를 수행하는 이념이 그림의 양식으로 내면화된 결과라 할 수 있다. 하지만 근대사회에서 작품은 종교의 수단으로부터 벗어나 상업적 거래의 대상이었고, 따라서 작품의 소유권이 저자 이외의 사람에게 넘어가면, 그 작품에 대한 모든 처분권도 저자에게서 매수인에게 넘어갔다.

(3) 현대사회에서 저자의 절대적 주체화

작품에 대한 처분권이 매수인에게 넘어간 뒤에도 화가는 그 매수인이나 새로운 소유자가 자신이 그린 그림을 변형시키거나 훼손하는 것을 못하게 할 권리가 있는 것일까?

1) 동일성유지권

오늘날의 저작권법은 이런 권리를 저작자의 권리로 인정하고 있다. 우리나라 저작권법도 그림의 "내용·형식 및 제호의 동일성을 유지할 권리"(동일성유지권[4])로 인정한다. 이런 저자의 권리는 그 작품의 소중한 가치를 훼손하지 않게 하는 방향으로만 기능하고, 예술적 가치가 있는 작품의 생성이나 새로운 예술적 표현의 가능성 확보 등에는 오히려 역기능적이다. 이런 저자의 지위는 법을 만든 입법자의 지위보다 훨씬 강하고 높다고 할 수 있다. 입법자가

4) 저작권법 제13조(동일성유지권) ① 저작자는 그의 저작물의 내용·형식 및 제호의 동일성을 유지할 권리를 가진다. ②저작자는 다음 각 호의 어느 하나에 해당하는 변경에 대하여는 이의(異議)할 수 없다. 다만, 본질적인 내용의 변경은 그러하지 아니하다. 1. 제25조의 규정에 따라 저작물을 이용하는 경우에 학교교육 목적상 부득이하다고 인정되는 범위 안에서의 표현의 변경 2. 건축물의 증축·개축 그 밖의 변형 3. 특정한 컴퓨터 외에는 이용할 수 없는 프로그램을 다른 컴퓨터에 이용할 수 있도록 하기 위하여 필요한 범위에서의 변경 4. 프로그램을 특정한 컴퓨터에 보다 효과적으로 이용할 수 있도록 하기 위하여 필요한 범위에서의 변경 5. 그 밖에 저작물의 성질이나 그 이용의 목적 및 형태 등에 비추어 부득이하다고 인정되는 범위 안에서의 변경.

어떤 기획을 갖고 법을 제정해도 법관이나 행정관료에 의해 그 법은 재해석된 채 운영되기 때문이다. 이런 저작권법의 현실은 헌법이 예술의 자유(제22조 제1항)나 문화국가를 추구하는 조항(전문, 제9조, 제11조 제1항, 제69조)에서 비롯되는 것이 아니다.

2) 개인주의적으로 이해된 이성과 감성

저자가 자신의 작품에 변형조차 가하지 못하도록 하는 힘을 갖는다는 것은 작품의 미학적 가치가 오로지 저자의 사상과 표현적 행위에 의해서 구성된다는 인식을 전제한다. 이는 마치 법을 개인의 (실천)이성이 제도적으로 발현된 결과로 여기는 이성법의 전통에서 전제되어 있는 주체적 인간상에 상응한다. 그러니까 법적 정의가 개인의 이성으로 환원되는 것처럼, 미술작품의 미학적 가치도화가 개인의 감성으로 환원되는 것이다. 개인주의적으로(individualistisch) 해석된 이성[5]이란 (숭고한 철학자처럼) 실천이성이 발달한 개인이라면 혼자서도 정의를 인식할 수 있다는, 즉 평등한 자유의 가능조건들을 선천적으로 알 수 있다는 함의를 갖는다. 개인주의적으로 이해된 감성(feeling)이란 작품의 미학적 가치가 공감(empathy)에 지향되지 않고서도 작가 개인의 주관적 감성이 표현된 결과로서 생성될 수 있다는 함의를 갖는다. 이런 점에서 근대 이성법과 현행 지직권법의 저직인격권(특히 동일성유시권)은 개인주의(individualism)라는 공통된 기반을 갖고 있다.

---

5) 이런 통찰로 K. Günther, “Möglichkeiten einer diskursethischen Begründung des Strafrechts”, Heike Jung/Heinz Müller/Ulfried Neumann(편), *Recht und Moral* (Baden-Baden, 1991), 207쪽 아래 참조.

Ⅱ 모더니즘의 정점으로서 저작인격권

그러나 포스트모던 시대에도 이런 저자의 권리가 유지될 수 있는 것일까? 이 물음에 답을 하기 위해서는 먼저 저작인격권이 갖는 법철학적 의미를 규명하고 이해할 필요가 있다.

1. 부성(父性)의 명예심으로서 저작인격권

현행 저작권법은 가령 화가가 그림에 자신의 이름을 표시하고(성명표시권), 그 그림을 공표할지 여부를 결정하며(공표권) 아울러 그림의 "내용·형식 및 제호의 동일성을 유지할 권리"(동일성유지권)를 인정한다. 또한 이런 권리는 화가의 "일신에 전속한다"(제14조 제1항). 이를 저작인격권이라고 부른다.

(1) 도덕적 권리와 부성(父性)

저작인격권은 19세기 프랑스에서 시작되어 유럽국가에서 널리 인정되어 오다가, 1979년 베른협약[6]에 의해 전세계적으로 보편화되었다. 이 권리들이 인격권인 이유를 깊게 이해하기 위해 미국법에서 이와 같은 권리들을 도덕적 권리(moral rights)로 개념화하는 이유를 살펴볼 필요가 있다. 미국은 저작인격권을 인정하지 않다가 1988년에 베른협약을 비준하였고, 1990년 Copyright Act를 수정하는 VARA법을 제정함으로써 이 권리를 비로소 인정하였다. 이 법은 시각예술(visual art)에 한하여 도덕적 권리(moral rights)로서 고결권(高潔權)과 부성의 권리를 인정한다.[7]

6) Berne Convention for the Protection of Literary and Artistic Works, art 6bis, as amended on Sept. 28, 1979.

미국 VARA법	한국 저작권법
▶ 시각예술에 제한함	제한없음
right of integrity (高潔權)=	동일성유지권
right of paternity (부성권)=	성명표시권
	◀ 공표권

고결권(right of integrity)은 작가의 명예나 명성에 편견을 가져오는 작품의 의도적인 왜곡, 훼손 또는 기타의 변형을 막을 권리로서 우리나라의 동일성유지권에 해당한다. 미국법은 또한 고결권의 연장으로서 작품의 단순한 변형이 아니라 현저한 파괴를 방지할 권리도 인정한다. 부성권(Right of Paternity)은 우리나라의 성명표시권에 해당한다. 저작인격권이 이처럼 부성(父性 paternity)에 비유되는 이유에 관한 아들러(Amy M. Adler)의 설명[8]을 들어 보자. 그에 의하면 저작자와 작품의 깊은 연결은 마치 아이에 대한 아버지의 관계와 같다고 한다. 그래서 작품이 손상 당했을 때 저작자는 마치 아이가 다쳤을 때 아버지가 겪는 고통을 느낀다는 것이다. 이런 부성은 아이가 커서 집을 떠나도 마찬가지인 것처럼 작품이 팔렸을 때도 마찬가지라는 논리이다.

(2) 작품성과 구별되는 고결성

그렇기 때문에 저작인격권은 작품을 판 이후에도 유지되는 것이다.

7) 유럽이나 우리나라 저작권법은 시각예술에 한정하지도 않고, 공표권도 저작인격권에 포함시키고 있다는 점에서 미국에 비해 저작인격권을 좀더 두텁게 보호하고 있다고 볼 수 있다.

8) Amy M. Adler, "Against Moral Rights", *California Law Review* (Cite 97 Cal, L. Rev. 263, 2009), 269쪽.

1) 고결성의 의미

이런 설명은 작품이 저작자의 인격발현을 넘어서 저작자의 가장 깊은 내면, 이를테면 '양심'이나 명예훼손죄에서 말하는 '내적 명예'와 비슷한 그 무엇을 표현하는 것임을 말해준다. 바로 이런 점에서 우리나라 저작권법이 동일성유지권이라고 개념화하는 권리가 VARA법에서 고결권으로 불리는 이유를 알 수 있다. 고결성(integrity)이란 개념은 예술작품과 그것을 만들어낸 저작자의 깊은 내면이 불가분적으로 결합되어 있다는 함의를 나타낸다.

2) 제품의 작품성과 저작인격권의 불인정

저작인격권이라고 할 때 인격은 양심이나 명예의 주체라는 함의(connotation)를 갖고 있다. 바로 이 점에서 저작인격은 저작성, 즉 작품성 개념보다 한층 고양된 개념임을 알 수 있다. 예컨대 Mercedes-Benz의 AMG 63엔진은 엔지니어 한명에 의해 수작업으로 조립되고, 그의 이름이 부착됨으로써 일종의 작품성을 추구한다. 하지만 이런 작품성은 그 엔진을 다른 엔지니어가 새롭게 튜닝하는 것을 배제하는 권리를 낳지 않는다.[9] 여기서 어떤 제품들은 그 작품성으로 인해 저작자의 인격이 발현된 것으로 볼 수 있더라도 그 인격이 명예나 양심과 같은 깊은 내면의 차원에 관련하지 않는 사회적 차원에 머무르는 것일 수 있음을 알 수 있다. 이처럼 작품성과 저작인격성은 다른 것이다.

3) 명예훼손으로서 저작인격권 침해

저작인격권을 이렇게 작가의 내면적 명예심과 연결시키면, 저작

---

9) 물론 이런 작품성은 저작인격권뿐만 아니라 저작권을 낳는 필요충분조건이 되지도 못한다.

인격권의 침해는 작품의 훼손이 누가 보아도 객관적으로 저작자의 양심이나 명예를 훼손하는 것일 때에야 비로소 인정할 수 있게 된다. 이런 관점은 저작인격권의 제한을 가져올 수 있다. 왜냐하면 이런 해석에 따르면 작품훼손이 명예훼손을 초래하지 않는다면, 저작인격권의 침해도 인정하지 않게 되기 때문이다.

2. 모더니즘의 절정과 해체

저작인격권은 모더니즘과 포스트모더니즘 사이에 위치해 있다. 또한 저작인격권은 모더니즘의 절정에 있으면서 모더니즘을 해체시키는 이중성을 갖고 있는 것이다.

(1) 자기 자신이 될 권리

작품을 인격의 발현으로 볼 때, 인격, 그 가운데 가장 깊은 내면의 세계는 개인에게 고유한 것일 수 있다. 물론 내적 명예심도 사회적 상호작용의 결과로 생긴 트라우마(trauma)의 흔적일 수 있다는 점에서 절대적으로 고유한 것일 수는 없다.

1) 자기창조의 권리

하지만 그와 같은 정신분석학적 차원을 일단 제쳐놓고 본다면 양심이나 내적 명예는 상대적으로 인격의 다른 요소들보다는 개인에게 '더' 고유한 부분이다. 가령 화가의 저작인격이라는 개념은 화가가 어떤 그림을 바로 '그렇게 그린' 까닭은 그렇게 그림으로써 화가가 자기 자신이 된다는(becoming self) 또는 적어도 그런 느낌을 갖게 된다는 함의를 갖는다. 이런 의미에서 저작인격권은 저작자가 그의 저작물의 심미적 구성을 통해 자기 자신이 될 권리, 자기창조(self-fashioning)[10]의 권리라고 재해석할 수 있다.

2) 이성법적 권리와의 차이

이처럼 자기 자신이 될 권리는 이성법이 정교한 체계로 짠 권리들과는 완전히 다른 권리이다. 이성법이 구축하는 권리는 오로지 자기가 될 기회를 부여하는 것이 아니라 타인의 자유보장과 균형을 이룰 수 있는 한에서만 자신의 자유를 누릴 기회를 부여하는 것이기 때문이다. 그러므로 저작인격권은 유아론적 자기이해라는 점에서는 근대 이성법의 상속자라고 볼 수 있지만, 자기 자신이 됨을 위한 권리라는 점에서는 이미 포스트모던 법의 요소[11])를 갖고 있는 것이라 할 수 있다.

(2) 모더니즘의 절정과 붕괴

그러나 저작인격권은 기본적으로 근대 이성법의 절정에 위치하는 권리이다. 자신이 창작한 작품에 대한 지배를 마치 인간의 자연에 대한 완전한 지배의 이상과 같은 모습으로 구현하기 때문이다. 작품을 개인의 인격발현으로 보고, 그 인격발현을 이유로 작품에 대한 지배력을 인격발현자인 저작자에게 귀속시키는 것은 이성법의 근본원리, 이를테면 인격의 자유발현, 사적 소유권의 보장, 책임원칙의 관철과 같은 원리에 입각한 것으로 볼 수 있다. 이는 저작인격권에는 그림의 심미적 가치란 오로지 그림을 창작한 작가의 심미적 이성에 의해 생성되는 것이라는 믿음이 전제되어 있음을

---

10) Self-fashioning이라는 푸꼬의 윤리학의 개념은 Ben Golder/Peter Fitzpatrick, *Foucault and law* (Routledge, 2009), 107～121쪽 참조; 니체의 자기 자신 되기(to become what one is)에 대해서는 Simon May, *Nietzsche's Ethics and his War on 'Morality'* (Oxford University Press, 1999), 108～111쪽 참조.

11) '자기 자신이 될'(becoming self) 권리를 포스트인문적 권리로 설명하는 이상돈・민윤영, *법정신분석학입문* (법문사, 2010), 103쪽 아래 참조.

보여준다. 이 믿음은 마치 근대 이성법에서 법규범의 실천적 도덕적 가치가 그 법규범의 타당성의 원천인 개인주의적 실천이성(indivisualistischer Vernunft)에 의해 생성될 수 있다는 믿음에 정확히 일치한다. 그래서 저작인격권은 화가의 인격을 구상화(具象化)한 그림의 심미적 가치에 대한 화가의 (심미적) 판단을 시장영역에 들어간 이후에도 절대화하는 것이라 할 수 있다.

그러나 저작인격권은 그림을 향유하는 시민들의 삶에서 이성법의 또 다른 요소인 대칭성, 즉 모든 개인들의 인격발현의 '대칭적' 보장이라는 이념에 부응하는 것인지에 관해서는 여전히 심각한 의문이 남는다. 저작인격권은 그림의 소유권자에게 마치 문화재보호법이 적용될 때 그림의 보존을 위해 인정되는 권리제한과 비슷한 제한을 가져오기 때문이다. 저작인격권(동일성유지권)은 이렇게 타인의 권리를 제한하는 것인데도, 문화재보호를 위한 권리제한과는 달리 그 제한의 이익이 오로지 저작자인 화가 개인에게만 귀속된다. 이처럼 저작인격권의 과도한 보장(동일성유지권)은 자유이익의 공평한 분배, 권리와 의무의 대칭적 분배라는 이성법의 기획을 흔들어 놓는다.

Ⅲ 사라짐과 불멸 사이에 있는 화가와 입법자

1. 사회적 소통으로서 미술

저작인격권의 미학이론적 전제와는 달리, 저자가 작품을 완성하고 나면, 그 작품의 의미는 감상과 비평의 지속적인 반복과 열린 순환의 과정, 간단히 말해 사회적 소통의 과정에 맡겨진다.

(1) 불멸의 저자와 입법자

저자 자신이 누리는 작품의 예술적 가치도 그런 소통의 과정에서 '사회적으로 생성'되는 것이지, 작품에 내재해 있는 어떤 '존재론적' 속성에 의해 또는 저자의 심미적 이성적 판단에 의해 그림 속에 입력된 가치가 그 자체로서 예술적 가치가 되는 것은 아니다.

1) 저자의 불멸성을 가져오는 동일성유지권

이런 점에서 저자는 그의 작품을 완성하는 순간, 그 작품의 예술적 가치를 규정하는 '주체'의 지위에서 사라진다고 할 수 있다. 그렇기 때문에 동일성유지권과 같은 저작인격권은 화가의 그림에 대한 사회적 소통이 어떻게 전개되건 간에 그 그림의 예술적 가치에 대한 화가의 고유한 관점을 감상인이나 비평인에게 강제하는 마치 불멸의 존재와 같은 지위를 화가에게 부여한다고 말할 수 있다.

2) 해석금지의 입법

이런 현상은 마치 입법자가 제정한 법률의 의미이해를 오로지 입법자의 의사에 의해 결정짓고, 법률적용자들은 그렇게 결정된 내용만으로 법률을 해석·적용하게 하는 법률해석의 금지(시대)에 견줄 수 있다. 법률해석이 금지된 시대에 법관은 마치 몽테스키외(Montesquieu)가 말했듯이 단지 '법률을 말하는 입'[12] 또는 기껏해야 법률해석을 통해 '입법자의 의사를 말하는 입'에 불과하게 된다. 그러나 입법자의 의사라는 것도 통일적이거나 명확하지 않은 것일 수 있다. 또한 그런 사고는 법률이 변화하는 사회현실의 새로운 상황적 맥락 속에서 새로운 의미를 획득해갈 수 있다는 점, 이른바

---

12) 몽테스키외의 *법의 정신* 독일어 판인 Montesquieu, *Vom Geist der Gesetze* (1951), 225쪽.

입법취지에 따른 법률해석(목적론적 해석)의 가능성도 부정하게 된다. 이는 현대사회의 복잡성과 가치다원성 그리고 탈중심화된 사회문화의 현실에 적합하지 않다. 법률이 적용되는 현실에서 발견되는 (입법자가 고려하지 못했던) 다른 가치, 다른 문화 그리고 다른 현실에 대한 고려는 입법자의 의사를 불멸의 것으로 남겨둘 수 없게 한다. 입법자가 입법과 함께 사라져야만 그 법이 사회적으로 좀 더 정의롭게 기능할 수 있는 가능성이 열리기도 하는 것이다.

3) 유아론적 지위의 불행

이로써 법률해석이든 그림의 감상과 비평에서든 '저자는 불멸이다'의 요청은 현대사회에서는 결코 유지할 수 없는 것임을 알 수 있다.[13] 그런 요청은 화가나 입법자에게 작품의 가치를 홀로 구성하는 지위, 유아론적(唯我論的 solipsistic) 지위를 부여하는 것이 된다. 유아론적 지위는 그림의 감상자나 비평자에게도 불행이지만, 화가 자신에게도 불행이다. 왜냐하면 화가는 자신이 설정한 작품의 가치세계 속에 갇힌 채 고독한 창작자의 공허함을 감수해야 하기 때문이다. 이는 입법자가 그와 같은 유아론적 지위를 누릴 경우에, 그가 제정한 법률이 사회적 현실을 규율하는 데 실패함으로써 겪게 되는 아픔에 비유할 수 있다. 해석이 금지된 법률을 제정하는 입법자는 법률적 규율의 실패를 극복하는 새로운 법률을 거의 날마다 만들어야 하는 부담을 짊어지게 될 것이다.

13) 그림의 감상은 "시각 세계에 대한 정보를 얻기 위해 뇌가 주어진 시각정보를 취사선택하고 그것을 기존에 저장된 정보와 비교하여 새로운 시각-상을 만들어내는 능동적인 과정"이며, 그래서 "미술 창작자가 생산해 내는 그림은 그 창작자의 시각뇌가 세계에 대하여 은유적으로 읽고 구성한 결과이며, 또다시 감상자의 읽기는 감상자 자신의 시각-뇌의 능동적인 은유적 읽기 행위"가 된다. 이런 관점으로 김동영, "미술 감상-비평 교수를 위한 통합적 구조화 연구", *미술교육연구논총* (제23집, 2008.8) 43쪽 아래 참조.

(2) 저자의 사라짐과 그 한계

여기서 데리다가 말하는 저자의 사라짐에 주목할 필요가 있다. "나는 나의 주장을 직접 통찰력있는 것으로 만들기 위하여 '나는 앞으로 사라질 것이다'라고 말한다. 나는 나의 사라짐을, 내가 존재하지 아니함을, 다시 말해 나의 생각, 나의 의향과 기호를 표현하거나 생산할 때 내가 이로써 의욕하는 바가 현존하지 않음을 말할 수 있어야만 한다."[14] 저자의 사라짐은 작품의 생명을 시간과 공간을 뛰어 넘게 하고, 작품의 의미를 더욱 풍부하게 만드는 데 없어서는 안 될 요청이다. 그러나 미술작품의 체험적 의미의 이해나 미학적 가치의 판단이 '저자는 사라진다'는 요청에 의해 완전히 지배되어서도 안 된다.

1) 라드브루흐의 비유

이것은 법률해석에서 해석자가 입법자의 의사에 대한 고려 속에 갇혀서는 안 되지만, 동시에 그런 고려를 생략해서도 안 되는 것과 같다. 라드브루흐(Radbruch)는 적절하게도 법률을 '물살을 헤치고 예정된 항로 위로 부두를 떠난 배'[15]에 비유한 바 있다. '예정항로'는 입법자의 의사이지만, 실제 항해는 선장의 지휘 아래 나름대로의 고유한 항해길을 찾아서 나아가는 것이 된다. 다시 말해 엄격한 의미에서 입법자의 의사에 따른 해석은 이론적 요청으로뿐만 아니라 사실적으로도 불가능하고, 법률해석에는 언제나 객관적인 의미가 많든 적든 들어갈 수밖에 없는 것이다.[16]

---

14) J. Derrida, "Signatur Ereignis Kontext", in: ders., *Randgänge der Philosophie* (Wien, 1988), 298쪽.

15) G. Radbruch, *Rechtsphilosophie*, 8 Auflage (1973), 207쪽.

16) R. Christensen, *Was heißt Gesetzesbindung?* (1989), 104쪽.

2) 저자와의 소통과 교감

법률해석에서 입법자가 생각하지 못했던 '객관적 의미'란 미술작품의 감상자나 비평자가 창출하는 새로운 미적 가치를 가리킨다. 하지만 이런 새로운 미적 가치의 창출은 감상자나 비평자가 어디까지나 저자와 소통하고 교감하는 가운데 이루어지는 것이어야 한다. 이는 법률의 객관적 목적론적 의미를 밝히는 해석이 입법자의 의사를 해석학적으로 재구성하는 과정을 통해서 이루어져야만 하는 것[17]과 마찬가지이다. 법률해석이든 미술비평이든 저자의 의사에 갇히지도 않지만, 저자의 의사를 완전히 외면해서도 안 되는 것이다. 이는 가령 그림을 구입한 소유자가 아무런 새로운 미적 가치를 창출하지도 않음에도 불구하고 마음대로 화가가 그린 그림의 동일성을 변경할 수는 없음을 말해준다. 그런 변경이 허용된다면, 화가는 그의 그림을 통해 자신의 고유한 인격을 발현할 가능성을 잃어버리는 것이다.

(3) 사라짐과 불멸의 사이성

그렇기 때문에 법률해석뿐만 아니라 그림의 감상이나 비평적 변형도 '저자는 사라진다'와 '저자는 불멸이다'의 요청 그 사이(in-between)에 위치해 있다고 말해야 한다. 화가는 사라지는 저자도 아니고, 불멸의 저자도 아니다. 화가는 감상자와 비평가들과의 교감에 작품의 미학적 가치를 열어 놓은 소통의 주체인 것이다. 이 소통의 주체성은 작품을 감상하거나 비평하는 사람에게도 인정되는 지위이다. 이로써 미술작품의 가치는 저자와 감상자 비평가가 펼치는 교감과 소통을 통해서 이루어지는 것이라고 할 수 있다. 바

17) 이에 관해 자세히는 Sangdon Yi, *Wortlautgrenze, Intersubjektivität und Kontexteinbettung* (Ffm., 1992), 236쪽 아래 참조.

꿔 말해 미술작품의 가치는 상호주관적으로(intersubjectively) 생성되는 것이다.

이러한 상호주관성은 저작권법에도 각인되어야 한다. 예컨대 저작권법상 저작인격권에서 '인격'은 유아론적 인격이 아니라 작품에 대한 사회적 소통을 통해 새롭게 구성되는 인격, 줄여서 상호주관적(intersubjective) 인격이라고 말할 수 있다. 상호주관적 인격으로서 화가는 자신의 작품에 대해 어떤 상황에서도 동일성을 유지시키는 권리를 가질 수는 없다. 새로운 예술적 가치를 창출하는 상황에서는 동일성유지권이 제한될 수 있는 것이다. 그러한 제한은 소통을 통한 새로운 가치의 창출을 위해 누구나 부담해야 하는 공적 부담이 된다.

2. 사이비 상호주관성으로서 개념예술

그런데 현대미술의 흐름 가운데는 외관상으로는 이런 상호주관성의 이념을 실천하는 것처럼 보이는 사조가 있다. 개념예술(conceptual art)이 바로 그것이다. 이 개념예술이 미술의 상호주관성을 보여주는 정점에 있는 것인지를 살펴봄으로써 다시 한번 상호주관성의 의미를 정립해보기로 한다.

(1) 외관과 의미의 대립

이 논의를 위해 먼저 아름다움을 바라보는 관점으로서 1988년 미국 미술계에서 크게 대립했던 두 가지 관점[18]을 살펴볼 필요가 있다. 당시 미국 미술계는 ⓐ 작품의 외관(appearance), 모습(looking), 미적 양식을 중시하는 입장과 ⓑ 컨텐츠나 의미(meaning) 또는 목

18) 이 대립은 Dave Hickey, *The Invisible Dragon: Four Essays on Beauty* (Los Angeles: Art Issues Press, 1993), 13쪽 아래 참조.

적(purpose)을 중시하는 입장이 대립하였다.

1) 미적 양식을 중시하는 입장과 메이플소프의 사진미학

가령 동성애적 전율을 보여주는 흑인게이나 남성의 누드, 사도마조히즘의 사진들을 창작·전시함으로써 사진역사에서 아방가르드가 되었던 메이플소프(Robert Mapplethorpe)(1946~1989)의 작품들이 주는 아름다움은 앞의 요소(ⓐ의 요소)들이 강화된 경우이다. 섹스의 아름다움을 신성성의 양식으로 표현하는 그의 작품에서는 삶과 죽음의 경계가 사라지며, 위선과 허상이 소멸하는 느낌을 준다. 그러나 이런 흐름에서는 "합의형성적 정치에 멍에를 씌우는 상실과 매도의 미학(consiliatory aesthetics)이 귀환한다."[19)]

2) 의미나 목적을 중시하는 입장과 곤잘레스 토레스의 개념미술

반면에 메이플소프와 같은 시기에 정반대로 뒤의 요소(ⓑ의 요소)들을 더 강조하는 입장으로 곤잘레스 토레스(Felix Gonzalez-Torres)를 들 수 있다. 그는 바닥에 카펫모양으로 사탕을 자신의 애인과 자신의 체중을 합한 무게만큼 깔아 놓고, 관객이 원하는 만큼 가져가게 함으로써, 사탕이 차츰차츰 없어짐에 따라 연인을 잃은 상실감과 슬픔도 점점 줄어드는 개념을 표현하였다.[20)] 그에게 아름다움은 상실과 애도를 넘어서는 방식으로 생성되고, 고통과 죽음의 경험으로부터 우리를 구원하는 힘으로 내면화된다.

이런 그의 예술은 미니멀리즘(minimalism)[21)] 또는 개념예술

---

19) Suzanne Perling Hudson, "Beauty and the Staus of Contemporary Criticism", *The MIT Press* (Spring, 2003), 124쪽.

20) 이 작품은 우리나라의 아시아 미술관에서 "Felix Gonzalez-Torres double" (2012.6.21~2012.9.28)로 전시되었다.

21) 모르스 루이스 등의 미니멀리즘은 모더니즘 비평이론가이면서 포스트모던 미술의 도래를 인식하지 못한 그린버그(Greenberg)에 의해 포스트회화적 추상

(conceptual art)이라고 불린다. 이 개념예술에서 아름다움은 그 의미와 내용이 주변화되지 않은 채 — 개인적 문제나 정치적 콘텍스트를 병치시키면서 — 감춤 속에서 소통되는 미학적 생산의 전략으로 생성된다고 한다.22) 개념예술은 작가의 유아론적 주체성을 버리고, 직접적으로 관객의 참여에 의해 의미가 생산되고 소통되는 것을 지향한다. 이를 통해 미의 중심은 표현과 양식이 아니라 의미와 목적에 놓이게 된다.

Gonzales-Tores, "Untitled" (Perfect Lovers), 1991[23)]

예컨대 두 개의 시계로 이루어진 토레즈의 작품은 같은 시각에서 출발한 두 시계의 초침이 조금씩 벌어지는 거리를 보여줌으로써 애인의 사라짐에 대한 두려움은 트라우마의 핵을 지닌 아름다움으로 의미화되는 것이다.

(2) 개념예술의 편향성

예술의 표현과 양식의 차원에서 작가의 주체적인 미학적 결정이 섬세하게 발현되지 않는다는 점에서 이러한 개념예술은 유아론적 주체성을 거의 완벽하게 제거해냈다고 볼 수 있다.

1) 이념적 기획의 침투로서 미술

이로써 모더니즘은 완전히 단절되고, 아름다움은 양식성이 아니라 소통되는 관념 속에 내재화된다. 그러나 곤잘레스 토레스가 지

(post-painterly abstraction)이라고 명명되기도 했다.

22) Suzanne Perling Hudson, "Beauty and the Staus of Contemporary Criticism", *The MIT Press* (Spring, 2003), 126쪽.

23) 사진은 구글(http://www.google.co.kr)의 이미지 검색에서 나온 사진을 퍼옴.

향한 내밀화된 소통, 표현적이지 않고 연상적인(evocative) 작품의 의미는 작가와 관람자 사이를 서로 오가며 변화하는 소통이 아니라, 작가가 주체적으로 설정한 의미가 마치 바이러스처럼 관람자에게 침투하는 것에 불과할 수 있다. 이 침투는 의도하지는 않았어도 특정한 정치적 기획(예: 동성애의 합법화, 반전사상)을 지향하는 것일 수 있다. 바꿔 말해 정치적 기획이 작품의 체험을 통해 감상자들에게 무의식적으로 침투해 들어가게 되는 것이다. 이렇게 볼 때 개념예술은 각 작품이 생성하는 관념이 두 극단(예: 삶과 죽음, 이승과 저승, 물질과 정신, 소유와 상실)의 사이성을 창출할 수는 있을지 모르지만, 예술의 표현과 의미, 형식과 내용의 사이성, 그리고 작가와 관람자의 진정한 상호주관성을 창출하지는 못한다.

2) 상호주관성의 결핍

상호주관성의 이와 같은 결핍 속에서 개념예술은 우리의 트라우마를 들추어내고, 마주하게 할 수 있을지는 모르나 치유시킬 수는 없을 것이다. 개념예술을 관람하면, 우리는 종종 트라우마를 연상만 하게 되고, 그 연상에서 생성되는 내면적 아픔의 여운을 그대로 간직하면서, 자신을 치유되어야 할 존재로 감지한 채로 전시장을 나오게 되기 쉽다. 그러므로 한편으로는 작가가 생산한 양식 자체의 아름다움을 관람자가 향유하는 과정과 다른 한편으로는 작가와 관객이 함께 소통적으로 작품의 의미를 생산하는 과정이 동시적으로 펼쳐질 수 있을 때 미술작품은 트라우마를 치유하는 기능을 수행할 수 있다고 본다. 개념미술은 이런 기능을 수행할 수 없다.

(3) 양식과 의미의 미학적 변증과 합법성

또한 표현양식의 고유성이나 전통성, 맥락성 등을 외면하는 개념예술은 마치 '법이란 실정법의 외관과 상관없이 정의로운 의미 그 자체이다'라고 바라보는 자연법론에 비유할 수 있다. 자연법론이 자연의 개념을 결정짓는 철학자들의 유아론적 주체성에 의해 그 내용이 아로새겨지기 쉽듯, 개념예술도 작가가 의도하든 하지 않든 그의 정치적 지향성에 의해 아름다움이 조각될 수 있다. 자연법론이 법실증주의가 비호해준 실정법이 부정의하며, 트라우마를 초래한다는 점을 사람들에게 환기시켜줄 수는 있지만, 그것을 제거하거나 치유시켜주지 못하는 것도 개념예술의 경우와 다르지 않다. 법이 추구하는 정의란 의미에만 집중해서 생성될 수 없고, 따라서 법이 기획하는 의미의 가치는 실정성, 즉 법이 제정되는 '절차의 민주성'이라는 법의 양식적 아름다움을 통해서 비로소 정의로운 것이 될 수 있다. 바로 그렇기에 오늘날 법이 법답다는 것, 즉 합법성(legality)이란 실증성과 정당성이 제도화된 법적 대화의 과정 속에서 변증된 것, 즉 '제도적으로 한계 있는 정당성과 도덕적으로 한계 있는 실증성'[24]이 종합된 것을 가리킨다. 이와 같은 법의 이해는 미술비평에서 아름다움도 표현과 의미, 외관과 목적이 변증적으로 종합되는 과정을 통해 생성된다는 이론을 더 선호하게 한다.

Ⅳ 작품의 상호텍스트성과 대화적인 미학적 담론

저작인격권에서 인격 개념은 상호주관적 인격이어야 한다는 명제의 실천적 의미를 좀더 자세히 살펴보기로 한다. 이 상호주관적 인격 개념은 다음 두 가지 의미를 갖는다.

---

24) 이상돈, *기초법학* (법문사, 2010), 16쪽.

- 작품의 창작적 구성이 상호텍스트성을 갖는다(아래 1 참조).
- 작품의 가치는 그 작품에 발현된 작가의 인격적 고유성에 귀속되는 것이 아니라 대화적인 미학적 담론에 의해 생산된다(아래 2).

1. 작품을 구성하는 상호텍스트성

먼저 작품의 성립을 개인의 총체적인 인격이 '사회적으로' 발현이 되는 과정으로 이해할 때, 이때 '표현되는 인격'은 개인에게 전유(專有 appropriation)될 수 있는 것이 아님을 인식해야 한다.

(1) 선이해와 영향사

왜냐하면 작품을 생성시키는 인격의 발현과정에는 첫째, 문화적으로 전승된 상징과 의미들이 저작자의 선이해(Vorverständnis)로 일정한 영향을 미친다. 이 영향을 분석적으로 밝힐 수는 없지만 이 영향을 빼놓고 작품을 이해할 수는 없다.

가령 오늘날 현대적인 동양화(한국화)는 일반인의 눈에는 서양화와 거의 구별되지 않는 경우들이 많다. 예컨대 동양화도 여백 없이 빼곡하게 그려지고, 서양화도 때로는 여백을 두기도 한다. 또한 혼합된 기법과 매체들의 사용이 증가됨으로써 동양화와 서양화의 차이가 더욱 사라졌다. 이념적으로 동양화는 주관적 세계, 서양화는 객관적 세계의 형상화에 중점이 있다는 식의 설명도 더 이상 설득력을 갖기 어렵다. 그래서 어쩌면 오늘날 동양화는 화선지 사용을 통해 서양화와의 차이를 유지한다고 말해도 지나치지 않을 듯하다. 물론 화선지는 캔버스에 비해 질감미(texture)가 두드러져 있다는 점에서 화선지에 그려진 그림을 서양화와 구별 짓게 한다. 그러나 이런 소재의 차별성은 궁극적으로는 동양화와 서양화의 차이를 유지시킬 수 없다.

여기서는 동양과 서양을 철학적으로 <자연>과 <인위>로 구분하는 전통에 따라 동양화와 서양화의 차이를 설명하기로 한다. 즉, 미술계에서 동양화는 서양화에 비해 자연성이 더 두드러진다는 인식이 지배적이다. 이 인식은 예컨대 얼핏 서양화처럼 보이지만 동양화를 그리는 화가에게서도 마찬가지로 유효하다.

> 예컨대 박꽃 그림을 그리는 김혜진 작가의 작품세계에서도 위와 같은 인식이 선이해로 작동하는 것으로 보인다. 그렇기에 그녀는 물감을 화선지에 '칠하는 것'이 아니라 '흩뿌려서' 물감을 퍼져나아가게 하고, 그것을 통해 그림의 선과 면 등을 '스스로 그런'(自然) 모습으로 형성하게 한다. 박꽃 그림의 심미적 가치는 그 화법의 자연성에서 가장 동양적, 한국적이며 바로 그 점에서 세계적 가치를 얻을 가능성이 매우 높은 것이기도 하다.

(2) 상호텍스트성과 저작인격의 한계

둘째, 미술작품에도 상호텍스트성(Intertextuality)[25]이 작용한다. 상호텍스트성이란 크리스테바(Kristeva)가 바흐친의 이론을 발전시켜서 정립한 개념이다. 모든 작가는 의식적으로든 무의식적으로든 한 사회에서 말하여지거나 쓰인 타자의 '텍스트'들에 동화되어 이것이 작품에 배어 나올 수밖에 없다는 것이다. 미술은 언어적 텍스트는 아니지만, 시각적 텍스트로서 사회적, 문화적 의미구조의 맥락 속에서 그 의미구조를 형성하는 상호작용을 통해 미술의 의미가 생성된다. 한젬마의 "그림 읽어주는 여자"[26]에서 보듯 그림도

---

25) 이 개념에 대한 자세한 설명으로는 Julia Kristeva, Semiotikè: *Recherches pour une sémanalyse* (Seuil, 1969), 144쪽, 그리고 Peter von Zima, *Textsoziologie. Eine kritische Einführung* (Metzler, 1980), 81~85쪽; 이를 인권문제에 적용한 이상돈, *인권법* (법문사, 2005), 58~60쪽 참조.

26) Arthur C. Danto, 앞의 책, 8쪽.

읽을 텍스트가 될 수 있다. 그림의 시각적 텍스트도 상호텍스트성을 갖는다. 그런 상호작용이 작품(아래 도표의 Wn)의 창작에 개입하는 한에서 그 작품은 이 세상에 없던 것이 완전하게 새롭게 태어나게 된 것이라고 말할 수 없다.

(3) 저작인격의 충돌과 조정

이와 같이 영향사나 상호텍스트성은 어떤 저작물도 완전하게 새로운 것(novum)이라고 볼 수 없게 만든다.

1) 저작권의 귀속점으로서 고유성

바꿔 말해 저작물은 오로지 저작자 개인의 인격이 발현된 결과만으로 볼 수 없다는 것이다. 다른 이들의 인격발현과 그 역사적 축적물들이 알게 모르게 어떤 누구의 작품에서도 구성적인 요소로 작용한다. 여기서 저작인격권이 저작물의 심미적 가치에 대한 판단이나 저작물의 변형이나 훼손에 대한 어떤 관용의 가능성도 남기지 않을 만큼 강한 권리가 될 수 없음을 알 수 있다. 하지만 이와 같은 영향사나 상호텍스트성에도 불구하고 '법적으로는' 자신이 만든 작품이 이전의 작품들에 대해 고유성(창작성 originality)을 갖는 것이라면 그 작품은 그것을 만든 사람(저작자)에게 귀속될 수 있다. 이때 법적으로 귀속되는 권리는 작품에 대한 소유권이나 저작권, 상표권, 디자인권 등을 말한다. 또한 이런 법적 귀속은 어떤 작품의 내용적 동질성을 훼손하는 것을 배제하는 권리(동일성유지권)를 인정하는 데에까지 나아갈 수 있다. 작품을 매입하여 소유하더라도 그 작품의 동일성을 훼손할 수 없다는 것은 그 작품의 예술적 가치의 구성과 판단을 저작자에게 전유시키는 것을 의미한다.

2) 저작인격의 동등성

그러나 전통의 영향사나 상호텍스트성이 언제나 저작활동에 관여한다는 것은 저작활동이란 언제나 다른 사람과 '함께 하는 문화해석'임을 의미한다. 저작자의 문화해석이 갖는 고유성은 유일한 것일 수도 없고, 완전히 새로운 것(novum)일 수도 없다.

㈎ **저작인격의 충돌과 동등** 그러니까 다른 사람은 그 나름의 고유한, 그러나 저작자와는 다른 문화해석을 할 수 있고, 이 다른 문화해석은 새로운 작품으로 표현될 수도 있고, 기존의 저작물을 내용적으로 변경하는 것으로 표현될 수도 있다. 이렇게 생성된 작품도 이전 또는 원래의 작품과는 '또 다른 고유성'(창작성 another originality)을 가질 수 있다. 이럴 경우에는 기존의 작품을

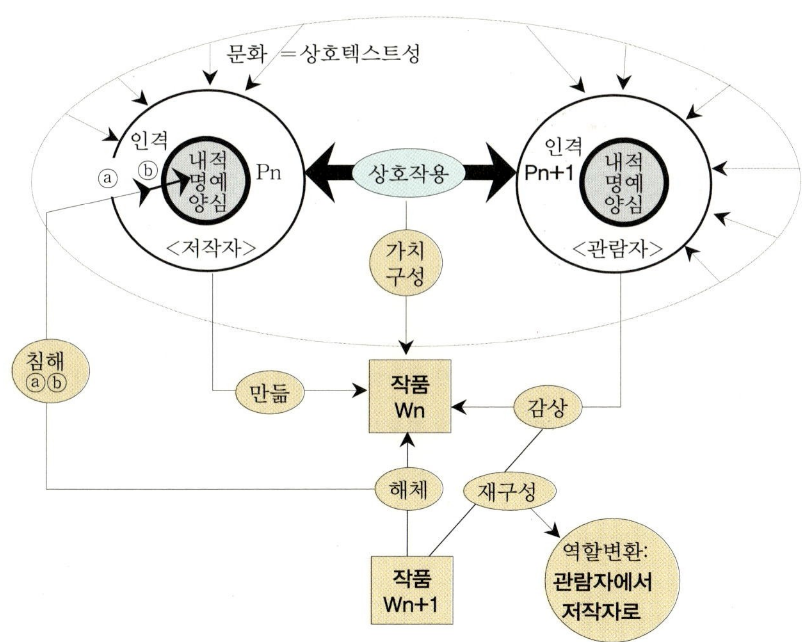

변형하여 새로운 작품을 만들었을지라도 기존 작품의 저작인격권을 침해한다고 볼 수 없다. 왜냐하면 그런 경우에는 기존의 작품에 발현된 원저작자의 인격과 그 작품을 변형한 2차적인 저작자의 인격이 충돌하고 있는 것이고, 어떤 인격(발현)을 다른 어떤 인격에 대해 우월한 것으로 평가할 수 있는 잣대는 지구상에 없기 때문이다.

(나) 동일성유지권의 한계　　그러므로 저작인격권에서 동일성유지권이란 그 동일성을 훼손하는 작품의 변형이 새로운 고유성을 창출하지 않는 한에서만 인정되는 것이라 할 수 있다. 물론 이와는 정반대로 작가의 동의를 받지 않고 그의 작품을 수정한 작품이 원래의 작품과 다른 고유성을 가져오지 않는다면, 원래 작품의 저작인격권에 대한 침해가 인정될 수 있다.

2. 작품의 가치를 구성하는 담론

작품의 생성이 상호주관적이듯, 생성된 작품의 가치도 상호주관적으로 결정된다.

(1) 작품의 가치를 결정하는 사회적 소통

즉, 저작자의 인격이 발현된 결과로서 작품성, 즉 작품의 가치도 개인적 귀속가능성을 결정할 수 있는 기준에 의해 결정되기 보다는 사회적인 차원에서의 소통과정을 통해 생성되기 때문이다. 어떤 그림에 대한 비평가의 가치 부여나 갤러리의 전시 및 판매 프로모션 등은 그림에 대한 미학적 가치를 사회적으로 결정하는 의사소통의 현상이다. 이런 미학적 가치부여는 사람들의 관심을 그 그림에 끌어 모으고, 그 관심이 커짐에 따라 그에 비례하여 그림의 경제적 가치도 커진다. 궁극적으로 시장에서 작품의 가치는 인격을 발현시키는 양식의 특수성이 아니라 그것에 대한 사람들의 관심과 그에 기초한 수요량의 증가에 의해 결정된다. 이런 의미에서 작품의 가치도 작품의 생성과 마찬가지로 작가 개인의 인격(의 발현)에 의해 결정되는 것이 아니라 상호인격적(interpersonal), 상호주관적(intersubjectively)으로 결정되는 것이라 할 수 있다.

(2) 민주적인 미학적 담론

그러므로 한 작품이 부여받는 가치가 정의로운 것이 되려면 그 작품에 대한 미학적 의사소통이 이성적인 것이어야 한다. 여기서 미학적 의사소통의 이성적 수준은 그 작품의 존재론적 특성에 기초한 가치의 절대적 크기에 의해 결정되는 것이 아니다. 미학적 의사소통의 이성은 그 소통이 특정한 개인이나 집단에 의해 지배되는 담론이 아니라 민주적인 담론이 될 때 실현된다. 민주적인 미학적 담론이란 그림에 대한 비평능력이 있는 전문가들 사이의 소통이 — 이념적으로는 하버마스의 이상적인 대화를 더 많이 닮는 것을 의미하지만, 현실적으로는 — 특정한 비평가(세력)나 갤러리 또는 미술품의 구매력이 큰 재력가의 공생적 이해관계에 의해 결정되지 않는 것을 말한다. 이와 같은 작품가치의 상호주관적 구성을 뒷받침하는 법제도는 아직 매우 부족하다.

04 | 미술비평과 법 |

모던미술과 이성법

I 미술사에서 모더니즘

법에서 모더니즘(근대성 modernity)은 근대시민사회의 성립·발전과 함께 성장한 이성법의 철학적 이념을 말한다. 법은 개인의 실천이성이 제도화된 규범들의 체계이다. 이성법에서 개인은 사유(thinking)를 통해 자연(또는 세계)을 지배하고, 이성을 통해 다른 사람과 자유이익을 공평하게 함께 누리는 실천을 할 수 있는 인격적 존재로 그려진다. 이런 근대 이성법의 철학적 이념은 문화 전반에 걸쳐 이성법과 병행적인 현상으로 나타난다. 가령 발레의 성립과 발전은 이성법의 성립·발전과 그 이념적 토대가 같고, 그 상징적 의미구조도 같다.[1] 또한 현대사회에서 이성법의 한계를 넘어서는 법의 자기성찰적 변화로서 포스트모더니즘 법학이 성장하고 있

1) 이 점을 처음으로 자세하게 해명한 이상돈, *법의 춤* (법문사, 2012), 119쪽 아래 참조.

는데, 이 포스트모던 법학과 즉흥춤 또는 브레이크댄스의 내적 연관도 인정할 만하다.[2] 이와 유사한 동치관계가 미술사에서도 성립한다.

1. 모더니즘의 역사적 위치

법의 발전을 전근대(premodernity), 근대성(modernity), 탈근대성(postmodernity)로 크게 구분[3]하는 것처럼 미술의 발전사도 세 단계로 구분할 수 있다.

(1) 단토의 미술사 시대구분

미국의 대표적인 미술비평가이자 미술사가인 철학자 단토(Arthur C. Danto)가 펴낸 *예술의 종말 그 이후*(After the End of Art)는 미술사를 크게 다음 세 시대로 구분한다.

- ① 미술이 예술이 아니라 단지 종교적 이미지를 설명하는 방편이었던 비예술의 시대(~1400년까지)
- ② 예술이 자신의 본질을 추구하는 진보의 역사와 고유한 내러티브(narrative)를 가졌던 예술의 시대(1400년~1960년)
- ③ 미술에서 내러티브가 종말을 고한 탈예술의 시대(1960년 이후)

1) 모던미술

그가 바라 본 예술의 시대는 다시 ②-1 세계를 이미지적으로 재현하는 미술의 프리모던(premodern) 시대('바자리적' 에피소드)와 ②-2 미술의 가능조건을 표현하는 모던(modern) 시대('그린버그'[4]

---

2) 이에 대해 자세히는 이상돈, *법의 춤* (법문사, 2012), [5], [6] 단락 참조.

3) 이런 구분을 나는 일찍이 *형법의 근대성과 대화이론* (홍문사, 1994)에서 처음 시도한 바 있다.

4) 그린버그(Greennberg)는 우리나라에서도 모던미술의 비평에서 가장 중요한

에피소드)로 구분한다. 내가 이 글에서 근대 이성법과 내밀한 연합을 맺고 있는 미술의 패러다임으로 바라보는 것이 바로 이 모던미술이다. 그에 의하면 대략 마네(Manet)에서부터 낭만주의, 인상주의 그리고 고흐(Gogh)나 고갱(Gauguin)을 지나 세잔(Cezanne)과 같은 작가에 이르는 시대이다. 모던미술은 정확히는 모더니즘 미술을 말하며, 우리나라 서양미술사학계에서는 근대미술이라고 부르기도 한다.5)

2) 탈역사적 미술

그리고 단토가 말하는 탈예술의 미술(탈역사적 미술 posthistorical art)이란 '추상표현주의'에 종말을 고한 것으로 보이는 현상들, 즉 1962년부터 등장한 이른바 '양식의 발작'이라고 할만큼 현기증 나는 속도로 출현한 다양한 현대미술의 흐름들을 가리킨다. 이에는 색면회화(color field-painting), 하드에지추상(hard edged abstraction), 예술작품이 사물존재과 구별되는 특별한 방식의 부존재를 믿는 프랑스의 신사실주의(French-neorealism), 리히텐슈타인으로 대표되는 팝아트(pop art), 앞서6) 언급했던 곤잘레스 토레스(Felix Gonzalez-Torres)로 대표되는 개념미술(conceptual art)7) 등이 속한다.

인물로 인정받고 있다. 최근에는 해롤드 로젠버그의 비평이론도 중요한 이론으로 소개되고 있다. 특히 김히영, *해롤드 로젠버그의 모더니즘 비평* (한국학술정보, 2009)를 들 수 있다.

5) 근대미술을 19세기 중반부터 20세기 중반까지, 인상주의부터 추상미술까지의 약 백년간을 가리킨다고 보는 김현주, "국내 서양미술사학의 확장", *역사학보* (제211집, 2011.9). 특히 365쪽 아래; 비슷하게 우리나라에서 근대미술의 확립은 1910년대부터 1950년대까지로서 우리나라 화단에서 서양은 근대의 모델로 인식되었다고 보는 김영나, "선망과 극복의 대상: 한국 근대미술과 서양미술", *서양미술사학회 논문집* (제23집, 2005.6), 89~125쪽 참조.

6) 앞의 [3]단락의 III.2. (1). 2) 참조.

7) 1960년대 중반까지의 색면추상이나 팝아트, 미니멀리즘을 지나 반(反)모더니즘적, 반(反)미니멀 형식에 기반을 둔 1960년대말(특히 문화혁명의 상징적 해인

2. 미술사와 법의 불연속적 진보성과 중층적 연속성

(1) 불연속적 진보성

단토는 이 세 시대의 역사적 관계를 '불연속적'(또는 단절적)인 "진보적 발전"[8]으로 바라본다. 즉, 미술역사의 발전이 더 나은 미래를 향한 일차선형적인(→) 그리고 패러다임이 변화하는 발전이라고 보는 것이다.

1) 미술의 진보역사

예컨대 미술의 예술적 내러티브가 (모더니즘 이전의 예술시대에는) 더 정확한 재현의 기법이 개발되는 것에서 (모더니즘의 시대에는) 예술의 본질이나 회화의 가능조건에 대한 철학적 자기의식(self-consciousness)의 생성과 진전으로 넘어가는데,[9] 이 과정은 비록 불연속적이지만, 진보적이 발전이 된다는 것이다. 물론 미술의 주체로서 미술을 창작하고 향유하는 자유가 역사적으로 계속 증대[10]하고 있다는 점에서는 적어도 이와 같은 미술의 역사를 진보적인 발전

1968년)부터 1970년대까지 포스트미니멀리즘이라고 묶일 수 있는 모든 미술경향을 포괄적으로 개념미술로 정의하기도 한다. 이런 이해로 전혜숙, "미술개념의 변화와 미국의 1968년: 개념미술의 등장을 중심으로", *미국사연구* (제28집, 2008), 149~150쪽.

8) Arthur C. Danto, *After the End of Art* (Princeton University Press, 1997), 43, 61쪽.

9) Arthur C. Danto, 앞의 책, 65~66쪽. 이러한 단토의 생각은 Clement Greenberg의 이론과 같은 것이다.

10) 이 점은 앞의 [3]단락에서 미술의 주체로서 화가가 점점 더 많은 법적 권리를 귀속받게 되어, 마침내는 자신의 작품이 다른 사람에 의해 소유되더라도 그 작품에 어떤 변형도 가하지 못하게 하는 권리라는 저작인격권(동일성유지권)을 누리게 된 발전으로 설명한 바 있다. 이를 도덕적 권리(moral rights)라고 표현하는데, 이 개념의 함의 역시 화가의 주체적 지위를 자식에 대한 아버지의 지위(父性)와 같은 것으로 가리킨다.

이라고 말할 수 있을 것이다. 단토는 그의 시대구분을 마치 '처음에는 한 사람만 자유롭고, 다음에는 소수의 사람들이이 자유로우며, 마침내 그의 시대에 와서 만인이 자유롭다'고 하는 헤겔(Hegel)의 거대한 정치적 내러티브에 견줄 수 있다고 보았다.[11]

2) 법의 진보역사

그러므로 이성의 필연적인 역사적 발전은 법의 근대적 발전과 미술의 발전에 동치적으로 나타나고 있다고 볼 수 있다. 근대사회 이전의 법체계에서 '신분'이 법의 기초였다면 근대 이성법에서는 '계약'이 법의 기초가 되었다. 계약은 개인에게 자유를 공평하게 최대로 향유할 수 있게 하는 법형성의 기제이다.[12] 그리고 현대사회에서 계약적 사고를 넘어서서 사회체계(social subsystem)의 '기능'을 통해 개인의 자유와 생존을 배려하게 됨에 따라 법의 패러다임은 계약에서 기능으로 변화했다고 볼 수 있다. 이처럼 신분, 계약, 기능은 전혀 다른 법의 카테고리이기 때문에 각각의 카테고리가 중심된 법의 형성과 발전은 패러다임의 변화라고 파악할 수 있고, 그 변화는 인간의 자유를 증진시키는 발전의 변화라고 볼 수 있다.

(2) 중층화된 연속성

하지만 예술의 패러다임들 상호간에는 명확한 단절이나 전복이 존재하더라도 현재 하나의 예술 작품에 세 가지 예술패러다임이 동시적으로 존재할 수 있음을 간과해서는 안된다. 그러니까 현대미술은 오히려 '비동시적인 것의 동시성'(the contemporaneity of uncontemporary)[13]의 미술인 경우가 더 많다.

11) Arthur C. Danto, 앞의 책, 47쪽.
12) 이런 설명으로 이상돈, *로스쿨을 위한 법학입문* (법문사, 2009), [3](계약) 단락 참조.

1) 미술역사의 중측적 연속성

가령 모던미술의 자기반성적인 정점인 추상표현주의 회화에서도 종교적 이미지는 읽혀질 수 있고,[14] 개념예술과 같은 포스트모던미술에서도 비예술시대의 미술처럼 종교적 이미지나 예술시대의 미술처럼 내러티브가 여전히 존재할 수 있다. 작품의 이런 중층적 차원은 무엇보다 예술이론이나 비평이론의 체계내적 관점에 머무르지 않고, 정신분석학적 비평을 끌어들일 때 더욱 더 잘 드러난다. 그러므로 단토가 말하는 비예술, 예술(프리모던미술과 모던미술), 탈예술(포스트모던미술)은 미술작품이 아름다움을 구성하는 방식의 패러다임적 차이로서 서로 배타적이거나 불연속적인 역사적 발전의 선후관계를 이루는 것이 아니라, 하나의 작품을 구성하는 중층적인 미학적 차원을 이루는 것이라고 볼 수 있다.[15]

---

13) 이를 복합적 중층결정(complex overdetermination)이라 개념화하기도 한다. 중층결정 개념에 대해 자세히는 김형효, *구조주의의 사유체계와 사상* (인간사랑, 1999), 533~534쪽 참조.

14) 가령 Barnett Newman, *Who's Afraid of Red, Yellow and Blue* (1966)에 대해 독일대학생이 손괴를 시도한 것도 우상파괴의 성격을 띨 수도 있고, 독일 국기와 히브리즘적인 신성성 사이의 경계를 넘어서는 비체(abject)를 상징하는 것일 수도 있다. 이런 해석에 대해 자세히는 앞의 [2] 단락의 I.2. 참조.

15) 이와 비슷하게 한국의 근대미술시대를 일반적으로 갑오경장부터 1940년대까지 약 60년으로 보는 것과 달리, 전통미술사와 근대이후 미술사를 분리하지 않고, 즉 전근대와 근대를 통합하여 근대미술의 역사적 연속성을 바라보야 한다는 견해로 홍선표, *한국근대미술사 — 갑오개혁에서 해방시기까지* (시공사, 2009)를 들 수 있다. 이런 통합적 관점은 타당하지만, 우리사회에서 탈근대미술이 1940년대 이후에 이미 시작되었다고 말할 수 있을지는 매우 의문이다. 회화로 표현되는 사유적 주체(cogito)의 성장이 1980, 90년대까지도 충분히 이루어졌다고 볼 수 없기 때문이다.

		양식 패러다임	작가(주체)	내러티브	법현상
비예술시대 (~1400년)		종교적 이미지의 설명	예술가 부존재	부존재	로마법 교회법, 게르만부족법 근대법의 성장
예술시대	바자리적 에피소드(1400~1900년)	세계의 시각적 (모방적) 재현	르네상스 시대의 인문주의적 작가	역사진보의 내러티브	
	모더니즘 그린버그 에피소드(1900~1960년)	미술의 (선험적) 가능조건에 대한 자의식의 (모방적, 양식적) 표현	의식철학자 같은 미술가	미술과 비미술을 구분하는 내러티브	근대법의 완성
탈예술시대 포스트모더니즘 (1960년~)		비평(=양식을 사용하는 양식)적 구성	작가의 죽음과 다원적 사상과 비평의 주체화	내러티브의 종말 (→예술의 종말)	법다원주의, 법의 통일성 해체

2) 법의 중층화된 연속성

이런 '비동시적인 것의 동시성'은 법에서도 마찬가지이다. 위 표에 정리해 놓은 것처럼 가령 서구사회에서 법의 대강의 발전은 로마법으로부터, 교회법과 게르만부족법이 지배하던 중세시대의 법, 그리고 근대 법전의 형성과 실질법의 발전을 거쳐, 현대사회의 법, 특히 법다원주의(legal pluralism)와 절차주의적 법제의 성장으로 나아가는 과정이라 볼 수 있다. 이 발전사도 한편으로는 인간의 자유증진이라는 진보를 가져온 패러다임의 변화이지만, 다른 한편으로는 현대사회의 법체계에 중층으로 퇴적되어 있다는 의미에서 그 연속성을 말할 수 있다. 이 중층적 연속성을 전방위적으로 세부적인 사항에 대해서까지 해명하는 작업은 불가능할 뿐만 아니라 이 책의 목적도 아니다. 특히 중세법의 연구는 매우 제한적이기 때문에 더욱 그러하며, 또한 근대사회 이후의 법의 발전에서 중층적 연속성은 내가 다른 책에서[16] 상세히 설명한 바 있다. 그러므로 여기서는 미술과 법, 각각이 말하는 모더니즘의 내적 연관을 밝히기 위한 보조적인 논의로서 법발전의 중층적 연속성을 이해하는 것만으로 충분할 것이다.

중층적 연속성의 한 예를 든다면, 오늘날 다원주의사회에서 매우 중요한 법원리인 관용을 들 수 있다. 오늘날 관용원칙(Toleranzprinzip)이 민주적 법치국가에서 가장 중요한 원칙의 하나라는 점에는 의문이 없다. 그러나 이 관용은 중세의 스콜라신학과 교회법에서 발달된 사법적 개념[17]이라는 점에서 법의 전근대라는 역사적 지층에 이미 퇴적되어 있었으며, 법인류학적 연구를 배후에 둔 법다원주의적 관용(예: 이슬람교도의 히잡에 대한 관용)[18]과 같이 20세기 후반의 탈근대적 지층으로 이어지고 있다.

Ⅱ 모던 미술의 특징과 근대 이성법의 내밀한 연관

1. 모던미술의 구조적 특징

그러면 모던미술이란 무엇인가? 법학자가 이를 정확하게 설명한다는 것은 불가능하며 부적절하기까지 하다. 여기서는 미술사의 대가인 단토의 모던미술에 대한 철학적 이해를 나의 법철학적 이

16) 이상돈, *기초법학* (법문사, 2012), [13]단락 참조.

17) Istvan Bejczy, "Tolerantia: A Medieval Concept", *Journal of the History of Ideas* (Vol. 58, No. 3, 1997), 365~368쪽; 이 점을 중세문학에서 설명하는 신우석, *중세시대의 종교적 관용의 발전* (고려대 석사학위논문, 2012) 참조.

18) 이에 관해 자세히는 정채연, "유럽사회에서 다문화정책의 현황과 관용의 한계", *단국대 법학논총* (제36권 제1호, 2012), 325~271쪽 참조.

해와 그 지평을 혼융시키면서 설명해보기로 한다.[19]

(1) 사유적 주체성

단토가 바라본 모던미술을 한 마디로 정의하라고 하면, 아마도 '모던미술이란 칸트(Kant) 철학과 같은 의식철학의 심미적 버전이다'라고 말할 수 있을 것이다. 칸트가 지식의 가능조건을 물었듯이 모던미술의 화가도 회화의 가능조건을 묻는다는 것이다.

1) 양식에 대한 성찰

모던미술의 내러티브는 회화가 그 고유성을 연역해낼 수 있게 하는 회화의 조건, 칸트의 언어를 빌리면 회화의 비판에 대한 자의식(self consciousness)의 발전에 관한 것이다. 이런 모던미술의 흐름은 대표적으로는 미술계의 칸트라고 불리는 마네(Manet)[20]에서 시작하여 낭만주의나 인상주의 화가를 거쳐 1880년 후반의 반 고흐와 고갱 그리고 세잔에 이른다. 인상주의에서 극명하게 드러나듯 모던미술은 화가의 의식이 지배하는 감각에 따른 세계의 경험을 마치 세계 그 자체인 것처럼 절대화하여 주체적으로 표현한다. 이를 위해 단순히 세계를 모방하여 정확하게 재현하는 것이 아니라 '재현의 수단과 방법에 대한 성찰'이 중요하게 된다. 가령 '오일 온 캔버스'(oil on canvas)는 나무 등으로 지지대를 만들고 그 위에 특수한 재질의 천을 댄 다음 유성 용재로 용해시킨 안료로 붓질하여 이미지를 생성시키는 방식이다. 오일 온 캔버스를 모던미술의 중요한

---

19) 특히 여기서 언급하는 모던미술의 구조적 특징은 단토의 이론이며, 그 세부적 설명은 나의 이해와 해석에 의한 것임을 미리 밝혀둔다.

20) 마네가 이전의 미술과 확연히 구분되는 근대미술의 선구자임을 옹호한 미술비평가로 졸로(Zola)의 이론세계와 그의 마네에 대한 비평의 내용을 자세하게 정리한 글로 손경애, "미술비평가 졸라와 마네: 근대성을 향한 두 혁명가", *한국프랑스학논집* (제68집, 2009), 439~458쪽 참조.

질료적 특성으로 바라보는 이유는 그것을 통해 화가는 이미 칠한 붓질에 주관적 감각으로 만족할 때까지 다른 붓질을 더 가함으로써 사물의 재현을 사유적으로 통제하고 지배할 수 있게 되기 때문이다.

2) 예술과 예술양식의 동치

이로써 화가는 — 마치 데카르트의 '사유하는 주체'(cogito)처럼 — 사유하듯 그림이 세계를 재현하는 양식을 의식화하고, 그렇게 의식화된 양식에 의해 세계에 대한 자신의 경험을 주체적으로 표현할 수 있게 된다. 그래서 단토는 모더니즘은 시종일관 예술의 불변적 본질을 하나의 예술양식과 동일시하고, 그 외의 것들은 옳지 않은 것이라고 선언하는 '선언의 시대'(age of manifestos)를 이루었다고 본다.[21] 선언의 시대에서는 예술과 비예술은 날카롭게 구별된다.

(2) 시각적 이미지의 즉각적 향유

모던미술처럼 양식과 기법이 두드러지게 되면, 그림의 지향점은 인상주의에서 잘 드러나듯이 '시각적 이미지'의 극대화로 향하게 된다. 여기서 주의할 점은 양식의 의식화가 곧 철학적 사상이나 관념의 구현을 뜻하지 않는다는 것이다. 그것은 오히려 포스트모던미술의 특징을 이룬다. 그렇기 때문에 단토는 인상주의 그림을 어떤 철학도 필요로 하지 않는 순수한 (시각적) 즐거움에서 바라본다.[22] 인상주의 그림에서 누리는 쾌락은 단토가 보기에 의식철학의 정점에 있는 헤겔(Hegel)의 '즉각적 향유'(immediate enjoyment)에 견줄 수 있는 것이다. 다시 말해 모던미술은 빛과 그림자 사이의 자연적 차이들을 갖고 시각적 외관을 정복하는[23] 의식의 (자연 모방적) 표

21) Arthur C. Danto, 앞의 책, 28~29쪽.
22) Arthur C. Danto, 앞의 책, 33쪽.
23) Arthur C. Danto, 앞의 책, 55쪽.

현인 것이다. 모던미술은 사유를 시각화하는 것이 아니라 시각을 사유화하는 것이다.

(3) 순수성과 환원주의

모더미술은 회화를 회화로 존재하게 하는 것 이외의 모든 것을 배제함으로써 순수성을 지향한다.[24]

1) 평면성과 정면성

그렇기에 입체주의에서 보이는 바와 같이 삼차원적 공간의 사용은 회화의 순수성을 훼손하는 것이며, 따라서 모던미술은 특히 그린버그(Greenberg)에 의하면 원칙적으로 '평면성'(flatness)과 정면성(frontality)을 유지해야 한다. 여기서 평면선이란 입체성과의 대비 속에서 그 의미가 이해될 수 있다고 한다. 예컨대 평면성과 입체성은 마치 사물을 사진에서 볼 때와 3차원 공간에서 실물을 볼 때의 차이, 또는 일반 영화(또는 디지털영화)와 3D영화를 볼 때의 차이에 대비될 수 있다. 따라서 그린버그에 의하면 모던미술의 화가들은 일상경험의 주제보다는 자신의 예술적 기교(craft)나 그 매체(medium)에 더 관심을 갖게 되었다고 한다. 정면성이란 인물이나 물체를 캔버스와 평행한 면으로 구성하는 것을 말한다.

2) 붓질의 중요성

이처럼 그린버그에 의하면 모던미술을 이끈 예술적 충동은 "그림을 상대적으로 무차별적인 표면으로 환원(reduce the picture to a relatively undifferentiated surface)하는 경향"[25]에 있었다. 이처럼

24) Arthur C. Danto, 앞의 책, 69쪽.
25) Greenberg, "The Crisis of the Easel picture" (1948) (http://mysite.pratt.edu/~morourke/common/Critical Paradigms/GreenbergCrisis.pdf) 참조.

평면과 정면으로 환원된다는 점에서 다른 예술과 구별되는 매체의 고유성을 갖는 모던미술에서는 캔버스에 주관적 감각경험을 다양한 시각적 이미지로 옮겨 놓는 '붓질'이 중요해진다. 그렇기 때문에 색면회화(color field painting)는 이런 모더회화의 평면성을 극대화하는 양식이라 할 수 있다. 그 극대화는 이성을 이성적인 것으로 다시 성찰하는 작업과 같다.

3) 사진과 모던회화의 차이

사진기의 발명은 모더니즘 이전 시대의 회화들, 자연을 모방적으로 재현하는 회화의 시대를 종결지을 수는 있어도, 모던미술을 종결짓지는 못한다. 왜냐하면 사진에는 주관적 감각경험을 다양하게 시각화하는 붓질의 느낌이 없기 때문이다. 또한 바로 그런 점에서 사진은 오랜 세월 미술로서 인정될 수가 없었던 것이기도 하다. 이와 같이 모던회화를 다른 예술과 구분짓게 하는 매체 중심성은 화가(주체)의 극대화된 자기의식이 비정신적인 것, 즉 시각적 이미지로 전이된 결과라고 할 수 있다.

4) 자연의 모방

하지만 모던미술도 비록 세계를 있는 그대로 '재현'하는 것은 아니지만, 자연을 '모방'(mimesis)한다는 점에서는 변함이 없다.

㈎ 자연과 내면의식의 상호침투 루카치가 말하는 미메시스의 철학적 의미로서 현실의 본질적 특성을 그려내면서도 현실과 구별되는 새로운 현실을 창조하는 것[26]은 모던미술 이전에는 두드러지지 못했고 인상주의 회화와 같은 모던미술에 와서야 비로소

26) 미술에서 루카치의 미메시스 이론이 갖는 의미를 자세히 밝힌 이원숙, "미메시스(Mimesis)로서의 문학과 미술 - 루카치미학의 리얼리즘을 중심으로", *철학논총* (제59집 제1권, 2010), 223쪽 아래 참조.

뚜렷해졌다. 가령 고흐(Vincent van Gogh)의 <별이 빛나는 밤(The Starry Night)>을 보면 자연을 모방적으로 그리면서도 자연의 색채와는 무관한 색상을 사용한다. 이로써 화가 개인의 주관적 감정, 가령 불안과 혼돈의 실존적 상황이 표현되고, 그것을 통해 자연과는 또 다른 자연의 이미지가 생성되고 있다. 이런 모던미술의 양식적 특성에 의해 내면의 세계는 자연 속으로 객관화되며, 거꾸로 자연은 내면의 옷을 입게 된다.

Vincent van Gogh, The Starry Night, 1889)[27]

(나) **미술의 원천으로서 자연** 그러니까 회화의 순수성에서 자연은 괄호쳐지는 것이 아니라 양식적으로 순수하게 환원되어 표현되어야 할 콘텐츠의 원천으로 의연하게 그 위치를 지키고 있는 것이다. 그렇기에 모던미술의 끝지점에 있는 추상미술을 개척한 칸딘스키(Wassily Kandinsky)도 이렇게 말한 바 있다. "추상적인 회화는 자연의 모습과는 거리가 멀지만, 자연의 법칙에서 분리된 것은 아니다.… 예술은 우주의 법칙과 직접적인 관계를 맺고 있을 때, 그리고 그 법칙을 따를 때에만 위대해질 수 있다."[28] 거꾸로 추상미술과 그 이전의 모던회화 사이의 차이도 추상성의 정도에 불과한 차이라고 이해할 수도 있다. 어떤 모던회화도 자연을 사진처럼 재현하지는 않고, 자연에서 어떤 부분은 생략하고, 잘라낸다는 점에서 라틴어 추상(abstrahere)의 개념에 해당한다. 추상미술의 추상은 그 추상화의 정도가 강하여 "자연의 가시적 현상을 몰각하

27) 그림사진은 구글(http://www.google.co.kr)의 이미지 검색에서 나온 사진을 퍼옴.

28) *ABC북맛보기 사전 미술과 문학* (도서출판 창해, 2012), 칸딘스키 바실리 편에서 인용함.

는 가운데, 몰(沒)대상적인 형성에 도달"[29]한 경우를 말한다. 이 점에서도 추상미술은 모던회화를 벗어난 것이 아니라 그 끝점에 있는 것이다. 그런 극도의 추상화 방식은 근대적 이성에 대한 반성의 회화적 표현이라 할 수 있다.

(4) 모던미술의 반성

이상과 같은 특징으로 파악되는 모던미술은 세계대전을 계기로 반성적으로 변화하게 된다.

1) 칸딘스키의 추상회화와 평면성 · 모방성의 반성

양식적 특성으로 보면 평면성을 해체하는 입체주의나 재현적 모방이라는 양식을 포기하는 추상미술은 모더니즘 미술의 한계를 반성하고, 그 양식적 특성을 뛰어넘는 표현을 보여준다. 이런 모던미술의 변화는 사유하는 주체가 지배하는 감각의 세계가 직면한 세계대전과 인종학살과 같은 반인간적 역사현실에 대한 미학적 반성, 즉 이성의 자기부정에 대한 반성이라고 할 수 있다. 따라서 입체주의나 추상미술은 모던미술의 철학적 자기반성이며, 추상표현주의는 그 반성의 끝점에 서 있는 것이다. 자신이 살던 시대에서 칸딘스키(Kandinsky)는 미래시대의 회화는 대상의 재현으로부터 자유로운 추상회화, 특히 비기하학적인 추상화, 그러니까 "외관적으로는 캔버스 위에 무작위적으로 흩어져, 서로 간

Wasily Kandinsky, Composition IV 1911[30]

29) 민주식, "추상미술의 미학적 원리: 개념과 장르적 특성을 중심으로", *미술사학보* (제34집, 2010.6), 6쪽.

30) 그림사진은 http://www.ibiblio.org/wm/paint/auth/kandinsky/kandinsky.comp-4.jpg에서 퍼옴.

에 아무런 관계가 없는 요소들로 이루어진 것처럼 보이지만 그림으로부터 무의식 중에 현현하여 눈보다는 영혼에 의해 파악될 수 있는 숨겨진 유형의 것"을 지향할 것이라고 전망하였다.[31] 무의식 중에 현현하는 이미지를 생성시킨다는 점에서는 추상미술이 포스트모던미술의 단초를 갖고 있음을 보여준다. 하지만 추상미술은 무의식이 아니라 자아(cogito)의 주체적 표현을 지향한다는 점에서 여전히 모던미술로 남아 있다.

2) 잭슨 폴록의 흩뿌리기와 사유적 주체성의 반성

모던미술에서 시각적 이미지를 다양하게 만드는 붓질은 잭슨 폴록(Jackson Pollock)의 액션페인팅(action-painting)에 의해 대체된다. 폴록은 넓은 화면 위에 이리저리 계획없이 움직이면서 물감을 화면 위에 '흘림'(Dripping) 또는 흩뿌림으로써 우연적으로 그림이 생성되게 하였다. 흔히 폴록은 모던미술의 극점인 추상표현주의에 속하는 것으로 이해된다. 하지만 그의 액션페인팅은 주체가 지배하는 감각의 이미지화를 좇지 않는다. 폴록의 그림에서 주체는 이미지가 형성되는 단순한 계기일 뿐이고, 시각적 이미지는 주체의 감각적 경험이 지배한 결과가 아니라 단지 우연적 결과이다. 이 우연적 결과는 주체가 지배한 감각적 재료의 미학적 산물이

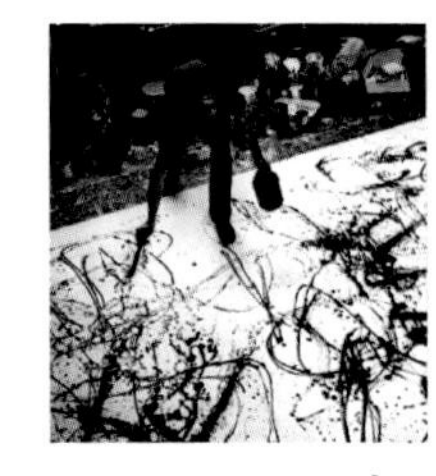

Jackson Pollock의 Dripping[32]

31) 이 칸딘스키의 말은 칸딘스키의 추상회화가 쇤베르크의 무조음악에서 불협화음(Dissonanz)의 회화적 표현으로 바라보는 윤희경, "쇤베르크의 무조음악과 칸딘스키의 추상", *서양미술사학회논문집* (제32집, 2010.2), 203~231쪽, 특히 216쪽에서 재인용된 것임. 원출처는 Vasily Kandinsky, *Über das Geistige in der Kunst* (Bern, 1952), 129~130쪽 참조.

32) 사진은 구글(http://www.google.co.kr)의 이미지 검색에서 나온 사진을 퍼온 것임.

아니며, 주체의 사유와 기획을 넘어서는 의미에 대한 지향성을 수반하기 쉽다. 그렇기 때문에 잭슨 폴록의 액션페인팅은 그의 짧은 삶의 시대(1912~1956)에도 불구하고 포스트모던 미술의 단초를 이뤘다고 할 수 있다.

> [모던미술과 포스트모던미술의 접점에 있는 현대 동양화] 여기서 현대 동양화의 특성을 바라볼 필요가 있다. 박꽃 그리는 화가 <김혜진>의 작품은 서양의 모던회화의 정점에 있는 색면회화와 잭슨 폴록의 흘리기가 교묘하게 융합되어 있다. 한지의 재질은 회화의 평면성과 한지의 질감(texture) 위에서 움직이는 붓질에 의한 시각적 다양화를 가져오면서 동시에 한지라는 재료로부터 연원되는 흩뿌리기와 유사한 물감의 퍼짐을 통하여 의미를 구성하게 한다. 그렇기에 현대의 동양화는 한지라는 재료와 흩뿌리기라는 방법을 통해 재료의 미학(materialist aesthetics)과 의미의 미학(aesthetics of meaning)을 통합한다고 할 수 있다. 이런 점에서 김혜진의 박꽃그림은 서양회화에서 모더니즘의 끝과 포스트모더니즘의 시작이 접점을 이루는 그 지점에 위치한다고 할 수 있다.

2. 근대 이성법의 미술적 특징

근대 이성법은 앞서 고찰한 모던미술의 미학적 특징을 공유하고 있다. 이는 마치 근대 이성법이 발레의 미학적 특징을 공유하고 있는 것과 병렬되는 현상이다.

(1) 거대사적 내러티브로서 법의 계몽적 과제

첫째, 모던미술이 예술의 본질을 추구함으로써 진보의 역사를 구성하는 내러티브를 갖고 있는 것처럼, 근대 이성법도 법을 통해 인간과 인류사회의 진보를 지향하는 내러티브를 갖고 있다. 사실

이성법의 내러티브적 성격은 긴 설명을 필요로 하지 않는다. 계몽(Aufklärung)의 정치철학에 바탕을 둔 사회계약이론이 바로 근대 이성법의 철학적 후견인이기 때문이다. 그렇기에 이성법은 인류역사가 계몽의 역사, 즉 인간의 자유와 평등이 역사적으로 발전을 거듭해가는 역사에 대한 믿음 속에서 그 믿음을 따라 발전해가는 존재로 기획된 것이다. 이는 모던미술의 거대사적 내러티브와 전혀 다르지 않다. 다시 말해 인간이성에 대한 신뢰와 역사의 진보에 대한 믿음에 기초한 거대사적 내러티브가 규범적으로 표현된 것이 이성법(근대법)이고, 미학적으로 표현된 것이 모던미술이라고 할 수 있다. 이런 역사인식은 포스트모던 사회에서도 그리고 비서구권에 대해서도 여전히 유지되고 있다.[33]

	모던미술	근대 이성법
①	내러티브(narrative) 진보적 발전의 거대사	계몽의 역사와 법의 진보
②	의식이 지배하는 감각의 주체적 표현	실천이성의 법
③	양식성(style) 재현의 양식에 대한 성찰	권리의 체계성
④	(이미지적) 시각성(visuality)	시각성의 소멸 (텍스트로 환원된 시각성)
⑤	평면성(flatness)과 정면성(frontality)	자유의 수평적 평등성 (수직적 불평등의 외면)
⑥	모방성(mimesis)	법존재론(자연법)

33) 그렇기 때문에 사회철학자 하버마스는 동구공산주의국가가 몰락했을 당시에 그 국가들에 대해 '계몽의 역사를 만회하는 혁명'(nachholende Revolution)이 요구된다고 말하기도 했다. Habermas, *Die nachholende Revolution* (Suhrkamp, 1990) 참조.

(2) 사유적 주체성으로 실천이성의 법

모던미술이 화가가 자연에 대한 자신의 감각적 경험을 주체적으로 표현하고, 이를 위해 그림의 매체(예: 캔버스 온 오일나 붓질)에 대해 성찰하는 것처럼, 이성법은 이성의 주체가 인간의 내적 자연(예: 충동적 본능)을 주체적으로 지배하고, 이를 위해 법이라는 매체(예: 근대법전)에 대해 — 이를테면 사회계약이론에 의해 — 성찰한다. 이로써 사유적 주체성은 모던미술과 근대법에 공통된 특성으로 자리 잡는다. 또한 모던미술이 예술적 양식을 통해 예술과 비예술을 구별하는 선언을 하듯이, 이성법도 계약이라는 양식에 담길 수 있는 규범과 그렇지 못한 규범을 법과 비법으로 구별하는 선언을 한다고 말할 수 있다. 예술의 본질이 모던미술의 양식으로 환원되듯이, 법의 본질이나 흔히 법의 본질을 가리키는 대명사였던 자연법은 법전이나 보통법(common law)으로 환원된다.

(3) 시각성

모던미술이 인상주의에서 보듯이 시각적 이미지의 극대화를 지향하는데 비해, 이성법은 이미지(image)가 매우 절제된 법[34]이다. 이것은 근대법의 성장 이래로 법의 규범적 내용이 텍스트 속에 담겨진 전통의 결과이다. 법의 텍스트화는 법의 양식에 대한 의식화의 산물이다. 이성의 법은 대륙법계에서는 법전화(codification)에 의해 그리고 영미법계에서는 — 드워킨(Dworkin)이 말하듯이 마치 연작소설(chain novel)[35]과 같은 — 판례들에 의해 텍스트화되었다.

34) 이를 두지나스(Douzinas)는 "미학적 금욕주의"(aesthetic abstinence)라고 부른다. Costas Douzinas, "Sublime Law: On Legal and Aesthetic Judgements", *Parallax* (Vol. 14, No. 4, 2008), 19쪽 참조.

35) 드워킨의 연작소설론에 대해서는 R. Dworkin(장영민 역), *법의 제국(Law's Empire)* (아카넷, 2004), 325~330쪽 참조.

이때 법텍스트의 의미는 실제세계의 개별존재들이 보이는 감각적 특징들을 초월하는 이념적 요소들에 의해 '존재론적으로'(ontologisch) 구성된다. 이와 같은 법의 텍스트적 성격은 비록 이미지를 제거하는 것이지만, 시각성은 여전히 유지하게 만든다. 그래서 법이 보여주는 시각성을 '텍스트적 시각성'이라고 부를 수 있다. 텍스트적 시각성은 합리적으로 사유하는 주체의 법의식을 외부화하는 핵심적 수단으로 기능한다. 이처럼 시각성이 의식을 외부화하는 수단이 되는 이유는 의식의 작용은 글로 외부화되고, 글을 보고 읽거나 들음으로써 의식과 글 그리고 시각과 청각은 하나가 되기 때문이다. 바로 그런 점에서 시청각교육이란 말이 성립한다.[36] 다시 말해 텍스트적 시각성에서 말하는 시각은 청각과 함께 — 촉각이나 후각과는 달리 — 이성의 중심을 이루고 있는 의식의 지배를 받는다.[37] 이렇게 볼 때 법의 텍스트적 시각성이 갖는 의미는 모던미술의 이미지적 시각성이 갖는 의미와 같다고 할 수 있다.

(4) 양식성으로서 이성법의 기하학적 구조

이성법은 권리와 의무의 체계이다. '기하학적 조형미'는 근대법의 정당성을 마련해주는 미학적 가치이며, 이 미학적 가치는 모던미술과 같은 재현의 수단과 방법에 대한 성찰, 즉 양식(style)에 대한 성찰에 견줄 수 있다. 예컨대 내칭싱(symmetry)이나 균형성(비례성 proportionality) 그리고 정합성(coherence) 등은 이성법의 정당성을 떠받들고 있는 원리들이다. 이성법으로서 근대 법전법의 패러다임을 이룬 판텍텐시스템은 이런 양식에 대한 성찰의 극단을 보여준다. 판덱텐 시스템의 법이란 실제사건들이 가질 수 있는 다양

36) 이상돈, *법의 춤* (법문사, 2012), 144쪽.
37) 이상돈, *법의 춤* (법문사, 2012), 142쪽.

한 불법의 유형적 본질을 '분석적 방법'[38]으로 여러 측면[斷片]들로 쪼갠다. 이를테면 매매하는 행위는 법률행위의 측면과 채권행위의 측면, 특정한 계약유형의 측면 그리고 불이행시(특히 적극적 채권침해)에는 불법행위의 측면으로 쪼개져 각기 다른 법규정에 의해 규율된다. 형사법도 범죄행위가 가질 수 있는 다양한 불법의 유형적 본질을 재산, 업무, 사생활의 비밀, 문서거래의 신용성, 공무의 수행 등과 같은 법익으로 쪼개어 규율한다. 그러면서도 민법전과 형법전의 각 규정들이 사안을 규율하는 이념이나 가치는 다른 규정들의 그것과 하나의 정연한 논리적 체계를 형성함으로써 법의 통일성이 성취된다. 이로써 법체계는 세분화된 권리와 의무의 정교한 체계가 된다. 이처럼 근대 이성법은 자신이 실존하는 양식이 대칭성, 비례성, 정합성, 통일성, 체계성과 같은 기하학적 조형미의 가치를 실현하는지를 성찰하고, 그 가치에 위배되는 법을 지양한다.

(5) 법의 평면성과 정면성으로서 개념성

근대법의 발전에서 정점을 이루는 현상으로 독일의 개념법학(Begriffsjurisprudenz)을 들 수 있다. 개념법학은 모던미술에서 평면성과 정면성에 대한 집착과 같다. 법을 평면에 담는다는 환유적 표현은 법을 주로 법텍스트의 논리적 의미로 환원시키고, 그 의미만을 마주하며, 그 밖의 요소들을 외면한다는 것을 뜻한다. 여기서 그 밖의 요소들이란 평면이 아니라 3차원의 현실공간 속에 일어나는 무수히 많은 다양한 문화적 요소들, 예컨대 법에토스, 법감정, 윤리적 가치나 미학적 가치 또는 법에서 풍토적 요소[39]나 에를리

38) 이 분석적 방법은 서양의 과학(학문)이 공통적으로 보여 온 '환원주의적 전통'과 같은 연장선상에서 이해할 수 있다.

39) 법에서 풍토적 요소를 처음으로 주장한 이항녕은 풍토적 배경이 없는 법은 생활이 없는 것이 되고, 생활이 없는 것은 법이 아니라고 본다. 그러므로 근대

히(Ehrlich)가 말하는 '살아 있는 법'의 사회학적 요소들을 가리킨다. 법의 개념성은 개념의 의미론에 담기지 않는 것들을 법에서 배제함으로써 모던미술의 순수성에 상응하는 특성을 갖는다. 순수법학은 이성법의 정점에 있는 것이 된다. 시각적 이미지를 다양하게 하려는 모던미술의 붓질은 개념의 끊임없는 세분화와 체계화에 견줄 수 있다.

(6) 모방성으로서 이성법

모던미술에서 사유적 주체가 지배하는 감각에 의해 표현되는 세계는 비록 주관적으로 파악된 것이긴 하지만, 미학적 표현은 여전히 자연과 세계를 모방(mimesis)하는 것을 지향하였다. 이 점은 이성법에서도 마찬가지였다. 이성법의 전통에서 실정법은 비록 존재론적 자연법에 대한 인간의 인식론적 한계 때문에 얼마간의 주관성을 가질 수밖에 없지만, 그러나 그 근본에서는 그 존재를 믿는, 즉 존재론적인(ontologisch) 자연의 법을 모방하는 것이었다.

1) 비워두기와 구체적 자연법

추상미술은 주체가 지배하는 감각으로 파악된 세계의 내용을 '비워두기'한 것이라고 볼 수 있다. 이는 모방의 모던미술이 자기반성적으로 발전한 것이라고 볼 수 있다. 이런 비워두기는 자연법론이 구체적 자연법론으로 발전한 데서 똑같이 발견된다. 법이 모방하는 존재론적 자연법의 내용을 비워두고, 역사적으로 그 내용이 변화할 가능성을 열어둠으로써 주체가 실천이성의 사용을 통해 법의 세계를 지배적으로 채워넣는 것을 중단하는 것이다. 모던미술의

이성법의 기획처럼 세계에 관통하는 법의 일원적 보편성이란 존재할 수 없다고 보게 된다. 이런 사상에 관해 자세히는 이항녕, *법철학개론* (제3정판)(박영사, 2004), 43쪽 아래 참조.

추상화와 자연법의 역사화는 사유적 주체의 자기반성적 수행이라고 할 수 있다.

2) 추상미술과 자유주의 정치철학

또 다른 한편 우리나라에서 추상화는 자유주의 정치철학을 수용하는 미학적 반응이었다고 할 수 있다. 즉, 미술작품의 비평을 작품 속에 표현된 '자아 안의 타자'를 읽어내는 작업이라고 볼 때,[40] 1950년대 후반부터 시작된 우리나라의 추상미술은 자기 안의 타자를 프랑스에서 미국으로 이동시키고,[41] 미국과 같은 자유진영(他者)과 연대하는 자아를 보여준다고 해석될 수 있기 때문이다.[42] 이런 자아 안의 타자 읽기는 거꾸로 타자를 통해 자아를 형성하는 과정이라고 할 수 있다. 타자, 즉 자유주의가 지배하는 미국의 추상(표현)주의가 1960년대 자아, 즉 한국의 화단에 본격 수용되는 과정은 대한민국이 미국과 같은 자유주의를 국체로 삼는 국민국가로 형성되는 과정을 말한다고 해석할 수 있다.[43]

---

40) 이런 비평작업으로 조은정, "1950년대 전반 한국미술에서 他者읽기", *미술사학연구* (제240호, 2003.12), 119~148쪽 참조.

41) 이 이동은 미국 내에서 독일이나 프랑스의 거장들이 이민와서 활동함으로써 미국 미술계에 수용된 타자가 되는 과정과 유사하다고 할 수 있다. 이 점에 관해 신채기, "미국 미술의 국제화 과정과 이민자 미술의 역할", *미국사연구* (제20집, 2004), 119~139쪽 참조. 다시 말해 유럽 미술계로서는 1950년대 후반 이후 미국의 추상표현주의가 타자로서 수용되었다 할 것이지만, 반면에 그 추상표현주의는 미국에 수용된 타자로서 유럽 미술계였다고 할 수 있다.

42) 조은정, 앞의 논문, 145쪽.

43) 이러한 관점으로 이인범, "1960년대의 한국 추상미술과 국민국가 형성", *미술사학보* (제35집, 2010.12), 특히 54쪽 참조.

Ⅲ 모던미술과 이성법의 내밀관계와 그 한계

1. 법이 추구하는 모던예술의 가치

법이 바라보는 미술의 예술적 가치, 미술이 법에서 예술로 취급되기 위해 갖추어야 할 가치가 무엇인지는 매우 해명하기 어렵다.

(1) 음란의 법적 개념에 편입된 예술성

법이 추구하는 미술의 예술적 가치가 개념화된 것은 음란성과 경계를 이루는 예술성에 대한 분석적 이해를 통해서다.

1) 밀러(Miller) 판결의 기준

대표적으로 미국 연방대법원의 밀러(Miller) 판결을 들 수 있다. Miller v. Clifornia 판결은 음란성의 판단요소로 ① 동시대 지역사회의 평균인(average person)을 기준으로 작품 전체가 외설적인 흥미에 호소(appeals to prurient interest)하는 것인지, ② 주법이 정의하는 성적 행동들을 "현저히 자극적인 방법으로"(in a patently offensive way) 표현하는지, ③ 작품이 전체로 보아 "진지한 문학적, 예술적, 정치적 또는 과학적 가치를 결여"(lacks serious literary, artistic, political, or scientific value)하고 있는 지를 제시하였다. 이 판결은 음란성이라는 법적 개념을 규정짓는 방편으로서 예술성 또는 예술적 가치를 법개념의 일부로 삼은 것이라 할 수 있다.

2) 대법원의 기준

우리나라 대법원도 논증방식은 다소 다르지만 법적인 '음란'(물)의 개념은 예술성과 음란성의 비교형량을 통해 구성된다는 입장을 다음과 같이 보인 바 있다. "예술성과 음란성은 차원을 달리하는 관념이므로 어느 예술작품에 예술성이 있다고 하여 그 작품의 음란성이 당연히 부정되는 것은 아니라 할 것이고, 다만 그 작품의 예술적 가치, 주제와 성적 표현의 관련성 정도 등에 따라서는 그 음란성이 완화되어 결국은 형법이 처벌대상으로 삼을 수 없게 되는 경우가 있을 수 있을 뿐이다."[44] 이에 의하면 어떤 미술작품은 예술성과 음란성이 다 있을 수 있고, 그런 경우에는 예술성이 음란성을 완화시켜 형법상 "음란" 개념에 해당하지 않게 하는지를 판단하게 된다. 그러나 음란성을 완화시키는 법적 개념으로서 예술성 또는 예술적 가치가 무엇인지는 정의되지 않고 있다.

(2) 아들러의 예술적 가치

아들러(Adler)는 미국의 밀러(Miller) 판결에서 제시된 진지한 예술적 가치의 의미를 두고 작품이 다음과 같은 세 가지 요소가 갖추고 있을 때 진지한 예술적 가치가 있다는 해석을 한다.[45]

- ① "새롭고 독창적이고, 아방가르드적"[46](new, orginal avant-garde)일 것,
- ② "고급예술의 신성함과 엄숙함"[47](sanctity and solemnity of high art)을 반영할 것,
- ③ 작가가 성실함(sincerty)과 의도성(intention)을 갖고 임할 것.

1) 예술의 법적 가치기준 설정

그러나 아들러가 재해석해낸 이 세 가지 요소들은 어떤 미술작

44) 대판 2002.8.23, 2002도2889.

45) Amy M. Adler, "Post-Modern Art and the Death of Obscenity Law", *The Yale Law Journal* (Vol. 99, 1990), 1365~1369쪽 참조.

46) Amy M. Adler, 앞의 논문, 1366쪽.

47) Amy M. Adler, 앞의 논문, 1367쪽.

품이 음란물로 낙인이 찍히지 않기 위해 갖추어야 할 가치요소가 된다. 이성법은 이성사회를 구축하기 위해서는 음란물을 통제해야 한다는 전제에 서 있다. 음란물의 통제를 위해서는 음란물과 예술품의 경계를 나눌 수 있어야 하며, 그런 경계짓기를 할 수 있으려면 가치관련적 기준이 필요한 것이다. 앞의 세 가지 요소는 바로 그런 가치를 설정하고 있는 것이다. 따라서 이 세 가지 가치요소들은 이성법이 예술적 가치로 인정하는 요소이며, 이를 이성법의 심미적 가치라고 할 수 있다.

2) 이성법의 규범적 가치와 미술의 심미적 요소의 내적 연관

여기서 미술작품의 심미적 요소와 이성법의 가치적 요소가 내밀한 관계를 맺고 있음을 엿볼 수 있다.

㈎ 성실한 작가와 책임있는 법　　첫째, 작가의 성실함과 의도성은 사유적 주체에게 당연히 요구되는 인격적 특성이다. 근대 이성법상의 책임원칙(Schuldprinzip) 또는 과책원칙(Verschuldensprinzip)은 인간에게 자신의 자유를 자기책임 하에 성실하게 사용할 것을 요구하는 것이다. 이는 화가의 성실성과 작품에 대한 진정한 의도 없이는 미술의 예술성이 인정되지 않는다는 인식과 내적으로 연관되어 있다고 할 수 있다.

㈏ 신성한 아름다움과 숭고한 법　　둘째, 예술은 고급스러운 것이어야 하고, 이를 위해 신성함과 엄숙함이 있어야 한다는 것은 이성법의 정점에 있는 인권(사상)의 내밀한 요소로 연장될 수 있다. 헌법의 기본권으로 근대 헌법전에서 제도화된 근대적 인권은 흔히 '천부자연권', '양도불가능한 권리'로 이해되는데, 이는 인권이 기독교적 함의를 갖고 있는 것임을 말해준다.[48] 인권은 인간에 대한

하나님의 권리이고, 하나님 이외에 누구도 침해할 수가 없는 것이 된다.[49] 아들러(Amy M. Adler)는 예술성을 신성성과 엄숙성이라는 기독교적 함의로 해석한 것이고, 이로써 이성법과 예술적 가치는 기독교적 함의를 통해 서로에게 연장되어 있는 것임을 알 수 있다.

㈐ 작품의 독창성과 법의 귀속원리 셋째, 미술의 독창성(originality) 요청은 오늘날 저작권법이 요구하는 저작물의 필수적 요건이다. 하늘 아래 새로운 것(novum)은 없지만, 다른 사람의 것과 구별되는 독창성, 즉 고유성이 있어야만 예술적 가치를 인정받게 된다. 이 독창성은 근대 이성법에서 권리와 책임의 '귀속'원칙과 같은 것이다. 법적으로 개인의 고유한 인격이 외부세계에 발현된 결과에 대해 그 개인이 권리를 누리거나 책임을 지는 것, 그리고 미술이 되기 위해서는 다른 작품과 구별되는 화가만의 고유한 표현으로서 독창성이 있어야 한다는 것은 모두 '개인주의적 이성'의 양면이라고 할 수 있다. 물론 이런 해석에서는 저작권의 '권리성'과 미술작품의 '예술성'이 하나로 수렴되어 있는 것이기도 하다.

모던미술의 예술적 가치	이성법의 규범적 가치
독창성	인격발현 귀속원리
신성성	천부인권
성실성	책임원칙 과책주의

2. 모던 가치를 외면하는 포스트모던 미술

아들러가 분석해낸 예술적 가치(①②③)는 포스트모더니즘의 미술에서는 실현되지 않는 경우가 많다.

48) 이런 해석으로 이상돈, *인권법* (법문사, 2005), 11쪽 아래 참조.
49) 손규태, "인권문제에 대한 신학적 고찰", *기독교사상* (제379호, 1990), 178~179쪽.

(1) 포스트모던미술의 모방성, 세속성, 냉소성

이 점을 간략하게 살펴보기로 한다.

1) 독창성을 대신하는 모방성

Julia Wachtel, Subscribers, 1989[50)]

첫째, 오늘날의 현대미술가들은 종종 작품의 독창성보다는 오히려 모방성을 강조하기도 한다. 예컨대 미국의 신표현주의(Neo Expressionism)를 대표하는 데이비드 살르(David Salle)의 회화 속에는 대중문화나 포르노그래피 또는 인류학에서 가져온 다양한 이미지의 파편들이 복잡한 갈래를 치면서 배치되어 있다. 이를 통해 섹슈얼리티와 환타지적 요소가 그림에 깃들게 된다. 이 이미지의 파편들은 분석이 어렵다. 그 의미구조가 다층적이며, 그 의미의 문화적 출처도 분석이 거의 불가능하기 때문이다. 그러나 이러한 살르의 작품에 대한 본격적인 비평에 들어가지 않더라도 그의 작품은 모던적인 가치로서 미술작품의 독창성이라는 요소가 공허한 것임을 말없이 보여준다. 분석하기 어려운 다층적 모방성이 예술적 가치를 새롭게 만들어내는 것이다. 이런 점은 현대미술이 엔터테인먼트와 미디어에서 사용되는 이미지를 끌어 들여 해학적 기능을 수행한다는 점에서도 분명해진다. 예컨대 줄리아 왓첼(Julia Wachtel)의 그림은 싸구려 인사 카드의 만화 그림을 복사해내고 있고, 제프 쿤스(Jeff Koons)의 조각은 쓰레기나 폐품과 작품의 경계를 허물어뜨린다.

50) 그림사진은 구글(http://www.google.co.kr)의 이미지 검색에서 나온 사진을 퍼옴.

2) 신성성을 대신하는 세속성

둘째, 이로써 현대미술에서 고급예술의 신성성과 엄숙성은 미술의 예술성을 구성하는 카테고리로 남을 수 없게 된다. 대중매체에서 등장한 이미지는 신성하거나 엄숙하기 어렵기 때문이다. 세속성과 경박함은 포스트모던 작품에서 의도되고 있는 것이다.

3) 성실성을 대신하는 냉소성

셋째, 모방적이고, 대중적이며 저속한 미술작품에서는 성실한 의도를 지닌 작가의 모습을 추적하기 어렵다. 회화에서 대중적 이미지가 차용된 부분을 처음 대면할 때 감상자에게는 작품에 대한 성실한 작가의 이미지가 일단 흔들린다. 더군다나 왓첼(Wachtel)의 작품처럼 싸구려 인사카드를 복사하는 그림은 작가가 고급예술에 대해 냉소적인 사람이거나 고급예술의 미학적 가치추구에 신물이 난 사람일 거라는 추측을 하게끔 한다. 그렇기에 포스트모던미술은 "냉소적이고 물린 예술"[51](cynical and jaded art)의 이미지를 떨치기 매우 어렵다.

모던미술(Adler의 이해)	포스트모던미술의 현상
독창성	모방성
신성성과 엄숙성	대중성과 저속성
성실한 의도	냉소적 물림

(2) 이성법의 도덕적 요청을 넘어서는 예술적 가치

그러므로 예술적 가치에 대한 아들러(Amy M. Adler)의 해석은 이와 같은 포스트모던미술의 예술성을 해명하지 못한다. 아들러의 예술성 이해는 시공을 초월한 보편성이 있는 예술적 가치를 해명

51) Amy M. Adler, "Post-Modern Art and the Death of Obscenity Law", *The Yale Law Journal* (Vol. 99, 1990), 1369쪽.

할 수가 없는 것이다. 이는 아들러(Adler)가 분석해낸 예술적 가치가 이성법의 규범적 가치와 다르지 않다는 점에서 이미 예정된 결과이기도 하다. 하지만 현대미술의 예술성은 이성법의 규범적 가치를 훌쩍 넘어서 있다고 보인다. 그렇기 때문에 법의 도덕적 요청이 미술작품의 예술적 요소를 모두 결정하거나 적어도 법적으로 승인받기 위한 예술성의 구조적 요소를 지배결정하게 된다면, 법은 예술의 세계를 매우 협애한 기술적 작업의 영역 속에 가두어 놓는 폭력이 될 것이다.

Ⅳ 포스트모던미술에서 모던가치의 재해석

그러나 포스트모던미술에 대한 논의([5]단락)에 본격적으로 들어가기 전에 먼저 분명히 해두어야 하는 점이 있다. 그것은 포스트모던미술도 모던미술의 세 가지 예술적 가치들을 그 자체로서 부정하고 배척하는 것은 아니라는 점이다. 다만 그 가치들의 위치가 바뀌었을 뿐이다.

1. 포스트모던미술의 다른 독창성

이 점을 살르(David Salle)의 그림을 예로 살펴보자. 살르가 이미 대중문화에 존재하는 이미지를 작품에 끌어들일 때, 고급예술로서 미술과 저급한 대중문화의 이미지는 서로 어울리지 않는 상태로 억지로 결합되어 있는 것이 아니다.

(1) 고급미술과 대중문화의 정신분석학적 호환

살르의 작품은 고급예술과 대중문화 사이의 정신분석학적 호환을 가져온다. 여기서 정신분석학적 호환이란 인간의 의식의 전일성

(Einheit des Bewußtseins)을 구성하는 대극들 사이의 상호내재성을 가리킨다. 예컨대 창녀와 숙녀, 신사와 깡패는 서로 대극적인 것이지만, 창녀에게 숙녀성이, 숙녀에게 창녀성이 내재해 있고, 신사에게 깡패성이, 깡패에게 신사성이 내재해 있을 수 있다.[52] 인간의 정신은 이들 사이의 균형이 이루어질 때 건강한 정신이 된다. 고급스런 회화의 이미지 한 가운데 대중문화의 이미지(예: 앞의 그림에서 낡은 물병)가 자리함으로써 그 고급스런 회화적 부분은 고급예술에 내재한 저급성이 노출되는 맥락 속에 들어가는 반면, 대중문화적 이미지는 고급스런 회화의 이미지로 둘러 쌓임으로써 대중문화에 내재해 있는 고급성이 노출되는 맥락 속으로 들어간다.

David Salle, Old Bottles, 1995[53]

(2) 변모의 미학

이런 호환을 통해 고급스런 회화는 저급성과 균형 잡힌 또 다른 차원의 고급성을 획득하며, 대중적인 이미지는 고급성과 균형 잡힌 또 다른 차원의 대중성을 획득하게 된다. 이와 같은 새로운 미적 가치의 상승은 이질적인 두 요소, 고급스런 회화와 대중적인 이미지 부분의 하이브리드, 즉 단순한 '혼성'(hybridity)[54]의 결과인

---

52) 이에 관해 자세히는 이상돈 · 민윤영, *법정신분석학입문* (법문사, 2010), [11] 단락 참조.

53) 사진은 구글(http://www.google.co.kr)의 이미지 검색에서 나온 사진을 퍼옴.

54) 혼성이란 단순한 합성을 통해 장점만이 아니라 단점도 증폭될 수 있는 뒤섞임이다. 바꿔 말해 서로 다른 것들 사이의 소통을 가능케 하는 접점을 발견하는 기능보다는 그 차이를 지우는 기능이 커질 수 있는 것을 말한다. 이런 의미로 혼성성과 다성성의 개념을 구분하는 이상돈, *법의 춤* (법문사, 2012), 46~47쪽 참조.

것이 아니라, 서로를 통해 각자의 '또 다른' 모습을 창출하는 '변모'(morphosis)의 미학에 힘입고 있다. 살르의 그림에 대한 이러한 설명을 통해 이성법의 세 가지 미학적 가치는 포스트모던미술에서도 재해석된 상태로 추구될 수 있음을 알 수 있다.

(3) 모던미술의 기법을 낯설게 하기

먼저 가령 여기서 모던미술과 근대 이성법의 미학적 가치로서 첫번째 요소인 독창성이 현대미술에서도 유지되고 있음을 알 수 있다. 원래 모던미술에서 작품의 독창성이란 그 작품이 작가의 고유한 인격이 발현된 결과라는 점, 즉 고유성을 의미한다. 이를 저작권법에서는 '창작성'(저작권법 제2조 제1호)이라고 개념화한다. 포스트모던미술의 고유성 또는 창작성은 모던미술에서 볼 수 없었던 메타적인 기법, 그러니까 모던미술의 기법을 '낯설게 하는' 기법을 통해 생성된다. 이로써 독창성의 차원이 미술적 '기법'의 차원에서 기법에 대한 '성찰'의 차원으로 이동한다. 이 이동을 통해 진지한 예술적 가치로서 작품의 독창성(Originality)은 포스트모던미술에서도 결코 종말을 고하지 않고, 새로운 차원에서 유지되고 있음을 알 수 있다.

2. 포스트모던미술의 다른 고급성

(1) 대치를 통한 새로움의 생성

다음으로 모던미술의 진지한 예술적 가치의 두 번째 요소인 '고급성'(신성성과 엄숙성)도 포스트모던미술에서는 새로운 방식으로 유지된다. 포스트모던미술의 낯설게 하기는 흔히 고급예술과 대중문화 사이의 경계를 허물어 뜨리는 방식으로 진행되기 때문이다. 유화의 캠버스 위에 붓질로 그려지는 '신성한' 회화의 한 가운데에다 '대중적' 이미지를 끌어들이는 '저속한' 행동은 전통적으로 화가에게 허용되어 온 불문율인 엄숙한 화법을 깨뜨린다. 이것은 모던미술의 고급성을 낯설게 하는 대표적인 방법이다.

1) 대체와 대치

그러나 이 낯설게 하기는 고급예술의 고급성을 거세하는 것이 아니라 새로운 맥락에서 오히려 새롭게 하는 것임에 주의해야 한다. 여기서 새로운 맥락이란 '대치'(對峙 confrontation)의 상황을 가리킨다. 즉, 예술적 가치를 구성하는 고급예술의 신성성과 엄숙성은 대중성과 저속성으로 '대체'되는 것이 아니라 그것과 '대치'됨으로써 새로운 의미를 갖게 된다. 이것은 마치 세계적인 소프라노 조수미가 가요를 부를 때 조수미 노래의 고급성이 대중예술인 가요의 저급성(또는 통속성)에 의해 대체되는 것이 아니라 '대치됨'으로써 새로운 모습으로 등장하는 것과 마찬가지이다. 이 점을 구체적으로 이해하기 위해 키치미술의 예를 갖고 설명해보기로 한다.

2) 키치와 아방가르드

예술과 구분되면서, 동시에 예술과 뒤섞이는 키치(kitsch)가 포스트모던예술인지는 계속 논란이 된다. 키치는 1870년대 독일 남부에서 생성된 verkitschen ('싸게 만들다')에서 유래되었다. 이 개념을 미술사에서 처음 사용한 것은 모더니즘 미술비평이론의 대가인 그린버그(Greenberg)이다. 1939년[55] 그는 당시 미국사회에서 등장한 할리우드 영화나 재즈, 광고 일러스트레이션을 가리키는 개념으

---

55) Clement Greenberg, "Avant-Garde and Kitsch", *Partisan Review* (1939), 5~22 (http://blog.lib.umn.edu/mulli105/1601fall10/Greenberg-AvGd%26Ktch.pdf, 1~13쪽).

로 키치 개념을 사용했다. 그린버그는 키치를 전통적인 고급예술이나 아방가르드의 대용문화(ersatz culture)라고 본다.[56]

㈎ 아방가르드의 의미 키치와 같은 시기에 생성된 아방가르드의 의미를 살펴보자. 그린버그는 먼저 피카소의 추상화 세계가 보여주는 바와 같은 아방가르드(Avant-Garde)를 새로운 역사의식과 미의식을 이끄는 흐름으로 바라보았다. 그는 그 흐름은 부르주아 문화의 지배적인 기준이나 전례에 저항하며 보헤미안적 지향성을 가지면서도, 부르주아 문화를 이념적 혼란과 폭력 속에서 탈출시키는 새로운 고급 문화를 생장시키는 것이었다고 바라 본다. 이 새로운 미의식은 사상이나 의식으로 채워지는 그림의 '내용'을 완전하게 '형식' 속으로 용해시켜버리는 방식으로 진행되었다. 그림의 내용이 그림의 형식에 용해된다는 것은 그림이란 어떤 대상을 그린 것이 아니라 '그리는 것을 그린 것'이 됨을 의미한다.

ㄱ) 추상미술이나 비구상 미술 첫째, 이 말의 실천적 의미는 추상미술(abstract art)이나 비구상 미술(nonobjective art)에서 이해할 수 있다.[57] 추상적 표현주의(Abstract Expressionism)는 바실리 칸딘스키(Wassily Kandinsky)에서 시작하여, 잭슨 폴록(Jackson Pollock), 윌렘 드 쿠닝(Willem de Kooning)의 작품들에서 분명한 이름을 얻는다. 추상적 표현주의의 요체는 그림의 형식은 추상적이지만 내용은 표현적이라는 점에 있다. 추상성은 자연의 단순한 또는 정밀한 재현이 아니라 무의식과 그로부터 발생하는 우연적 결과를 그린다는 점을, 그리고 표현성은 사물의 있는 그대로의 모습

56) Clement Greenberg, 앞의 논문, 5쪽.
57) Clement Greenberg, "Avant-Garde and Kitsch", *Partisan Review* (1939), 5~22 (http://blog.lib.umn.edu/mulli105/1601fall10/Greenberg-AvGd%26Ktch.pdf, 2쪽).

을 그리는 것이 아니라 미술가의 체험을 특징적으로 강조하여 드러낸다는 점을 가리킨다. 그러니까 추상표현주의는 좀 단순화해서 말한다면 무의식의 세계에 대한 체험을 '액션 페인팅'(예: 드 쿠닝처럼 자유분방하고 율동적인 선과 다채로운 색채를 통해 비정형적이고 우연적인 효과를 표현)이나 '색면추상'(예: 단순한 색면을 통해 숭고성의 이미지를 형상화) 또는 '앙포르멜'(informel)(예: 두꺼운 물감의 화면이나 석회를 바른 화면을 긁는 등의 행위를 통해 실존자의 서정성을 표현함) 등의 방법으로 드러내는 것이다.

ㄴ) 그리기를 그림 그런데 추상표현주의 미술에서 추상(성)은 (사실주의 미술에서 이미 그 전형을 볼 수 있는 것처럼) 어떤 대상을 형상화한 것이라기보다는 예술(그리기)의 과정을 모방하는, 바꿔 말해 그리는 것을 의식화하고[59] 그것을 그리는 표현의 양식이라고 설명할 수 있다. 미국의 추상표현주의 작가인 마더웰(Motherwell 1915~1991)이 말하듯 "추상성(abstractness)은 근대적 예술 구조 안에서 유구하고 특수한 내부적 발전의 결과로서 존재한다"[60]고 볼 수 있는 것이

Kazmir Malevich, Black Rectangle, BlueTriangle, 1915[58]

58) 그림사진은 구글(http://www.google.co.kr)의 이미지 검색에서 나온 사진을 퍼옴.

59) 이 점은 창작과정 자체가 미술이 되고(창작과정=미술), 그렇기에 큐레이터들도 전시-제작자가 되는 것과 구별해야 한다. 이런 개념미술에 대하여 상세한 점은 진휘연, "≪When Attitudes Become Form≫, 1969년 아방가르드 미술의 결집장", *서양미술사학회논문집* (제19집, 2003.6), 105~130쪽 참조. 추상미술을 여전히 모더니즘 회화의 패러다임를 해체한 것은 아니다.

60) Rober Motherwell, *The Modern Painter's World, DYN, VI* (1944), 인용은 *The Modern Painter's World, Revisiones* (http://dspace.unav.es/dspace/bitstream/10171/19592/3/Robert%20Motherwell%20REV%2006.pdf, 2010), 72쪽.

다. 가령 말레비치(Kazmir Malevich)의 모노크롬(monochrome) 회화는 시각적 이미지를 평면에 주관적으로 표현하는 모던회화에서 화면의 지배자인 사유적 주체가 자신의 사유가 채우는 (그림의) 내용이 형이상학적으로 공허함을 반성하고, 사유의 내용을 비워두는 성찰적 수행을 한 결과라고 볼 수 있다.

ㄷ) 성찰 　　'그리는 것을 그린다'는 말의 이론적 의미는 바로 '성찰'이다. 화가가 무엇을 그리는 것이 아니라 그리는 것을 그리기 위해서는 자신의 그리는 행위를 '성찰'해야 한다. 여기서 아방가르드란 기존의 미술이 자기의식을 갖고, 자기로부터 탈피하려는 성찰적 의식을 수행하는 흐름을 말한다. 가령 말레비치에게는 인상주의 등의 모던회화에서 탈피하면서도 그런 양식적 이탈이 예술작품을 비예술과 구별할 수 없게 만드는 상황에 빠지지 않게 하는, 그러나 모던회화의 양식과는 다른 양식들이 미래에 새롭게 예술성을 (엘리트적인 방식으로) 성취하게 될 것이라는 예감(Antizipation)과 같은 자기의식이 있었다. 그렇기 때문에 아방가르드는 아무리 보헤미안 기조를 갖고 있어도, 결국 한 사회의 지배층이 누리는 고급문화의 흐름을 이루게 된다.61)

(나) 키치의 특성 　　그린버그에 의하면 키치는 부르조아의 기성문화를 즐길 여유와 (고급문화의 가치를 이해할 수 있는) 교육수준을 갖추지 못한 도시의 노동자나 소상인들이 기분전환을 할 수 있게 그리고 돈벌이를 위해 상품으로 만들어진 진짜가 아닌 합성예술(synthetic art)이다.

---

61) 유명한 자동차 회사 Mercedes-Benz는 모든 차종에서 classis, elegance, avantgarde를 나눈다. 이 가운데 아방가르드는 같은 차종에서 가장 가격이 높게 책정된다. 이 예는 아방가르드는 우리의 일상생활에서 보헤미안적이지만 고급문화의 층위에 위치한다는 함의를 갖는다.

ㄱ) 모조품 또한 그에 의하면 키치는 형식주의보다는 사회주의 리얼리즘의 경향이 높고, 진정한 예술품의 타락한 모조품(simulacra)을 원재료로 삼고, 단지 대리적 경험과 환각을 갖게 할 뿐이다. 그렇기에 키치는 예술의 과정에 관심이 없고, 그 효과, 즉 환각적 쾌락에 이르는 지름길을 제공한다. 대중의 관심과 집단적 정서를 조작함('대중조작')으로써 정치적 지배를 확립하려는 독재자들이 키치를 선호하는 것은 당연하다.

ㄴ) 부정과 비판의 예술적 기능 그린버그가 이토록 비판적으로 바라봤던 키치는 통속물이지만,[62] 오늘날에는 대중문화 또는 대중예술의 하나로 분류되고, 나름의 예술성을 인정받기도 한다. 이런 상황은 그린버그가 중요한 점을 간과하고 있음을 말해준다. 그것은 "대중문화가 지배자에 의해 부여된 전체주의적 역할에서 벗어나고, 특정한 사회적 역사적 결집(conjuncture) 안에서 부정과 비판의 고유한 기능을 수행하는 … 능력이 있다"[63]는 점이다. 반면에 그린버그가 고급예술의 전통에서 바라 본 아방가르드도 미국 문화의 정치적 경제 안에서는 상당한 정도 상품화되어 있기도 하다.[64] 그러므로 아방가르드도 저급문화와 구별되는 고급문화로 온전하게 남아 있기가 어렵다.

(2) 또 다른 고급성의 생성

이처럼 키치와 아방가르드, 저급예술과 고급예술의 경계지움이

62) 이 또한 그린버그의 모더니즘 개념에 내포되어 있던 '순수성'의 이론적 한계가 빚어낸 필연적인 결론(조주연, "유럽 모더니즘의 수용과 변질- 클레멘트 그린버그의 미술론", *서양미술사학회 논문집* (제19집, 2003.6), 53쪽)일 수 있다.

63) Anthony Chase, "Avant-Garde, Kitsch and Law", *Nova Law Review* (Vol.14, 1990), 555쪽.

64) 이러한 지적으로 Anthony Chase, "Avant-Garde, Kitsch and Law", *Nova Law Review* (Vol.14, 1990), 554쪽.

상대적임에도 불하고 대중적으로 소비되는 모든 작품을 예술이라고 볼 수는 없다.

1) 고급과 저급성의 대치관계

여기서 키치의 저급성이 예술을 구성하는 요소가 되기 위해서는 고급성을 '대체'(代替)시키는 것이 아니라 그것과 '대치'(對峙)됨으로써 고급성을 낯설게 하는 것이어야 한다고 말할 수 있다. 그러므로 그린버그가 키치는 좋은 예술과 나쁜 예술의 경계를 지워버린다고 말한[65] 뜻은 키치가 고급예술을 낯설게 함으로써 고급예술을 새롭게 해석하게 만드는 기능이 없다는 데에 있다. 키치는 그린버그가 비평했을 당시에는 아방가르드 문화나 고급예술과 '대치'하는 것이 아니라 그것들을 '대체'하는 현상이었던 것이다. 고급성이 예술을 구성하는 요소라면, 저급성은 예술을 부정하는 요소가 되는데, 키치의 저급성이 고급성과 대치되는 것이 아니라, 그것을 대체하는 것이라면 키치는 예술의 자격을 잃어버리게 되는 것이다.

2) 주류와 비주류, 고급과 저급의 상호문화성

또한 여기서 대치관계는 서로 마주보고, 서로로부터 구분되어 있는 상태에 머무는 것이 아니라 서로에게 침투하고, 서로 영향을 받는 과정에 놓인다. 가령 브레이크댄스는 흑인들이 뒷골목에서 추는 저속한 춤에서 출발하여 여러 문화를 가로지르고, 서로 짜깁기하는 의미, 예컨대 주류문화와 비주류 하부문화 사이를 소통시키는 상호문화적(intercultural) 의미를 갖게 됨으로써,[66] 하나의 새로운 춤예술이 되었다. 그러나 키치는 이런 상호문화성이 없다. 키치는

65) Clement Greenberg, "Avant-Garde and Kitsch", *Partisan Review* (1939), 7쪽.

66) 이에 관해 자세히는 이상돈, *법의 춤* (법문사, 2012), 169쪽.

상업주의적으로 생산된 합성물로서, '다른 예술'이 아니라 '예술과 다른 것'이다. 하지만 키치의 대중성에 밑바탕을 이루는 민주성은 팝 아트라는 포스트모던 예술의 역사적 배경을 이루었다고 볼 수 있을 것이다. 팝 아트는 키치처럼 예술의 민주성을 향상시키면서도, 키치와는 달리 고급예술을 대체시키는 것이 아니라 (기존 양식의 해체와 재구성을 통해) 고급예술과 대치하는 기능을 수행한 것으로 평가할 수 있다.

3. 포스트모던미술의 다른 작가정신

포스트모던미술의 작가들이 성실한 의도로 작품에 임하지 않는다는 것도 사실과 다르다.

(1) 작가의 부재를 지향하는 작가정신

포스트모던미술작품 속의 '냉소적 요소'는 모던미술의 작가들이면 누구나 갖기 마련인 작품에 대한 지나친 성실성과 의도성을 낯설게 하는 기법이기 때문이다. 우리가 주변에서 흔히 볼 수 있는 작가들의 모습은 생활에서는 냉소적이고, 규율이 없는 모습이지만, 작품에 임해서는 진지하고 성실하기 짝이 없는 모습들이다. 이런 작가정신의 통상성과 대치되는 불성실함의 외양을 띤 냉소성은 단지 무기력한 사회의 비주류가 뿜어내는 불만의 언어가 아니다. 그런 냉소성은 성실한 의도성이라는 전통적인 작가정신과 싸우는 또 다른 치열한 작가정신이다. 이 작가정신은 흔히 성실한 의도성의 작가정신을 죽이는 방식으로 전개된다. 작품은 있지만, 작가는 부재하며, 작가의 의도는 있지만, 알 수는 없으며, 바로 그렇기 때문에 자기 작품의 다중적인 해석가능성이 존재한다는 메시지를 감상자에게 전달하려는 것이다. 이런 작가정신은 성실성과 의도성의 측면에서 모더니즘 예술의 작가들과 다르지 않다.[67] 따라서 포스트모던미술의 민주성에도 불구하고, 어떤 작품이 미학적 가치와 시장적 가치를 가질 수 있기 위해서는 다음과 같은 중요한 전제조건이 충족되어야 한다. 즉, 화가가 아닌 일반인도 쉽게 표현할 수 있는 기술적 수준의 양식을 사용하면서도 그것이 누구에게나 귀속될 수 없는 미학적 가치를 인정받을 수 있으려면 포스트모던미술의 작가도 모던미술의 작품을 훌륭하게 그려낼 수 있는 능력(예: 탁월한 소묘 능력)이 있어야 한다는 것이다. 할 수 있는데도 그 할 수 있는 것을 해체하기 위해 하지 않는 것이 되어야 한다. 그러므로 포스트모던미술의 화가들도 예컨대 '소묘'를 충분히 잘 할 수 있어야 한다.[68]

(2) 포스트모던미술의 전통성과 고유성

이상에서 포스트모던미술도 다른 차원과 다른 의미에서 모던미술의 예술적 가치를 갖고 있음을 알 수 있다.

1) 모던미술의 전통성 계승

그러나 이로써 곧 포스트모던미술의 예술성이 아들러가 지적한 세 가지 예술적 가치(① 독창성, ② 신성성, ③ 성실성)로써 다 파악된다고 생각해서는 안 된다. 또한 정반대로 그런 세 가지 예술적 가치를 반드시 부정해야만 포스트모던미술이 되는 것도 아니다. 이

67) 이 점은 아들러(Adler)도 인식하고 있는 것으로 보인다. 그렇기에 "포스트모던미술은 감상자에게 예술가가 부재하며, 예술가의 의도를 알 수 없을 때 생기는 다중적인 해석가능성이 존재함을 고려할 것을 요구한다"(Amy M. Adler, "Post-Modern Art and the Death of Obscenity Law", *The Yale Law Journal* [Vol. 99, 1990], 1368쪽)고 본다.

68) Arthur C. Danto, 앞의 책, 53쪽.

는 이성법이 현대사회에서 부정되어야만 새로운 포스트모던 법이 형성될 수 있는 것이 아니라는 점과 마찬가지이다. 포스트모던 법도 이성법의 기반 위에서 이성법의 한계를 극복하는 자기성찰적 변화를 수행함으로써 형성되는 것이다. 이런 점에서 법에서 '성찰적 모더니즘'과 '반성적 포스트모더니즘'은 하나로 수렴될 수 있다.

2) 포스트모던미술의 고유성

만일 이처럼 작품의 독창성이나 신성성과 엄숙성 그리고 작가정신의 치열성(성실한 의도)의 측면에서 모던미술이나 포스트모던미술이 근본적인 차이가 없다면, 미술의 어떤 요소가 포스트모더니즘에 고유한 요소가 되는 것일까? 이에 관해서는 다음 단락([5])에서 자세히 살필 예정이지만, 여기서 그 요점만을 미리 언급해두기로 한다.

(가) 양식의 해체　　첫째, 포스트모던미술은 모던미술의 기존 양식을 해체한다. 리히텐슈타인(Lichtenstein)처럼 시각적 이미지와 다른 텍스트를 사용한다든지, 왓첼(Julia Wachtel)처럼 싸구려 인사카드의 만화 그림을 복제하는 식으로 기존 양식을 해체한다.

(나) 전복성　　둘째, 사물이 갖는 의미를 뒤집어 엎는다. 이를 전복성이라고 할 수 있다. 가령 듀샹(Duchamp)의 <샘(fountain)>이라는 작품은 변기의 일상적 의미가 샘의 의미로 전복된 경우이다.

(다) 소통적 가치구성　　셋째, 사회적 소통에 의한 미학적 가치의 생성을 들 수 있다. 포스트모던미술은 작품을 구성하는 기법 등과 같은 작품의 내향적 가치(intrinsic value)가 빈곤하고, 문화적, 정치적 및 행위상황적 맥락에 의해 구성되는 외향적 가치(extrinsic value)만 풍부한 경우가 많다. 그런 작품들의 예술적 가치는 작품

의 (전복적) 의미에 대한 사회적 소통에 의해 생성된다. 모던미술의 경우에는 작품이 그 자체로서 의미와 가치가 있고, 사회적 소통은 단지 그 의미에 대한 관람자들의 이해문제로 남겨져 있는 반면, 포스트모던미술에서는 사회적 소통이 비로소 작품의 가치를 구성한다는 것이다.

㈑ 무의식의 의식화 넷째, 모던미술이 작가의 의식(cogito)이 발현된 결과인 반면, 포스트모던미술은 작가의 무의식이 의식화된 결과인 경우가 많다. 포스트모던미술이 보통사람들에게 쉽게 이해되지 않는 것은 작품의 감상에서 작가의 인격과 관람자의 인격이 만나기가 어렵기 때문이다. 이는 작품에 발현되는 작가의 인격은 인격의 그림자,[69] 즉 무의식에서 비롯되기 때문이다. 관람자가 감상이라는 행위를 통하여 포스트모던미술의 작가(인격)와 만나려면 작가의 무의식을 전문적이든 비전문적이든 분석해보아야 하고, 이 분석은 관람자 스스로 자신의 무의식을 되돌아보지 않고는 불가능하다. 그렇기에 포스트모던미술은 그 작품의 의미가 전문가 비평을 통하여 드러나고, 그 의미가 사회적으로 소통됨으로써 비로소 작품으로 성립하게 된다.

---

69) 융의 그림자 개념에 관해서 자세히는 이부영, *그림자* (한길사, 2009) 참조. 가령 스티븐슨의 소설 <지킬박사와 하이드씨>는 제2의 인격인 그림자의 문제를 쉽게 보여준다. '지킬박사'가 그 시대의 요구에 걸맞는 선하고 모범적인 페르소나(persona)라면, 그의 그림자인격은 페르소나의 정반대되는 측면들로 이루어진 악하고 비열한 하이드씨인 것이다. 법의 그림자에 관해서는 이상돈·민윤영, *법정신분석학입문* (법문사, 20120), 250쪽.

05 | 미술비평과 법 |

포스트모던미술과 법

I 포스트모던미술의 현상과 특징

포스트모던 법과 포스트모던미술은 모던미술과 이성법의 관계처럼 내적 연관이 있다. 물론 포스트모던미술을 정의하는 것 자체는 많은 미술(비평)이론적 논의가 필요하다. 포스트모던미술로 취급될 수 있는 미술의 흐름은 현대사회에서 매우 다양하다. 아래서는 현대사회의 미술 흐름을 전 방위로 살피는 것이 아니라 포스트모던미술과 포스트모던 법의 내적 연관을 밝히는데 필요한 범위에서 살필 것이다. 그러므로 이 글에서는 현대미술과 포스트모던(post-modern)미술을 동의어로 사용한다.

1. 모던미술의 양식해체

포스트모던미술이란 인상주의 회화와 같이 사유적 주체가 자신의 감각적 경험을 캔버스에 주권적으로 표현하는 양식을 해체하는 특성을 갖는 일체의 미술들을 가리킨다. 포스트모던미술은 탈예술의 미술이라고 불리기도 한다.

(1) 반모더니즘과의 구별

우리나라에서 1980년대 성장한 민중미술[1]과 같은 반(反)모더니즘[2]과는 구별되어야 한다. 민중미술은 모더니즘의 사회체계에 침천된 억압과 불평등의 현실에 저항하는 것일 뿐 모더니즘의 이념 자체를 해체하거나 탈피하는 것이 아니기 때문이다. 하지만 이 포스트모더니즘과 반모더니즘 사이의 경계가 모호한 경우들도 적지 않다. 포스트모던미술의 발전으로 미술계이 중심이 프랑스에서 미국으로 넘어가는 무렵, 특히 1960~70년대 프랑스에서 전개된 참여미술의 다양한 흐름들, 가령 자크 빌르글레(Jacques Villeglé)와 같은 누보 레알리즘(Nouveau Réalisme)의 벽보파(Affichistes) 작품들은 포스트모던미술의 특성을 많이 공유하고 있었기 때문이다.[3]

---

1) "민주 · 민중의 의식을 표방한 방법과 기법에서 예술적 본질과의 조화가 결여된 면이" 많았다는 지적으로 이구열, "전환기의 한국문화예술: 미술", *문화정책논총* (제1집, 1988.12), 279쪽 참조.

2) 민중미술을 반모더니즘으로 보고 탈모더니즘과 구별하는 김영백, "1960년대 이후 한국 현대미술에 관한 사회학적 논의", *미술사연구* (제23호, 2009.12), 421~423쪽 참조.

3) 이 점에 대한 자세한 논의로 배소현, "그룹 운동을 통해 본 1960-1970년대 프랑스 미술의 정치성", *서양미술사학회논문집* (제33집, 2010.8), 31~59쪽, 특히 41쪽 아래 참조.

(2) 여성미술과의 구별

우리나라에서 1980년대 이후 성장한 여성주의 미술도 민중미술 운동과 연대함으로써 반모더니즘적 요소를 보여주었다. 그러나 여성미술은 "'여성미술' 일변도의 독선적이고 단선적인 것이 아니라, 그 내부에 다른 목소리들이 갈등하고 타협하며 새로운 정체를 찾아가는 역동적인 과정임을 드러"[4]냄으로써 포스트모던미술의 특성을 보여주기도 한다. 시각중심주의, 양식중심주의, 남근중심주의가 "서로 미끄러지듯 환유될 수 있는 기표들"[5]이라는 점을 고려해보면, 이에 대항하는 여성주의는 양식중심의 모던회화에 대항적인 포스트모던회화의 이념적 기반이 될 수 있기도 하다.

2. 포스트모던미술의 예술성 해체

이런 개념정의를 넘어서 포스트모던미술의 의미를 적극적으로 규명하는 시도를 살펴볼 필요가 있다.

(1) 포스트모던미술의 이해

미술비평이론가인 단토(Danto)는 ① ("팝아트가 미술의 철학적 진리를 자기의식에 가져옴으로써") 거대한 내러티브가 미술에 더 이상 존재하지 않고, ② 미술예술과 그 밖의 비예술을 구분할 수 있는 양식적 특징이 존재하지 않으며, ③ 사상과 비평이 작품의 세계에 들어가 있으며, ④ 그렇기에 미술에서 시각성은 더 이상 중요하지 않게 된다고 본다.[6] 이런 이해에 의하면, 예술의 양식적 차별성은

4) 김현주, "1980년대 한국의 '여성주의' 미술", *현대미술사연구* (제23집, 2008. 6), 136쪽 참조.
5) 정현이, "상상계로서의 미술사 - 미술사학에 있어서 젠더의 문제", *미술사학* (제18호, 2004), 203쪽.
6) Arthur C. Danto, *After the End of Art* (Princeton University Press,

사라지고, 모든 예술이 동등하게[7] 되며, 미술이 미래에 취할 방향성도 없게 된다. 미술비평 역시 다원주의적으로 될 수밖에 없다. 이런 국면의 미술에서는 더 이상 객관적인 의미에서 진보적 발전의 가능성을 인정할 수 없게 된다는 것이다.[8]

(2) 비평적 예술성

그러나 미술이 만약 이런 국면을 정말 맞이하였다면, 과연 미술이 예술로서 가능한 것인지에 대한 의문이 들기 시작한다. 만일 미술이 더 이상 현실세계에 존재하는 존재들, 즉 실재와 양식적으로 구분되지 않으며, 양식에 결합된 사유적 주체의 거대사적 내러티브도 존재하지 않으며, 감각적 시각성의 미학도 사라져 버린다면, 도대체 어떤 이유에서 그런 미술작품을 사회적으로 예술이라고 부를 수 있는 것일까? 이러한 의문에 대한 대답은 의외로 간명하다. 예술의 전통적인 양식적 특성들을 거부한 어떤 작품이 예술이 되는 것은 그것을 예술로 바라보는 이유를 근거지음으로써 관람자를 설득하는 미술비평의 힘 때문이라는 것이다. 미술비평은 각 사회와 시대마다 고유한 비평담론을 배후에 두고 이루어진다. 현대사회의 미술담론은 모던미술 시대의 담론과는 사뭇 다르다. 물론 포스트모던미술에 대한 미술비평적 담론의 현황을 이 단락에서 모두 다룰 수는 없다. 여기서 포스트모던 비평담론은 포스트모던미술과 법의 관계를 다루는 데 필요한 범위에서만 다루게 될 것이다.

1997), 12~16쪽, 따옴표 부분은 121쪽 참조.

7) Arthur C. Danto, 앞의 책, 34쪽.

8) 이런 입장은 Hans Belting (Christopher S. Wood 역), *The End of Art History* (University of Chicago Press (Tx), 1987) 참조.

3. 사상의 예술성 생성 조건

이제 미술비평이 어떤 작품의 예술성을 생성시키는 힘이 된다는 점, 그리고 그렇게 될 수 있기 위한 조건을 규명해보기로 한다.

(1) 개념의 예술성

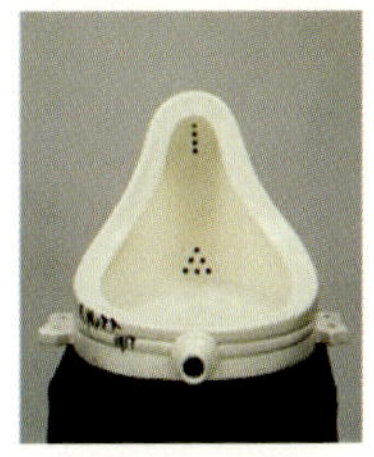

Henry Duchamp, Fountain, 1917[9)]

포스트모던미술의 생장점이었다고 볼 수 있는 그 유명한 듀샹(Henri Robert Marcel Duchamp)의 <샘(fountain)>이라는 작품을 예로 하여 설명해 보자. 듀샹의 샘이라는 작품의 실재는 제품(기껏해야 공예품 craft)으로서 변기일 뿐이다. 그런 제품이 갤러리에 마치 예술품인 양 전시되었을 뿐이다. 그 변기가 아름다운 샘이라는 존재가 갖는 본질적인 가치(존재론적 가치)를 똑같이 가질 수 있기 위해서는 변기와 샘의 존재론적 차이(ontological difference)가 해체될 수 있어야만 한다. 이 해체는 누구나 아무렇게나 할 수 있는 것이 아니다. 그런 해체는 변기가 샘의 아름다움을 가질 수 있기 위한 화용론적(pragmatic) 조건이 갖춰진 경우에만 일어난다. 그런 화용론적 조건을 분석해보자. 듀샹의 시도에서 독창성은 일상의 사물(예: 변기)이 예술이 될 수 있다는 새로운 '개념'의 독창성이며, 이 독창성에 의해 변기제품이 예술품이 될 수 있는 첫 번째 조건이 마련된다. 이처럼 개념이 작품의 예술성을 생성시키는 것을 개념미술(conceptual art)이라고 부른다.

9) 사진은 구글(http://www.google.co.kr)의 이미지 검색에서 나온 사진을 퍼옴.

(2) 예술의 민주성의 한계

Andy Warhol, brillo box, 1964[10)]

하지만 개념예술이 일반인에게 알려지는 순간, 사람들은 그렇다면 누구나 예술품을 만드는 작가가 될 수 있다고 생각하게 된다. 이로써 예술세계가 민주화된다. 그런데 이러한 예술의 민주성은 고급예술의 은폐된 비가치를 폭로해주기는 하지만, 예술성을 구성하는 '숭고성'을 너무 희석시킨다는 점에서 예술성을 해체하는 요소로 기능한다. 따라서 누구나 미술가가 될 수 있으나, 바로 그로 인해 미술가는 무엇을 하는 것인가라는 회의[11)]도 일어나게 된다. 여기서 이런 예술창작에서의 민주성은 누구에게나 예술을 만들 수 있다는 일반적인 권능(competance)을 부여할 뿐이고, 개인에게 구체적인 예술품을 창작할 능력(Fähigkeit)을 부여하는 것은 아니라고 볼 필요가 있다. 가령 앤디 워홀(Andy Warhol)은 1964년과 68년 두 차례에 걸쳐 실재 상품상자와 같은 <브릴로 상자(brillo box)>를 전시했다. 만약 개념이 예술을 만든다면, 이미 1917년 듀샹의 전시로 이와 비슷한 시도는 더 이상 독창성이 있는 예술작품이 될 수 없다. 그러나 앤디 워홀의 다방면에 걸친 예술적 창의성과 소묘능력과 같은 화가의 기본역량은 그런 전시행위를 통해 실재와 구별되지 않으면서도 실재와 다른 예술적 가치를 구성할 수 있게 한다.[12)] 물론 작가의 능력뿐만 아니라 그 행위가 수행되는

10) 사진은 구글(http://www.google.co.kr)의 이미지 검색에서 나온 사진을 퍼옴.
11) 이런 회의를 제기하는 전혜숙, "미술개념의 변화와 미국의 1968년: 개념미술의 등장을 중심으로", *미국사연구* (제28집, 2008), 160~162쪽 참조.
12) 그렇기 때문에 듀샹보다도 워홀이 미술에서 새로운 내러티브의 역사를 열었다고 평가되며, 이런 평가에 관해 자세히는 최애주, "미술의 종말인가 미술철학의 시작인가 - 워홀의 <브릴로 상자>를 중심으로", *강원인문논총* (제17집,

맥락과 비평의 힘이 뒷받침되어야 한다.

(3) 양식 없는 양식성으로서 사상

그러므로 변기를 <샘>으로 예술화하는 힘은 예술과 비예술, 즉 일상의 경계를 허물겠다는 사상(thoughts) 그 자체[13]는 아니다. 사상이란 미술작품보다는 철학적 언명에 의해 더 간결하고 명확하게 선언될 수 있다. 그러므로 포스트모던미술에서 사상이 예술작품을 구성한다면, 그것은 사상 그 자체 때문이 아니라 사상이 마치 예술성을 생성시키는 양식과 같은 기능을 하는 경우이기 때문일 것이다. 예컨대 자신의 나체를 자동카메라가 찍어주는 대로 찍어서 만든 사진을 '이런 일상의 표현이 곧 예술이야'라는 투철한 사상 속에서 그 사진을 인터넷에 올린다고 해서 그 사진이 예술이 되는 것은 아니다. 하지만 앤디 워홀과 같은 역량이 이미 인정된 작가가 치밀한 구상과 퍼포먼스 기획 속에서 그리고 갤러리라는 공간 안에서만 '브릴로 상자'를 전시한다면 일상의 물건과 양식적으로 구별되지 않으면서도 미학적으로는 구별되는 예술성을 가질 수 있게 되는 것이다. 즉, 포스트모던미술에서 사상은 일종의 '양식 없는 양식성'으로서 기능하는 것이다. 바로 그런 기능조건 속에서만 사상은 예술작품을 형성하는 힘을 갖는다.

1) 비평의 역사적 맥락에 들어감

이처럼 사상이 '양식 없는 양식성'으로 기능하게 되는 것은 문

2007.6), 289~311쪽 참조.

13) 예컨대 선릉역 포스코 건물 앞 프랭크 스텔라의 <꽃이 피는 구조물(또는 아마벨)>이나 청계천 진입로에 있는 클래스 올덴버그의 <스프링(Spring)>과 같은 팝아트에 대해 철학자도 포스트모던미술의 특징을 예술과 비예술의 경계를 허물고, 예술과 일상의 경계를 무너뜨린 데에 있다고 보기도 한다. 이런 입장으로 윤평중, "예술은 자유다", *미술세계* (컬럼, 2007.3), 96쪽 참조.

화적, 역사적 맥락과 그 맥락에서 그런 의미를 창출하는 비평에 의존한다. 물론 변기는 미술관이라는 공간에서만 샘의 아름다움을 창출할 가능성이 생긴다. 미술관은 하나의 작품이 예술이 되는 것을 방해하는 모든 조건들을 제거하는 맥락을 형성하기 때문이다.14) 그러나 더 중요한 점은 변기가 샘의 의미를 얻는 것은 특정한 문화적, 역사적 맥락 속에서만 가능하다는 점이다. 예컨대 주체적 감각이 화면을 가득 채우고, 그 감각에 의해 지배되는 심미적 체험이 회화의 중심이 되는 현실에 대한 반발이 점점 커지는 상황 속에서라야 비로소 변기는 샘이라는 예술작품이 될 수 있다. 이런 맥락은 세계대전과 같은 역사적 현실이 보여주는 이성의 자기부정이라는 변증의 역사적 맥락 안으로 작가나 관람자가 다 같이 들어가 있을 때에만 가능한 것이다.

이것은 법의 영역에서도 비슷하다. 예컨대 제2차 세계대전 직후 자연법의 부흥이 이루어졌는데, 많은 경우 그 자연법적 요청은 정의에 관한 합리적 논거가 아니라, 비합리적이지만 사람들이 널리 공유하는 정의에 관한 '감정'(Gefühl)으로 채워지기도 했다. 감정이 이성법의 영역에 정의의 요소로 들어올 수 있었던 것은 바로 이성법의 부정적 변증이 세계대전이라는 비참한 현실을 낳았던 역사적 맥락 속에서였다고 할 수 있다.

---

14) 이를 "맥락(context)으로서 미술관 공간"이라고 부를 수 있다. 이에 대한 논의로 자세한 것은 박일호, "포스트모더니즘 시대의 미술관", *예술경영연구* (제4집, 2003.12), 6쪽 아래 참조. 이런 맥락으로서 미술관의 의미는 포스트모던 미술에서도 그 물적 현상은 다원화되었지만, 지속될 수 있다고 본다. 그러므로 '웹아트'라는 개념은 웹상의 모든 행위가 예술이 된다는 의미가 아니라, 예술을 웹이라는 매체로 옮겨온 현상을 가리킨다고 보아야 한다.

2) 새로운 양식을 창출하는 사상

현대미술에서 사상이 예술성을 낳는 문화적 역사적 맥락의 예를 들어 보자. 다다이즘(dadaism)은 제1차 세계대전의 비극적 현실이나 히틀러 시대의 전체주의체제와 같은 역사적 상황 속에서만 예술의 흐름으로 들어설 수 있었던 것이라 이해할 수 있다. 프랑스어로 장난감 목마(木馬)를 가리키는 다다(dada) 사상의 핵심은 '무의미함'이다. 이제까지의 모든 예술의 양식과 그것이 추구한 미학적 가치, 그리고 작품이 생성하는 이미지에 저장된 전승된 도덕적 가치를 모두 무의미하다고 보는 것이다. 그러므로 다다이즘은 반(反)도덕적이며, 비심미적인 것을 좇는다. 그것은 서구사회의 근대적 합리성에 대한 부정이기도 하다. 이런 부정은 곧 '반도덕의 의미', 반문화적 태도를 암시하는 것이다. 이는 제1차 세계대전의 비참한 현실을 반성하는 사상의 예술적 발현이라고 할 수 있다. 그러나 다다이즘에서는 양식이 완전히 해체되고 사상만 있는 것이 아니다. 다다이즘의 사상은 새로운, 그러나 자유분방한 양식을 창출한다. 다다이즘의 가장 중요한 표현양식은 자유분방한 콜라주(collage)와 오브제(objet)이다.

(가) 미학의 정치화로서 콜라주 독일의 대표적인 다다 작가인 회흐(H. Höch)의 작품을 보면 콜라주의 기법, 즉 원래 서로 관련이 없는 이미지들을 본래적 목적이나 용도와 상관없이 결합시키는 기법을 사용한다. 이 자유로움은 이데올로기에 무관심한 중립의 사상성을 지향한다. 그 지향의 실천적 의미는 세계대전이나 나치와 같은 전체주

Hannah Höch,
Da Dandy, 1919[15]

15) 그림사진은 구글(http://www.google.co.kr)의 이미지 검색에서 나온 사진을 퍼옴.

의체제의 현실을 낳은 서구사회의 합리성과 이성에 대한 비판이다. 그렇기에 다다이즘은 '미학의 정치화'(Politisierung der Ästhetik)[16] 라고 볼 수 있다. 하지만 콜라주는 양식적으로도 일상의 파편들이 자유롭게 모여 새로운 아름다움을 창출하는 기능성을 갖는다. 정치화된 미학사상이 새로운 양식의 아름다움을 창출한 것이다.

(나) **철학화된 양식으로서 오브제** 이런 콜라주의 기법이 조형적으로 확장된 것이 오브제이다. 오브제란 더 정확하게는 '발견된 대상'(Objet trouvé)을 말한다. 작가가 아무런 작업도 하지 않은 채 그냥 일상에 이미 존재하는 대상을 '이미 발견되어진 것'(trouvé, vorgefunden)으로 표현하는 것이다. 이때 '이미 발견되어진'이란 그 대상물을 우리가 일상에서 사용할 때 좇는 '실용적 목적성' 이전의 존재세계로 되돌려 놓는 것을 말한다. 그렇게 함으로써 그 실용적 목적성이 계속 확장되어 형성할 수 있는 거대한 사회의 (도덕적) 질서와 그 위에 구축된 정치적 체제의 이념성까지 제거하는 상징이 생성되는 것이다. 이처럼 양식성이 거의 희미해져 있는 다다이즘 작품의 예술성은 전쟁과 전체주의 체제가 세상을 뒤덮은 일상이라는 맥락에서 일상적 대상물을 빼내는 이미지작업을 통해서 생성되는 것이다. 듀샹의 <샘>이란 변기라는 일상적 대상물을 그 일상에서 빼내어 '일상 이전의 (가상적인) 존재상태'로 돌려 놓은 물체인 것이다. 물론 오브제의 기법도 혼돈 속에서 새롭게 질서잡힌 자유로운 아름다움의 이미지를 창출하는 양식성을 갖기도 한다. 오늘날에도 오브제는 새로운 조형미를 창출하는 기법으로 널리 사용되고 있다. 이런 점에서 오브제의 '양식 없는 양식성'은 '철학적 양식성'이라고 부를 수 있다.

16) 이처럼 다다이즘을 미학을 정치화하는 시도로 보는 연구로 Michael Erlhoff/Raoul Hausmann, *Dadasoph: Versuch einer Politisierung der Ästhetik* (Verlag Zweitschrift, Hannover 1982) 참조.

(4) 예술성을 구성하는 비평

여기서 다시 듀샹의 작품 <샘>을 되돌아 보자. 이 작품을 보면 철학적 성찰은 강하지만, 그것의 오브제 기법이 시각적으로 아름다운 이미지를 창출하는 양식성은 매우 약하다고 볼 수 있다. 양식성이 거의 해체되어 있다고 해도 과언이 아니다.

1) 개념미술의 양식성 해체

그렇기에 듀샹의 <샘>은 다다이즘의 끝에 있으면서 사상이 예술성을 형성한다는 점에서 포스트모던적 개념미술의 단초를 이룬다고 할 수 있다. 하지만 다다이즘은 포스트모던 개념미술과 구별되어야 한다. 개념미술은 철학적 양식성마저도 완전히 배제하고 있기 때문이다. 물론 다다이즘 작품들이 생성시킨 양식성과 개념미술의 무(無) 양식성 사이의 구별은 매우 어렵다. 완전히 양식이 없는 작품과 새로운 양식을 창출하는 작품, 즉 새로움 때문에 아직 그 양식성이 잘 읽히지 않는 양식의 작품 사이의 차이는 마치 종이 한 장과도 같다.

2) 미술비평과 메타비평

그 차이를 인식할 수 있게 하는 것이 바로 비평이다.

㈎ 새로운 양식성을 창출하는 사상적 예술성과 미술비평 다다이즘처럼 사상이 새로운 양식을 창출했다고 보는 것도 미술비평의 결과인 것이다. 해석학적 관점에서 달리 말한다면, 다다이즘이 처했던 역사적 문화적 맥락 속에서 작가의 의미기획과 관람자의 이해지평이 서로 만날 수 있게 그 이해를 이끌어주는 미술비평이 다다이즘의 양식성을 사회적으로 승인할 수 있게 해주는 것이다.[17]

17) 그러므로 포스트모던미술에서 예술(art)과 공예(craft)의 차이가 사라진 것이

(나) **사상만으로 예술성을 창출하게 하는 작품의 메타비평** 그러나 아무런 양식도 새롭게 창출하지 않는 사상이 예술성을 생성시키려면, 특히 보통사람의 눈에 예술성을 생성시키는 양식적 특성이 거의 포착되지 않는다면, 작가가 그 작품을 통해 표현하려는 사상은 새로운 철학의 생성으로 볼 만큼 깊이있고, 철저한 것이어야 한다. 그럴 경우에 작가의 사상은 미술비평의 차원을 넘어선다. 예술성을 생성시키는 양식이 완전히 없다고 비평되는 작품이 예술성을 갖게 되는 것은 일종의 '메타비평'(meta criticism)에 의해서 가능하다. 그런 메타비평은 곧 철학이며 법학이 된다. 메타비평이란 미술전문가들의 미술비평을 비평하는 또 다른 차원의 비평을 가리키며, 그런 차원으로서 가장 중요한 것이 철학적 성찰과 법해석학적 검토이다. 따라서 사상만으로 예술성을 생성시키는 작품에 대해서는 미술전문가들의 비평만 중요한 것이 아니라 철학자나 문화사회학자 또는 법학자 등의 비평이 중요해진다. 가령 미술교사 김인규의 <우리부부>[18]의 누드사진이 예술성이 있는 지를 판단함에는 순수 미술비평가들의 미술비평만으로는 부족하다. 철학자의 예술비평이나 법학자의 법해석이 그런 작품의 예술성을 생성시키는 구성적 요소가 되는 것이다.

[모던미술과 포스트모던미술의 특징 차이 요약] 지금까지 논의한 단토(Danto)의 모던미술과 포스트모던미술에 대한 이해를 요약하여 표로 정리하면 아래와 같다. 이 표에서 포스트모던미술에 대한 단토의 이해를 나는 맨 오른쪽 칸에 정리한 바와 같이 수정하는 견해를 취한다.

아니라, 그 둘을 구별하는 방식이 양식의 차별성에서 의미이해의 망으로 이전한 것이라고 볼 수 있다.

18) 이에 관해서는 [1].IV.3.③ 참조.

모던미술	포스트모던미술 (Danto 이해)	포스트모던미술 (이상돈 이해)
① 내러티브(narrative) 진보적 발전의 거대사	내러티브의 소멸 (→ 탈예술)	진보사관적 내러티브만 소멸 미시사적인 내러티브 유지
② 사유적 주체성 의식이 지배하는 감각의 주체적 표현	사상과 관념의 감각에 대한 지배	(다원적) 비평이 그림을 구성함
③ 양식성(style): 재현의 양식에 대한 성찰	양식의 의미상실	양식의 해체적 구성 (양식을 이용하는 양식)
④ 시각성(visuality)	시각성의 소멸	심상적 시각성
⑤ 평면성(flatness)	평면성의 소멸	평면, 입체를 넘나들고 뛰어넘는 다차원성
⑥ 모방성(mimesis)	모방성의 완전 소멸	모방과 독창의 대치: 예술과 비예술을 경계지우면서 경계를 해체함

Ⅱ 포스트모던미술과 포스트모던 법

이상에서 살펴본 포스트모던미술의 특성들은 현대사회에서 성장하고 있는 포스트모던 법의 특성들과 유비적인 관계를 맺고 있다. 이 점을 좀 더 자세히 검토해보기로 한다.

1. 내러티브의 종말과 지속

단토(Danto)의 분석에서 포스트모던미술에서는 내러티브가 더 이상 존재하지 않는다고 한다. 그러나 이런 인식은 제한적으로만 타당하다.

(1) 모던미술의 거대사적 내러티브 종말

단토가 말하는 모던미술의 내러티브는 근대의 낙관적인 진보사관, 유토피아적 사회로 발전해가는 이성의 자기발전적 역사를 말한다. 이런 거대사적 내러티브는 분명 포스트모던미술에서 찾아보기 어렵다. 그러나 그와 같은 근대성의 신화가 아니라, 원시문명이나 중세문화로 회귀하는 듯한 내러티브는 포스트모던미술에서도 쉽게 찾을 수 있다. 더 나아가 모더니즘의 거대사적 내러티브도 완전히 소멸한 것이 아니라 거대사적 차원을 떠너 미시사적 차원으로 이동하여 여전히 행해지고 있다고 볼 수 있다.

최경태, <여고생> 전시회(2001) 중 한 점[19]

가령 최경태의 <여고생 포르노그래피전 2 (2001)>의 작품들은 내러티브가 부재한다거나 그래서 포르노와 다를 바가 없는 것이 아니라, 성도덕에 관한 문명화를 거스르는 성찰, 또는 미성년자의 성 향유를 억압한 근대사회의 윤리에 대한 반성적 성찰, 아니라면 여고생에 대한 성윤리를 전복시키는 탈관습적 성찰을 내레이션하는 것일 수 있다. 이런 내레이션은 유토피아를 향한 역사의 발전이라는 거대사적 의식은 떨쳐 버린 것이지만, 근대사회의 이성적 발전 과정에서 억압된 성을 여고생의 일상에 대한 표현을 통해 마치 구술사[20]처럼 이야기하고 있는 것이다. 물론 여고생의 성기나 신체를 MRI와 같은 의과학기술로 해부되는 형상, 즉 포스트휴먼(posthuman) 신체[21]를

19) 이 이미지는 네이버(naver)의 다양한 블로그에 게재되어 있는 사진이며, 성기 부분을 회색 사각형으로 가린 것은 예술작품으로 생각하는 작가에게 매우 유감스러운 일이지만, 대법원에서 음란물로 판단받은 점을 존중하기 위한 것임.

20) 이에 관해 이상돈, *기초법학* (법문사, 2010), [13]단락 참조.

21) 1990년대 이후 주로 이루어진 이런 미술흐름에 대해서 전혜숙, "미술 속의 포스트휴먼 신체와 의학", *미술사학보* (제37집, 2011.12), 117~146쪽, 특히 포

표현하는 방식으로 표현했다면 구술사적 내러티브보다 더 포스트모던적인 회화가 될 것이다. 그리고 그 경우 의과학적 기술을 통한 인간신체의 변형이 인간종의 자기이해를 새롭게 한다는 점에서 미시사적 내러티브 대신에 거대사적 내러티브가 들어서게 된다.

(2) 이성법의 거대사적 내러티브 종말

근대 이성법도 인간의 실천이성을 통해 지속적으로 더 나은 법을 성취해가는 진보적 역사의식 위에서 구축된 법이다. 모더니즘의 거대사적 내러티브는 자유주의적 법제의 구축에서 노동자를 비롯한 사회적 약자를 보호하는 사회국가적 법제의 성장, 그리고 절차적 정당성을 통해 법에서 자유와 평등의 갈등을 변증적으로 지양하는 법제의 성장에 이르는 법의 역사적 발전으로 현실화되었다고 할 수 있다. 이러한 역사적 발전과정은 이성의 발현이라고 할 수 있다. 그러나 이성의 해체를 통해서 비로소 법적 정의가 생성될 수 있다는 관점이 확장되고, 그런 관점이 매우 유효한 법적 사례들이 증가함에 따라 이성의 발전이라는 내러티브가 더 이상 진행되지 않는 법의 현상들이 등장하고 있다. 이성의 역사적 발현과 단절하고 이성을 해체하는 방향성을 가진 새로운 현상의 모든 법을 포스트모던 법[22]이라고 부를 수 있다. 가령 동성애는 이성의 발전이라는 관점에서는 범죄취급에서 관용의 대상을 거쳐 인권보호의 관점에서 허용되는 보호(예: 동성애 커플의 상호부조의무 인정)까지만 이성법적 전통에 수용될 수 있다. 이에 비해 동성애자의 혼인권을 인정하는 법은 "혼인과 가족생활은 개인의 존엄과 양성의 평등을 기초

스트휴먼 신체와 관련된 미술 전시에 관한 소개와 설명은 118쪽 참조.

22) 포스트모던 법현상에 대한 이해로는 이소영, *포스트모던적 사유의 법학적 수용: 법사회사와 법문학의 영역을 중심으로* (고려대 박사학위논문, 2010) 참조.

로 성립되고 유지되어야" 한다고 규정하는 근대적 성격의 헌법(제36조 제1항)이 개정되어야 한다는 점에서 포스트모던적이라 할 수 있다. 이런 법에는 이성의 발전이라는 거대사적 내러티브는 소멸하지만, 그 당사자들의 구술사적 관점에서 생성되는 다원화되고, 지역화된 내러티브가 이루어지는 것이다.

2. 시각성과 양식의 변화

개념미술에서는 양식을 통해 의식을 대변하듯이 사물을 표현하는 시각성이란 특성이 거의 사라져 있다. 시각성은 미술의 본질과 거의 관련 없는 것처럼 떨어져 나간 것이다.[23]

(1) 심상적 시각성

이에는 시각성 대신에 관념성이 두드러진다. 가령 개념예술의 전시들을 보면, 눈에 보이는 것들은 작품의 예술성을 고유하게 특징짓지 못한다. 그 전시물들은 단지 바라보일 뿐이다. 이 바라보임의 시간적 진행 속에서 관람자의 마음에는 마치 눈이라는 감각기관으로 무엇을 보아내듯, 이미지가 비쳐질 수 있다. 그러니까 시각성은 감각기관인 눈에 볼거리가 되는 상태로부터 '바라봄'의 과정 속에 마음에 일정한 상(심상 心象)이 맺히는 방식으로 변한다. 그러므로 시각성은 포스트모던미술에서 사라졌다고 말하는 것보다는 눈이라는 감각(기관)의 차원에서 마음 속 상상의 차원으로 이동했다고 말하는 것이 더 적절하다. 다시 말해 시각성은 포스트모던미술에서 사라진 것이 아니라, '감각적 시각성'(sensual visuality)에서 '심상적(心象的) 시각성'(imaginary visuality)으로 옮겨갔을 뿐이다.

23) Arthur C. Danto, 앞의 책, 16쪽.

(2) 텍스트의 시각성과 양식의 양식성

이 심상적 시각성은 포스트모던 예술에서 때로는 이미지가 아니라 텍스트의 형태로도 수행된다.

1) 리히텐슈타인 그림의 텍스트

가령 리히텐슈타인(Roy Lichtenstein)의 작품 <Forget It! Forget Me!>에는 "FORGET IT! FORGET ME! I'M FED UP WITH YOUR KIND"라는 텍스트가 들어가 있다.

Roy Lichtenstein, Forget It! Forget Me!, 1962[24)]

(가) 심상적 이미지로서 텍스트 먼저 이 텍스트는 만화의 스토리를 전달하는 글이 아니라, 보이지 않는 이미지의 생성을 위한 것임을 인식할 필요가 있다. 이 텍스트는 이 그림에서 시각적으로 보이는 그림부분을 넘어서 다른 것들이 마음 속에 비쳐지게 하는 촉발작용을 한다. 가령 텍스트의 문자적인 의미는 통상적인 의미의 맥락에서 읽혀지는 의미를 그대로 전달하기 위한 기법이 아니다. 만일 그렇지 않다면, 이 그림은 단순한 만화가 되어 버린다. 이 그림의 텍스트는 정반대의 이미지, 즉 여자가 자기를 잊으라고 말하는 상황 속에서 남자가 속마음으로 말하고 싶었던 것을 말한 것으로 이해될 필요가 있다. 다시 말해 그 텍스트는 그 텍스트의 통상적 의미와 정반대의 반전된 의미에 해당하는 이미지를 감상자의 마음 속에 맺히게 하는 것이다.

(나) 텍스트와 그림의 거듭되는 의미전복 텍스트의 이처럼

---

24) 그림사진은 http://www.wikipaintings.org/en/roy-lichtenstein/forget-it-forget-me-1962에서 퍼온 것임.

전복된 의미는 이 그림의 회화적 부분의 이미지를 다시 한번 반전시킨다. 즉 얼핏보는 것과는 달리 그림에서 남자가 여자에게 이별을 고하는 것이 아니라, 여자가 남자에게 이별을 고하는 것이다. ③ 그리고 회화부분이 이렇게 반전된 의미로 이해됨으로써 바로 그 텍스트는 통상적 의미가 아닌 뒤집혀진 의미를 생성시키는 이미지로 기능하게 된다. 여기서 '① 텍스트의 반전된 심상적 이미지 → ② 회화부분의 이미지 반전 → ③ 텍스트의 통상적 의미의 반전 → ① 텍스트의 반전된 심상적 이미지'라는 순환적인 반전구조가 구축된다. 이 순환적인 반전구조가 바로 이 팝아트의 예술성을 형성하는 사상적 차원이다.[25]

그렇기에 리히텐슈타인의 그림에 대해 진실한 감정이나 깊은 의미를 전달하려는 진지한 의도[26]가 결여되어 있다는 식으로 비평한다면, 그것은 매우 잘못된 비평이다. 텍스트를 통해 만화의 양식을 빌리면서도 만화가 아닌 것이 되게 하고, 고급예술과 저급예술의 구분을 해체하며, 동시에 텍스트의 통상적 의미와 회화부분의 통상적 의미를 서로 꼬리에 꼬리를 물면서 순환적으로 뒤집는 방식이 리히텐슈타인의 작품을 만화가 아니라 예술로 인정할 수 있게 한다.

2) 미술과 법의 다원주의

이처럼 다중적으로 양식을 이용하는 양식성은 모던미술의 양식

---

25) 장민한, "아서 단토의 미술종말론과 그 근거로서 팝아트의 두 가지 함의", *현대미술논집* (제19집, 2006.6), 78~88쪽은 팝아트의 두 가지 함의로서 ① 지각적 식별불가능성과 의미의 구현, ② 미술에 대한 믿음체계의 변화와 내러티브의 종말을 든다. 내가 여기서 설명한 '심상적 시각성'이란 ①의 의미구현 차원을 좀더 변증적 사고로 구체화한 설명이라고 볼 수 있다.

26) 진지한 예술적 가치의 하나로서 작가의 성실한 의도성을 말하는 Amy M. Adler, "Post-Modern Art and the Death of Obscenity Law", *The Yale Law Journal* (Vol. 99, 1990), 1365~1369쪽 참조.

을 해체하고(양식의 해체적 구성), 포스트모던미술의 새로운 예술성을 생성시킨다. 이렇게 되면 미술의 서사 공간도 "가상세계와 우주에로의 무한대로 넓어지면서 미술가들도 동시편재적 노마디즘(ubiquitous nomadism)을 향유하게 될 것이고, 미술 작품 또한 다양한 해석의 지배를 받게"27) 된다.

(가) 개방된 분리성의 양식　　이런 점에서 포스트모던미술에서도 양식은 종말을 고한 것이 아니라 양식이 특정되지 않고, 무한대로 다양해진 것이라 할 수 있다. 그렇기 때문에 듀샹이나 워홀의 위 작품들은 팝아트를 열어놓은 역사적 의미를 가질 뿐, 포스트모던미술을 정의하는 힘을 갖지는 못한다. 그것은 양식이 어떻게 없어져야 하는지를 규정하지도 못한다. 이들의 작품은 다분히 미술을 철학화하였는데, 그 사상은 마치 의식의 변증적 자기발전과 같은 궤적, 즉 <세계의 모방적 재현 → 사유하는 주체가 지배하는 감각적 이미지의 표현(모던 회화) → 시대정신이 예술을 구성함>의 궤적을 그린다는 점에서 헤겔(Hegel)의 의식철학에 합류한다고 말할 수 있다. 그런 점에서 모던회화의 사유적 주체가 정신으로 바뀌었을 뿐 미술이 '의식철학'(Bewußtseinsphilosophie)의 궤도에서 펼쳐진다는 점에서는 모던회화의 역사를 완전히 벗어난 것이라고 할 수 없다. 이런 비판은 물론 개념예술(conceptual art)에도 그대로 타당하다. 이 점을 두고 "전례 없는 다원주의로서 매체들간의 개방된 분리성(open disjunction, disjunctivness)"이라고 부를 수 있다. 그러므로 추상미술이든 — 그것이 모던회화의 변증적 자기발전의 필연적 결과28)이긴 하지만 — 팝아트나 개념예술과 같은 포스트모던미술

27) 최애주, "미술의 종말인가 미술철학의 시작인가 - 워홀의 <브릴로 상자>를 중심으로", *강원인문논총* (제17집, 2007.6), 290쪽.

28) 같은 인식으로 장민한, "아서 단토의 미술종말론과 그 근거로서 팝아트의 두

이든 다중적으로 양식을 이용하는 다원적 양식의 단지 한 예에 불과하게 된다. 그러므로 포스트모던 시대에 회화를 설명하는 통일된 이론은 이제 더 이상 존재하지 않는 것이다.[29]

(나) **포스트모던 법에서 다원주의** 이는 오늘날 법에서 통일성이 상실되고, 사회영역마다 각기 다른 다원적인 가치들이 법가치로서 승인되고, 법규범이 중앙집권적인 방식이 아니라 지역화된 방식(지역화된 기구와 그 지역내의 고유한 절차)으로 형성되는 현상, 즉 법다원주의(legal pluralism)에 비유할 수 있다. 법다원주의에 의하면 법을 형성하는 범주적인 양식이 특정되거나 통일화될 수 없다.

ㄱ) 대칭성과 질감미의 개방된 분리성 가령 독일에서는 환자가 의사를 선택할 권리와 의사가 환자를 선택할 권리는 대칭적으로 분배되는 기하학적 조형미의 '양식'[30]을 띠지만, 우리나라 의료법(제15조 제1항)은 의료소비자주권의 이념을 바탕으로 의사는 환자를 선택할 권리가 없고, 환자만 의사를 선택할 권리를 갖는 식의 '비대칭성'으로 각인되어 있다. 즉 기하학적 조형미의 양식이 우리나라 의료법에는 매우 부족하다. 이런 "타인과의 관계에 있어서의 대칭성"[31] (symmetry of everyone's relation to each other)은 롤즈(Rawls)가 원초적 상태에서 존재하다고 본 도덕적 개인들 사이의 공정성(fairness)에 해당한다.

하지만 이런 대칭성이라는 법적 양식의 상실이 곧 법적 정의의

가지 합의", *현대미술논집* (제19집, 2006.6), 89쪽.

29) 같은 맥락에서 다원주의 미술의 시대와 다원주의 미술비평을 말하는 장민한, 앞의 논문, 90~91쪽.

30) 이 대칭성을 "내향적 대칭성"(intrinsic symmetry)이라고 부르는 이상돈, *법미학* (법문사, 2008), 114쪽 아래 참조.

31) John Rawls, *A Theory of Justice* (The Belknap Press of Harvard University Press, 1999), 11쪽.

상실을 의미하는 것은 아니다. 환자와 의사의 비대칭적 관계의 법적 모형은 환자보호의 필요성과 의사의 환자에 대한 후견주의적 문화의 전통 속에서 사회적으로 수용가능한 정의감정(Gerechtig-keitsgefühl)에 근거한 것이기 때문이다. 다만 매체들간의 '개방된 분리성'의 관점에서 바라보면, 이런 비대칭성은 가령 국민건강보험제도(국민건강보험법 제42조 제5항)라는 사회보장체계 안에서는 법적 정의를 실현하는 '질감미'의 양식으로 대체될 수 있고, 또 다른 한편으로 자유경제구역에서 형성되는 자유의료시장에서는 법적 정의를 구성하는 모던 '양식'의 상실이 될 수도 있다. 그러므로 이성법의 전통적인 양식들이 상실된 포스트모던 법의 정의실현여부는 '개방된 분리성'을 갖고 판단하여야 한다.

여기서 두 가지 점이 확인된다. 첫째, 의료법 또는 국민건강보험법이라는 매체에 따라 같은 법제도라도 정의실현에 다른 결과를 가져오는 분리성이 확인된다. 둘째, 대칭성이라는 법적 정의의 양식이 질감미로 대체된다는 것은 모던미술의 시각성이 심상적 시각성으로 대체되는 것에 상응한다. 질감미는 시각에 의한 미학적 정의가 아니라 촉각에 의한 미학적 정의이며, 이는 법이 '이성'의 법에서 '감성'의 법으로 변환되는 것임을 말해준다. 이는 시각중심의 모던미술이 심상적 시각성 중심의 포스트모던미술로 변화하는 것에 상응한다. 심상적 시각성이란 마음 속에 맺히는 이미지로서 주로 감성의 영역에서 생성되는 것이기 때문이다.

ㄴ) 법의 상호합법성으로서 개방된 분리성 이 '개방된 분리성'은 국내법의 차원을 넘어 국제사회에서 모든 국가의 법이 동등하게 보편성을 인정받는 상호합법성(interlegality)[32]으로 발현될

32) 이런 착상의 원조는 J. Habermas, *Faktizität und Geltung* (1992), 151쪽,

수도 있다. 여기서 상호합법성이란 각 국가의 국내공론에 의해 그리고 민주적 입법절차로 형성된 법은 국가간에 차이와 충돌을 보이더라도 모두 정당한 법으로 서로 승인하고 존중해야 함을 말한다. 이로써 법적 정의의 양식은 각국마다 다르고, 그 양식들은 외형상으로는 서로 충돌할 수도 있다. 가령 서구의 법체계를 수용한 국가들 사이에서도 어떤 국가는 동성혼을 인정하고, 다른 국가는 불허할 수 있고, 동성애자에 대한 인권보호의 수준도 각국의 문화적 역사적 특수성에 따라 다를 수 있다. 여기서 법이 정의를 실현하는 양식은 근대적 이성의 발현양식에 국한되지도 않고, 모든 국가에 통일되지도 않는다.

이상과 같이 정의를 실현하는 법적 양식의 다원성과 개방성, 그리고 문화적 차이를 넘어서고, 국가간 차이를 가로지르는 상호합법성의 현상은 포스트모던미술에서 모던미술의 양식 해체와 분리된 개방성의 모습과 병렬적인 것임을 알 수 있다.

3. 미술비평의 구성적 의미와 법률말놀이

앞서 단토(Danto)는 포스트모던미술의 특징 가운데 하나로서 사상과 비평이 작품의 세계에 들어간 점을 지적한 바 있다.33) 이런 지적은 일면 타당한 것이긴 하지만, 충분한 것은 아니다.

159쪽; J. Habermas, "Über den internen Zusammenhang von Rechtsstaat und Demokratie", Ulrich K. Preuß(Hrsg.), *Zum Begriff der Verfassung* (1994), 83~94쪽; 그것의 법이론적 발전은 K. Günther, "Rechtspluralismus und universaler Code der Legalität: Globalisierung als rechtstheoretisches Problem", Wingert/Günther, *Die Öffentlichkeit der Vernunft und die Vernunft der Öffentlichkeit* (2001), 557쪽; 그리고 한국사회에서 적용은 이상돈, *인권법* (법문사, 2005), 140쪽 아래.

33) Arthur C. Danto, *After the End of Art* (Princeton University Press, 1997), 12~16쪽.

1) 미술을 구성하는 비평과 예술세계

단토의 지적은 사상과 이론을 배경에 두고 수행되는 작품비평이란 단지 '이미 존재하는' 작품에 덧붙여지는 의미적 요소가 된다는 점에 대한 것이다. 그러나 사상과 이론은 이미 존재하는 작품에 덧붙여지는 추가적인 의미적 요소에 그치지 않고 작품 자체를 '구성'하는 요소가 된다. 즉, 앞서 설명한 리히텐슈타인의 그림이 만화가 아니라 미술(회화)이 되는 것은 그것이 비록 만화의 양식을 가지고 있음에도, 이 양식을 사용하는 포스트모던 양식의 고유한 의미 때문인데, 이 의미는 비평을 통해 '비로소' 드러난다. 여기서 일반인은 리히텐슈타인의 그림이 즐겨 사용한 만화같은 양식의 고유한 의미를 이해할 수 없음을 상기해보자. 보통사람들은 그 그림이 천문학적 숫자의 가격으로 판매되었다는 뉴스로 인해 그 그림에다 예술로서의 권위를 인정해주기 쉽다. 그러나 그 그림이 만화가 아니라 회화가 되는 진정한 힘은 판매가격이 아니라 바로 비평의 힘 때문이다. 그러므로 비평은 단토(Danto)가 말한 수준보다 더 강력한 의미에서 그림에 관계한다. 즉, 비평이 작품의 예술성을 구성하는 것이다. 비평이 작품을 구성하는 것은 물론 비평의 담론이 펼쳐지는 전문가 세계의 존재를 전제한다. 단토가 "어떤 것을 예술로 본다는 것은 눈이 볼 수 없는 어떤 것, 예술이론의 분위기, 예술의 역사에 대한 지식, 즉 예술계(art world)를 필요로 한다"[34]고 말한 것도 이를 의미한다.

---

34) Arthur C. Danto, "The Art World", *The Journal of Philosophy* (Vol. 61, Issue 19, 1964), 571~584쪽; *After the End of Art* (Princeton University Press, 1997), 165쪽.

2) 예술담론과 법률말놀이

팝아트에서 보듯 문화적, 역사적 맥락과 비평의 힘에 의해 작품이 실재 사물과 같아 보이면서도 예술로 승화되는 현상은 언어철학의 미술사적 반영으로도 볼 수 있다.

㈎ **예술론의 화용론적 전환** 포스트모던미술은 형이상학적 공허험과 무의미를 파헤치고, 공통된 일상인들의 경험과 담론에 의지함으로써 실재사물을 예술로 만든다.[35] 이런 현상은 비트겐슈타인(L. Wittgenstein)의 화용론적 전환(pragmatic turn)에 상응한다.

ㄱ) **양식사용의 놀이** 팝아트와 같은 포스트모던미술의 예술성은 일상인들의 미학적 담론에 의해 구성되는 것이며, 그 담론은 역사적으로 끊이 없이 변한다. 그럼에도 무엇을 예술로 볼 것인지는 일종의 놀이(Spiel)이다. 이 놀이는 어떤 작품의 예술성을 낳는 양식의 사용에 관한 규칙을 형성하고 변화시키는 놀이다.

ㄴ) **양식사용규칙과 미학적 가치판단규칙의 구별** 이런 양식의 사용규칙은 작품의 미학적 가치에 대한 판단의 규칙과는 구별되어야 한다. 어떤 양식을 사용한다는 것은 미학적 가치를 가질 가능성을 열어주는 것이긴 하지만, 그 기존의 양식사용규칙을 따르거나 해체하는 행위가 어떤 미학적 가치를 가지는 것인지는 규칙에 의해 결정될 수 없고, 비평에 의해 판단될 수 있을 뿐이기 때문이다.

ㄷ) **예술놀이의 비민주적인 민주성** 이와 같은 예술놀이는 비트겐슈타인의 말놀이(Sprachspiel)의 변용으로 볼 수 있다. 그런데 여기서 주목할 점은 팝아트와 같은 포스트모던미술의 예술성

35) 이렇게 바라보는 Arthur C. Danto, *After the End of Art* (Princeton University Press, 1997), 129~130쪽 참조.

은 단순히 일상인들의 담론과 그에 기초한 예술놀이에 의해 구성되는 것이 아니라는 점이다. 미술비평은 매우 전문적이며, 전문가 집단의 특유한 의사소통적 맥락 속에서 수행되기 때문이다. 이 점에서 팝아트가 예술의 민주성을 가져왔다고 하더라도, 실제로는 '비민주적인 민주성'을 가져온 것이다. 즉 전문가들의 비평담론이 — 단토(Danto)의 개념으로는 예술계(art wolrd)가 — 예술성을 구성하는 주도적 역할을 수행하고, 일반시민들의 예술놀이는 그 전문가 담론에 의해 이끌려진다는 것이다.[36] 다만 전문가 비평담론은 일반시민들의 민주적인 예술놀이에 지향되어 이루어져야 한다.

(나) **법의 화용론적 전환** 이는 법해석에서 법전문가들의 해석활동과 일반시민들의 법이해 사이의 관계와 완전히 일치한다. 법해석은 법률단어의 놀이(법률말놀이[37])이며, 이 법률말놀이는 법률전문가들의 해석공동체에서 전문적으로 수행되고, 그 결과들이 보통의 시민들에게 전달된다(언어적 분업). 물론 법전문가들의 담론은 일반시민들의 보편적 이익을 지향해야 한다(민주성). 그래서 법해석도 "불가피하게 비민주적인 민주적 법적 통제의 패러독스"[38](Paradoxen der notwendig undemokratisch demokratischen Rechtskontrolle)를 겪을 수밖에 없다. 법률말놀이에 관한 나의 이론은 원래 법에서 모더니즘의 현대적 발전으로 소개된 이론이다. 그러나 여기의 설명에 따르면 팝아트가 문을 열어 놓은 포스트모던미술은 모더니즘과 완

36) 그러나 미술세계에 떠도는 가십(gossip)도 진정한 미술사를 형성한다고 보는 견해도 있다. 이에 관해 고동연, "1950년대 뉴욕 화단에서 가십, 미술비평, 그리고 남성성에 대한 논의", *미술사학보* (제29집, 2007.10), 85~114쪽 참조.

37) 이런 이론으로 이상돈, *법이론* (박영사, 1996), 178쪽 아래 참조.

38) Podlech, "Die juristische Fachsprache und die Umgangssprache", in: Petöfi/Podlech/Savigny (Hrsg.), *Fachsprache-Umgangssprache* (1975), 180쪽 참조.

전히 '단절된' 것이 아니라 오히려 사유적 주체 중심의 모더니즘의 자기반성에서 연원하는 것임을 간접적으로 말해준다. 포스트모더니즘은 모더니즘과 전혀 다른 것이 아니라 모더니즘의 또 다른 발전인 것이다. 그런 모더니즘을 성찰적 모더니즘이라고 부를 수 있다.

4. 다원주의적 미술비평과 법학방법

(1) 포스트모던법학과 다원주의적 미술비평의 동류성

하지만 좀더 포스트모던적인 법의 발전은 이런 이성적 성찰의 단계를 지나 법형성이나 법해석을 미시사적 분석방법(예: 계보학적, 구술사적, 일상사적 분석방법)[39]이나 법의 정신분석[40]에 의존하여 수행하는 단계로 나아가고 있다. 이런 방법들은 근대법학의 법학방법을 대체하는 것이 아니라 문제마다 그때 그때 적절하게 선택될 수 있는 수많은 방법 가운데 하나가 된다. 다원주의적 법학방법은 포스트모던미술의 시대에서 적합한 다원주의적 미술비평, 즉 "작품의 근거, 의미, 지시의 맥락에서 작품에게 그 고유한 의미에 대한 질문을 제기하며, 어떻게 물질적으로 구현되었으며 또 어떻게 이해되어야 하는가 하는 점에 입각해 있는 비평"[41]과 같은 미술비평이론의 다른 모습이라고 볼 수 있다.

기령 최경태의 <여고생 - 포르노그래피전 2 (2001)>의 여고생 작품들은 여고생들의 일상사와 구술사적 분석을 통해 얻어지는 성의 억압에 대한 성찰을 수행함으로써 그 작품의 예술성을 생성시킬 수 있다. 이런 (사상적) 예술성의 사회적 승인은 마치 성매매여성들의

39) 이에 관해 자세히는 이상돈, *기초법학* (법문사, 2010), 507쪽 아래 참조.
40) 이상돈 · 민윤영, *법정신분석학입문* (법문사, 2010) 참조.
41) Arthur C. Danto, *After the End of Art* (Princeton University Press, 1997), 150쪽.

구술사적 고찰을 통해 (포주 등에 의해 조직화되지 않은) 자발적 성매매를 처벌하지 않고, 심지어 합법화하는 법률의 합리성에 대한 사회적 승인[42]과 평행적인 현상이다. 구술사적 고찰은 "맥락에 섬세한 규율(kontextsensible Regelung)"[43]을 가능케 하는 방법이며, 당사자의 삶의 '맥락'에서 성매매가 당사자에게 어떤 고유한 의미를 지니는지에 대한 의문에 답함으로써 법을 형성한다. 바로 이 점에서 법의 구술사적 형성은 다원주의적 미술비평과 같은 해석구조를 갖고 있다.

그렇기에 다원주의적 미술비평과 법의 미시사적 고찰방법들은 서로 내적인 정치적 연합을 맺을 수 있다. 가령 성매매를 합법화하는 법적 정의 개념의 포스트모던적 변화는 <여고생>과 같이 포르노와 유사한 회화에 대해서도 음란물로 통제하지 않는 법의 변화를 보여줄 수 있을 것이다.

(2) 미술의 지방어화와 법의 지역화

이런 의미에서 비평을 지속적으로 지역화할 필요가 있다. 바꿔 말하면 비평도 '지방어가 되어'(vernacularize)야 하는 것이다.

1) 지역화된 예술성

특히 한 공동체의 주류집단이 예술계를 통하여 (유명한 미술관에 전시될 수 있는 작품으로 선별되는) 미술과는 '다른' 미술이 예술성을 인정받을 수 있으려면 이와 같은 비평의 지방어화가 필요하다. 이

---

42) 이에 관해서 이상돈, *기초법학* (법문사, 2010), [19]단락 참조.

43) 이를 위해 여성의 지위 강화뿐만 아니라 정치적 의사소통과정에 대한 참여를 촉진시켜야 한다고 보는 J. Habermas, *Faktizität und Geltung* (Suhrkamp, 1992), 515쪽. 이에 의하면 성매매여성은 성매매처벌법제의 제정과정에 그들의 목소리를 듣게 할 수 있어야 하고, 이때 그들의 목소리란 구술사적 분석을 통해서 효과적으로 청취될 수 있다.

런 지방어가 된 비평에 의해 인정되는 예술은 예술의 주류적 역사 밖에 위치하는 예술(extrahistorical art)일 수 있다. 사실 미술의 주류적 경향이란 것도 알고 보면 비록 넓지만, 본질적으로는 지역적인 것일 수 있고, 그에 대한 비평의 언어들도 지역적인 것일 수 있다.[44] 가령 리히텐슈타인의 만화같은 그림들이 위대한 예술작품으로 승인되는 것은 그 작품의 예술성을 인정하는 비평언어가 성장했기 때문이다. 이 언어들은 모던미술의 예술성을 떠받쳤던 주류 비평언어 밖에 위치하는 것이었다. 이런 비평언어의 지방어화는 다원주의의 현대사회에서 이성법의 실현이 한계에 부딪힘으로써 이성법이 전문영역마다 개별화, 특수화되고, 그렇게 분화·발전된 전문적인 이성법 사이의 체계적 통일성을 유지하지 않는 법의 발전 현상, 즉 이성법의 '지역화' 현상[45]에 비견할 수 있다.

2) 미술비평언어의 지방어화의 한계

지방어화든 지역화든 주류적인 비평언어 밖의 언어를 만드는 것이지만, 한계가 없는 것은 아니다. 가령 김인규 교사의 <우리부부>처럼 중년부부가 자동카메라로 나체사진을 찍고, 그것을 미술작품이라고 개념화하는 언어도 미술의 주류역사 밖에 위치하는 예술로 승인할 수 있는 것일까? 예술비평의 지방어화가 분리된 개방성 속에서 어떤 예술적 양식성도 근거지을 수 없을수록, 그리고 예

44) 80년대 부산에서는 소시민의 주체분열을 함축하는 (당시 한국 미술계에 풍미했던 추상적 이미지와 달리) 일상적 구체성을 그린 그림들이 많았다고 한다. 이런 경향을 부산이라는 지역(locality)에 뚜렷한 미술적 경향으로서<형상미술>이라고 개념화하고, 이를 통해 지배적인 생산양식(예: 포디즘 Fordism)에 대한 미학적 대응을 한 것으로 바라보는 박훈하, "80년대 부산 <형상미술>의 가능성과 그 현재적 의미", *인문학논총* (제15권 제3호, 2010.10), 119~144쪽 참조.

45) 이런 이론으로 이상돈, *기초법학* (법문사, 2010), [14]단락, 특히 561쪽 아래 참조.

술의 자유가 가능하기 위한 사회의 도덕적 기반을 상징적이 아니라 실제적으로 해칠수록, 예술을 구성하는 비평의 지방어화는 승인될 수 없다. 가령 학생이 드나드는 교사의 개인 홈피에 누드사진을 아무런 조건 없이 게시하는 것을 두고 예술이라고 부를 수 없다. 그렇지 않다면, 교사가 나체로 교단에서 학생들을 가르치는 행위도 예술적 퍼포먼스라고 비평할 수 있고, 그 비평을 허용해야만 할 것이기 때문이다. 이 예에서, 예술비평의 지방어화는 니체(Nietzsche)가 말하는[46] 극단적 허무주의(Der extremste Nihilismus)로 치닫는 것과 같은 것이 아님을 알 수 있다.

3) 이성법의 지역화의 한계

이 점은 법의 지역화 현상에서도 마찬가지이다. 가령 가족생활이라는 사회영역에서 동성애자들의 하부문화, 이를테면 동성의 결합을 '혼인'으로 개념화하는 것은 비록 인권을 촉진시키기는 하지만, 양성을 기초로 한 혼인의 전승된 문화적 상징에 대한 사람들의 권리를 지워버린다는 점에서 법적으로 승인될 수 없다. 왜냐하면 동성애자의 혼인권 보장은 이성애자의 혼인에 대한 문화적, 종교적 권리를 침해함으로써 권리의 대칭성을 훼손하기 때문이다. 여기서 권리의 대칭성이 법에서 기하학적 조형성이라는 이성적인 미학적 가치라는 점을 되새기면, 동성애자의 혼인권 보장과 같은 가족법의 지역화는 이성법의 성찰적 한계를 넘어서는 것이라 할 수 있다. 다시 말해 포스트모던 사회에서 법의 지역화 현상을 인정한다고 해

---

46) 니체(Friedrich Nietzsche)는 <① 불명료한 시기(1850~1888) → ② 위대한 아펙트들의 시기(1888~1988) → ③ 혼란의 시기(1988~2088)>라는 허무주의의 현상형식의 발전을 말하였다. 극단적 허무주의'가 20세기말 이후 혼란의 시기에 퍼질 것이 예견되었다. 이에 관해 니체 (백승영 역), *유고(1888년 초~1889년 1월 초)* (해제) (책세상, 니체전집 21권, 2004), 제2부, 2.단락 참조.

도 이성법의 미학적 가치들(예: 대칭성, 균형성, 정합성)은 여전히 국가적 또는 종교적, 문화적 경계를 가로지는 하나의 공통된 법가치로 남아 있을 수 있다는 것이다. 여기서 김인규 교사의 <우리부부>가 예술로 승인될 수 없는 것과 동성애자의 '혼인권'이 승인될 수 없는 것은 같은 이치이다. 즉 <우리부부>는 미술과 법의 다원화와 그것을 이끄는 비주류 언어의 성장도 넘어설 수 없는 이성적 한계를 넘어섰기 때문이다.

06 | 미술비평과 법 |

미술양식의 해체와 법

I 미술과 법에서 아방가르드와 그로테스크

아방가르드(avantgarde)와 그로테스크(grotesque)라는 용어는 미술비평에서 가장 많이 사용되는 비평언어라고 볼 수 있다. 그러나 그 의미는 매우 모호기에, 비평가들마다 서로 엇갈리거나 모순되게 때로는 양자를 중첩시켜 사용하기도 한다.

1. 아방가르드의 미학과 법의 정의

아방가르드는 일반적으로 기존의 권위와 전통에 저항하고, 혁명적인 예술 정신을 좇는 예술행위나 작품을 가리킨다.

(1) 모더니티의 아방가르드 요소

아방가르드는 오늘날에 흔히 포스트모던미술의 한 특성처럼 사용되기도 한다. 하지만 이는 다소 수정될 필요가 있다.

1) 모던미술의 아방가르드 요소

아들러(Amy M. Adler)는 모던미술의 전통에서 진지한 예술적 가치를 갖기 위해서는 새롭고 독창적이고, 아방가르드적[1](new, original and avantgarde)일 것이 요구된다고 보았다. 이럴 경우 아방가르드는 모던미술의 미학적 가치를 구성하는 요소로 이해된다. 다다이즘이나 입체주의 이전의 모던미술에서 모더니티(modernity)의 역사적 의미를 고려할 때 아들러의 예술성 이해는 잘못된 것이라고 볼 수 없다. 즉, 모더니티는 근본적으로 계몽철학에 뿌리를 두고 있고, 따라서 역사가 이성의 발전 속에서 더 나은 미래를 향해 일차선형적으로 뻗어나아간다는 진보성의 함의를 갖고 있다. 불교처럼 윤회하는 것이 아니라, 아방가르드적 요소를 통해 진보하는 역사를 이루어 나아갈 때, 미술도 그 (예술적) 가치가 인정될 수 있다는 것이다.

2) 이성법의 아방가르드 요소

이처럼 아방가르드를 모더니티의 요소로 바라보는 관점은 법에서도 유효할 수 있다. 가령 입법이든 판례의 변경이든 모든 법의 변화는 더 나은 법의 미래, 이전보다 더 정의로울 수 있는 법을 기획하는 것이며, 이 기획은 근대 이성법의 역사성을 이룬다. 특히 근대 이성법이 자연법의 제도화였고, 그 자연법의 구체적 내용은 역사적으로 변화하는 것이라는 '구체적, 역사적 자연법'론은 이성법에서 아방가르드에 해당한다. 아방가르드는 법률해석에서도 이성의 지속적인 실천양식이다.

---

1) Amy M. Adler, "Post-Modern Art and the Death of Obscenity Law", *The Yale Law Journal* (Vol. 99, 1990), 1366쪽.

(2) 모던양식의 파괴로서 아방가르드

그러나 아방가르드의 진보성은 기존의 양식을 파괴하는 방식에서 생겨난다.

1) 입체주의와 아방가르드의 이해

역사적으로도 포스트모던미술 이전이긴 하지만 일종의 서막으로 제1차 세계대전 후 등장한 다다이즘이나 입체주의, 초현실주의 등의 미술을 당대에 처음으로 아방가르드라고 불렀다. 가령 Picasso가 3차원의 사물들을 다각적인 평면으로 그리는 것은 그 시대에서는 그리기의 지배적인 양식을 파괴하는 것이었다고 할 수 있다. 즉 피카소는 당시까지 사물의 존재를 입체적으로 그리는 방식인 원근법이나 명암법의 허위성을 깨뜨리고, 시점(視點)을 복수화하여 색과 면을 분해하는 양식을 사용하였다. 피카소의 이런 입체주의는 인상주의의 감각적 시각성으로 정점을 보인 이성의 미학적 원리들(예: 원근법과 명암법 등)을 해체하는 것이고, 이는 마치 근대적 이성의 미학적 양식을 해체하는 것이라 할 수 있다.

> [피카소의 오줌누는 여자] 가령 피카소의 <오줌누는 여자>(Woman Pissing)를 보자. 이 그림에서 표현되는 내용은 당대에도 음란물로 통제받을 수 있는 것들이었다. 그러나 누구도 이 그림을 포르노라고 보지 않는다. 그것은 무엇보다도 인간이 갖고 있는 리비도의 원천을 입체주의라는 새로운 양식을 통해 상징적으로 창출한 데 그 까닭이 있다. 앞서 소개한 최경태의 <여고생>[2]이 음란물로 처벌된 까닭은 사상성에서는 <여고생>이 피카소의 <오줌누는 여자>보다 높은 수준일 수도 있지만, 양식성에서는 상대적으로 낮은 수준을 보였기 때문이라고 평가할 수 있다. 즉, <오줌누는 여자>는 매우 혁신적이면

2) 이에 관해서 앞의 [5]단락의 II.1.(1) 참조.

서 표현적인 양식 속에 사상이 엷게 배어 있는 데에 비해, <여고생>은 혁신적인 양식이 약하고, 오히려 양식적으로 포르노와 유사한 요소들을 갖고 있으면서 그 요소들을 사상성에 의해 예술로 승화시키려 하고 있다.

Pablo Picasso, Woman Pissing, 1965[3]

그러나 시점의 다각화가 원근법보다 사물을 더 입체적으로 표현하는 것인지는 의문이다. 그 점에서 피카소의 시도는 회화는 자연을 모방(mimesis)한다는 패러다임에서 벗어나지 않았던 모던미술을 '더 올바르게' 구현하는 것이 아니다. 그의 시도는 모던미술로부터 알 수 없는 미래로 나아가는 것이며, 그 미래는 진보가 아닐 수도 있고, 진보일 수도 있다.

2) 법원칙을 파괴하는 정의의 법과 아방가르드

이처럼 아방가르드가 모던양식의 파괴를 뜻한다고 할 때, 그 모던양식의 법학적 의미는 근대 이성법의 법치국가적 원칙들을 가리킨다. 그런 원칙으로는 국가의 인권보호의무, 국가의 행동의 예측가능성이나 법적 안정성, 신뢰보호, 비례성원칙 등을 들 수 있다. 가령 근대 이성법의 자연법적 유산으로서 고문금지원칙을 중대한 테러행동주의자에 대해 예외적으로 적용하지 않는 것[4]은 서구사회의 이성법에서 모던가치를 파괴하는 아방가르드 운동으로 볼 수 있다. 또한 가령 공소시효가 완성된 사건임에도 특별법(예: 5·18 특별법)을 만들어 처벌하는 것[5]은 자연법적 정의를 관철하는 것일

3) 그림사진은 구글(http://www.google.co.kr) 이미지 검색에서 나온 사진을 퍼옴.
4) 이에 대한 서구사회의 논의로 자세히는 Eric Hilgendorf, "Folter im Rechtsstaat?" *JZ* (2004), 331~339쪽 (이 논문의 번역문으로 이상돈·홍승희 공역, *형법의 세계화와 전문화* (박영사, 2010), 77~110쪽 참조).

수는 있지만, 공소시효제도라는 법치국가적 장치를 폐기시킨다.[6] 이처럼 자연법이 실정법(예: 형사소송법)에 대한 윤리적·도덕적 비판을 넘어 실정법의 정당성을 부인하는 데까지 이르면,[7] "실정법의 정치적인 기능화"[8]가 초래되고, 이는 실정법 속에 제도화된 근대 이성법의 "도덕적 카테고리를 파괴"[9]한다. 이런 점에서 법철학사에서 유명한 라드부르흐의 공식은 이성법의 모던가치를 파괴하는 아방가르드였다고 평가할 수 있다. 이런 법의 변혁은 정의를 세우려 하는 법의 혁신이지만, 법의 모더니티를 실현해온 양식들을 파괴함으로써 알 수 없는 미래로 나아가는 것이라 할 수 있다.

(3) 포스트모던미술의 아방가르드

이처럼 아방가르드의 함의로서 모던미술과 이성법의 양식 '파괴'는 포스트모던 미술이나 법이 양식을 구성적으로 '해체'하는 것과 구별하기 어렵다. 그런 점에서 모던양식의 파괴라는 아방가르드는 포스트모던 미술과 법의 전위적 형태라고 말할 수 있다. 즉 피카소의 입체주의는 살르(David Salle)와 같은 포스트모던미술의 전위적 형태였고, 테러리즘에 대한 방어로서 고문금지의 예외인정은 동성애자에게 혼인권(또는 혼인과 유사한 법적 지위)을 인정하는 포스

5) 왜 공소시효가 완성된 것인지에 대한 자세한 분석은 이상돈, *형법강의* (법문사, 2010), [1]단락 방주 33, 사례 ⓔ 참조.

6) 홍영기, "과거사에 대한 법적 처리의 정당성과 가능성 대안", *법철학연구* (제10권 제2호, 2007), 57~58쪽 참조.

7) 자연법과 법실증주의의 부당한 대립에 대한 비판은 김영환, "공소시효와 형벌불소급의 원칙", *형사판례연구* (제5권, 1997), 25쪽 아래 참조.

8) 김영환, "법을 통한 과거청산", 김일수·배종대 편, *법치국가와 형법* (세창출판사, 1998), 184쪽.

9) 이상돈, *형법학* (법문사, 1999), 221쪽; 여기서 도덕적 카테고리라고 한 것은 형사절차는 그것이 제도로서 갖는 한계를 통찰하고 그 제도의 기능이 합리적일 수 있기 위한 테두리조건들을 유지해야 하는데, 공소시효도 그 가운데 하나라는 의미이다.

트모던 법의 전위적 형태였다고 볼 수 있다.

그러나 모던양식의 '파괴'와 '해체'는 구별되어야 한다. 포스트모던미술이나 법에서 모던양식의 해체는 기존의 양식을 없애는 데 중점이 있는 것이 아니라 새로운 예술과 법의 '생성'에 중점이 있는 것이다. 새로운 법의 생성은 모던가치나 모던양식의 파괴가 없이도 일어날 수 있고, 파괴를 거쳐서야 비로소 일어날 수도 있다. 그래서 해체는 파괴와 달리 새로움을 구성한다는 함의를 갖는다. 해체는 어디까지나 구성적 해체인 것이다. 포스트모더니즘(postmodernism)이나 포스트모더니티(postmodernity)라는 개념을 해체의 구성적 차원에 주목하여 사용할 때, 그 포스트모더니즘은 이미 반성적 포스트모더니즘이 되며, 성찰적 모더니즘과 접점을 이루게 된다. 그러나 여기서 포스트모더니즘의 개념과 이론에 대한 자세한 논의를 할 필요는 없겠다. 뒤에서 행하는 미술비평, 특히 예술의 숭고성이나 전복성에 대한 논의에서 다시 좀 더 구체적으로 다룰 것이다.

2. 포스트모던미술의 그로테스크 미학과 법적 통제

아방가르드라는 개념과 자주 뒤섞이거나 혼동되어 사용되는 비평언어가 그로테스크(grotesque)라는 개념이다. 물론 아방가르드는 그로테스크한 표현 속에서도 자주 인정될 수 있다. 그로테스크는 법이 미술작품을 음란물로 처벌하려고 할 때, 미술인이나 비평가들이 즐겨 사용하는 대항언어이다. 그로테스크하다는 점이 인정되면, 법도 그 미술작품을 음란물이나 이적표현물로 쉽게 바라보기 어렵게 된다.

(1) 그로테스크의 의미

그로테스크란 원래 고대미술에 대립되는 근대미술의 특징으로서 낭만주의적인 환상의 근원적 형식을 가리켰다. 그러나 오늘날에는 널리 역설, 기괴함, 웃김의 요소에 집착함으로써 전율적인 작용을 가져오는 왜곡되고 희화화된 표현을 가리킨다.

1) 예술성을 구성하는 양식으로서 그로테스크

김인규, 무제, 1996[10)]

가령 김인규의 <우리부부> 사진과 함께 기소되었던 다른 작품인 <무제>(1996)는 좀 그로테스크한 성격이 있다. 이 회화는 마치 변기와 같은 물체에서 똥·오줌이 내려가는 중앙의 구멍난 부분에 남자 성기가 또아리고 있는 모습으로 그려져 있다. 이 그림은 법원에서도 무죄판결을 받았다. 이 그림의 양식적 아름다움이 별로 높지는 않지만, 그 그로테스크함은 성기의 노출이라는 음란한 표현에도 불구하고 또한 그 추함에도 불구하고 뭔가 알지못하는 환상이나 가상의 세계가 있을 듯한 의문을 감상자에게 남겨준다. 이 같은 그로테스크라는 표현양식을 바라보지 않는다면, 형사처벌이 필요하지 않을 정도로 음란성을 완화시키는 예술성을 인정하기가 어렵다. 그러므로 예술성에 대한 논증을 하지 못한 채 이 그림에 대해 무죄를 선고한 대법원의 판결은 다음과 같은 판결이유로밖에 음란성이 없음을 설시해내지 못한다.

"'무제'라는 작품(공소사실 제2항)은 진한 남색의 플라스틱제 환자용 변기 바닥의 한가운데에 남자의 성기가 자리잡은 모습(발기되지 않

10) 사진은 http://blog.yahoo.com/_QRRWXZWI6DGRPXZSSROBZPDBT4/articles/143647에서 퍼옴. 대법원에서 음란물이 아닌 것으로 판단 받았기에 모자이크 처리 없이 그림을 원용한다.

은 모습)을 그린 것으로서 그림 전체에서 성기가 차지하는 비중이 매우 작고 그 성기가 두드러져 보이지도 아니하여 언뜻 보기에는 남자의 성기로 보이지 아니할 정도인 점, 그림을 전체적으로 보면 성기가 환자용 변기에 압도되어 있어 성기보다는 환자용 변기의 이미지를 먼저 갖게 될 가능성이 높아 보통 사람으로 하여금 성적 흥분이나 수치심을 불러일으킨다고 보기는 어려운 점."

결국 대법원은 표현된 성기가 작게 그려져서 음란성이 없다는 것이다. 하지만 이 논증은 우스꽝스러운 논증이 된다. 왜냐하면 성기의 크기야 돋보기로 보면 크게 보이고, 인터넷에 올려진 그림은 화면상 배율크기를 확대하면 얼마든지 큰 성기로 현상될 수 있기 때문이다.

2) 그로테스크 미학의 철학적 의미

여기서 그로테스크 미학의 철학적 의미를 살펴볼 필요가 있다.

㈎ **메이플소프의 자화상과 그로테스크의 의미** 가령 메이플소프(Mapplethorpe)의 자화상 사진으로 이를 설명해본다. ① 머리 위에 있는 알 수 없는 — 즉 "객관적인 비결정의"11) 뿔(각)은 인간이 아닌 것, 인간 밖의 것이면서 기존의 인간형상을 구성한다. ② 이로써 그 '인간이 아닌 것', '인간 밖의 것'(他者)이 없는 인간을 진정한 인간으로 인식해왔던 사람들은 기존의 인간을 낯설게 느끼게 되고, 혼돈에 빠지면서 그 불확실성으로 인해 (막연한) 두려움을 갖게 된다. ③ 이 두려움은 그 인간 밖의 것과 인

Robert Mapplethorpe, Self Portrait, 1985[12)]

11) Gilles Deleuze (하태환 역), *감각의 논리 (Francis Bacon: Logique de la sensation)*(민음사, 1995), 47쪽.

간 안의 것 사이의 경계를 해체[13]하면서 인간성을 새롭게 재구성하게 만든다. 이처럼 인격성의 해체와 재구성은 그로테스크 미학의 철학적 의미라고 할 수 있다. 그렇기에 메이플소프의 자화상 사진은 기괴하지만, 익숙한 인간상을 낯설게 하고, 인간과 비인간의 경계를 해체하면서 새로운 이해의 시작을 알리는 상징을 창출한다. 여기서 그로테스크 미학의 철학적 의미를 다음 세 요소로 요약할 수 있다.

- ① 인간 밖의 것을 상징하는 기괴한 표현양식
- ② 기존의 인간상을 낯설게 하면서 두려움을 생성시킴
- ③ 인간과 인간 아닌 것 사이의 경계를 해체하며 새로운 이해를 시작함

(나) 고대의 그로테스크 그로테스크의 개념이 역사적으로 변해왔지만, 그 철학적 의미는 그로테스크 개념의 어원이었던 그로트(grotto)의 본래적 의미, 즉 동물, 식물, 상상의 존재로 이루어진 고대로마의 문양에서 크게 변하지 않았다고 할 수 있다. 인간 밖의 존재를 가져와 현실의 인간상을 낯설게 하고, 그로부터 인간과 인간 밖의 존재, 이를테면 초월적 존재와의 경계를 지우고, 새로운 인간을 꿈꾸는 작용은 앞서 분석한 그로테스크 미학의 철학적 이해와 구조적으로 다르지

이태리 Domus Aurea에 있는 그로테스크[14]

12) 사진은 http://www.mapplethorpe.org/portfolios/self-portraits/에서 퍼옴.

13) 이를 인격성의 해체를 통한 미학적 전복이라고 부르는 박슬기, "그로테스크 미학의 존재론적 기반과 의의", *충북대 인문논총* (제58집, 2007), 179~203쪽 참조.

14) 사진은 http://de.wikipedia.org/wiki/Groteske_(Ornament)에서 퍼옴.

않다. 아마도 인간 밖의 존재가 아름다운 신화적 상상 속의 동물로부터 현실 속에 있는 인간 밖의 존재들(예: 물고기, 변기, 쇠고랑)이나 인간 내면의 세계, 즉 무의식 속에 있는 이미지들로 변화되고 확장되었을 뿐일 듯하다. 또한 그런 존재를 표현하는 기법의 기괴함에서 정도의 차이가 있기는 하다. 여기서 그로테스크란 포스트모던미술의 고유한 양식이 아니라 초역사적인 양식임을 알 수 있다.

(2) 음란물과 그로테스크

이렇게 볼 때 표현의 자유에 관한 우리사회의 공론에서 핫이슈가 되었던 김인규 미술교사의 <우리부부> 사진은 그로테스크하다고 볼 수 있을까? 이 사진은 대법원에서 음란물로 유죄판결을 받은 바 있다.

1) 〈우리부부〉의 그로테스크함

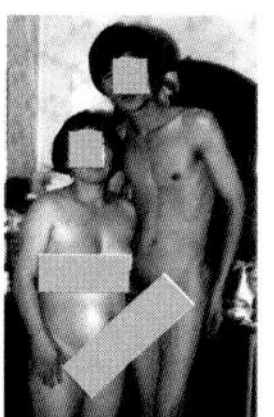

김인규, 우리부부, 1996[15)]

예술성을 근거짓는 요소로서 이 사진이 그로테스크한 것인지를 앞서 설명한 그로테스크의 철학적 의미에 따라 판단해보자. 첫째, 이 사진은 표현기법이 기괴하거나 환상적인 것을 찾을 수 없다. 인간 밖의 것이나 인간 아닌 것을 표현하는 양식적 특성이 없다. 그저 일상의 지친 중년 부부의 벌거벗은 모습이

15) 이 사진은 http://42art.com/bbs/view.php?id=42critic&no=7에서 퍼옴. 다만 작가가 있는 그대로 드러내야 예술성이 있다고 봄에도 불구하고, 대법원에 의해 음란물로 판결을 받은 작품이라는 점에서 필자는 부득이 성기와 가슴 부분을 가렸고, 부부의 얼굴도 식별할 수 없도록 모자이크 처리했다. 김인규 작가도 자신의 작품이 형사사건화 되었을 때 미디어가 보도했던 <우리부부> 사진은 이미 그가 의도했던 의미의 사진이 아니었음을 비판하고 있다(김인규, *나의 그림은 실제상황이다* (푸른나무, 2002), 159~160쪽). 그의 항변은 맞다. 미디어의 보도는 사실을 왜곡하곤 한다. 그런데도 이 책에서 나는 김인규 작가에게는 미안한 일이지만, 그의 <우리부부>가 아닌 모자이크처리된 <우리부부>를 두고 논의를 해야만 할 것 같다. 이 사진의 예술성에 대한 논의는 우리사회에서 꼭 필요하고, 그래서 이 글의 논의에서 정확한 사진은 아니지만,

다. 둘째, 이런 결과는 일상을 예술로 만들겠다는 예술관에서 비롯된다. 그러니까 기괴함의 표현이 없는 가운데, 벌거벗은 모습은 그것을 일상으로부터 낯설게 하는 것이 아니라, 일상에서 친근하게 하겠다는 것이 된다. 여기서 그로테스크의 두 번째 요소도 존재하지 않게 된다. 셋째, <우리부부>는 벌거벗지 않는 일상과 벌거벗는 일상을 도덕과 음란, 예술과 비예술로 이분법적으로 나누는 것을 해체하려 한다는 점에서는 기존의 인간상을 해체하는 요소가 있다. 그러니까 그로테스크 미학의 철학적 요소 가운데 하나만 충족하는 것이다. 여기서 <우리부부>가 그로테스크하다고 말할 수 있다면, 그것은 표현의 양식적 차원이 아니라 제작과 감상의 심리적 차원에서만 가능한 것임을 알 수 있다. 이를 두고 굳이 그로테스크하다고 말하려 한다면, 그때의 개념은 '심리적' 그로테스크라고 밖에 부를 수 없다. 그러나 이 심리적 그로테스크라는 것은 포스트모던미술의 속성에 가깝다.

2) 포스트모던미술 속에서 그로테스크

포스트모던미술에서 그로테스크는 포르노와 비슷한 양식으로 이루어질 수 있다. 가령 인간이 착용하지 않는 개목걸이 같은 것을 차거나 말에다 사용하는 채찍을 인간의 성애를 높이는 도구로 설정하는 등 인간 밖의 것들을 가져와 단정한 성생활의 틀에 갇힌 인간상을 낯설게 하고, 끝내는 인간과 말, 인간과 개의 경계를 해체함으로써 인간임의 의미를 다시 생각하게 만드는 것이다.[16] 그

대강 어떤 구도에서 어떤 표현으로 만든 작품인지에 대한 인식 정도는 있어야 하겠기 때문이다. 대법원 판결에 대한 존중과 작가의 의도에 대한 존중 그 사이에서 이렇게 모자이크 처리된 사진을 놓고 논의하는 것에 대해 김인규 작가를 포함한 모든 이의 깊은 이해와 아량은 부탁드릴 수밖에 없을 것 같다.

16) 이런 포르노의 극단을 통한 포스트모던 예술성의 생성은 장정일의 소설 <내

Mapplethorpe, Self Portraits, 1978[17]

렇기 때문에 포르노와 그로테스크한 미술 사이의 경계도 사라진다. 이 점을 메이플소프의 <자화상> 사진(1978년)을 예로 설명해보자. 이 작품은 하드코어 포르노적 요소와 마치 동물의 꼬리가 몸에 결합된 듯한 그로테스크한 표현요소를 모두 갖고 있다. 두 요소는 결코 분리되지 않은 채 인간 밖의 것을 가져와 기존의 인간상을 낯설게 하면서 동시에 해체하는 이미지를 생성시키고 있다. 이런 이미지를 생성시키는 영상미학의 표현적 양식도 매우 풍부하다. 그로테스크는 메이플소프의 사진이 보여주는 바처럼 포르노와 회화(또는 사진예술), 비예술과 예술의 경계를 지워버리는 차원에서 생성되고 있는 것이다.

Ⅱ 포스트모던미술에서 창조적 해체의 법적 의미

1. 창조적 해체의 가능성

포스트모던미술의 해체성은 모던양식의 파괴가 아니라 새로운 예술을 생성시키는 해체이다. 이를 구성적 해체 또는 창조적 해체라고 개념화할 수 있다.

(1) 저작인격권의 범위와 구성적 해체

이런 구성적 해체는 모던가치의 파괴에 중점이 있지 않다. 그러면 모던가치를 파괴하지 않으면서, 바꿔 말해 모던가치와 양립하면

게 거짓말을 해봐>에서 인상적으로 드러난다.

17) 사진은 http://law2.umkc.edu/faculty/projects/ftrials/mapplethorpelinks.html 에서 퍼옴.

서 어떻게 새로운 예술성을 생성시키는 해체, 즉 포스트모던적 해체의 진정한 의미가 실현될 수 있는 것일까? 이런 물음에 대한 대답을 미술비평이론에서 찾는 것은 거의 불가능하다. 어떤 비평이론적 시도도 거의 실패했다고 해도 과언이 아닐 듯하다. 이 물음에 대한 대답은 저작권법의 해석이론에서 찾아볼 수 있다. 즉, 미술에 대한 저작인격권(특히 동일성유지권[18])과 같은 이성법적 권리가 보호되면서도 새로운 예술성의 창작을 가능케 하는 법(해석)이 마련될 수 있다면, 그 법이 보호하는 미술작품은 창조적 해체를 수행한 것이라 할 수 있다. 여기서 창조적 해체의 실례를 기존 작품의 해체를 통해 새로운 미술작품을 창작하는 행위에서 찾을 수 있다.

(2) 지워진 드 쿠닝 드로잉

Robert Raushenberg, Erased de Kooning Drawing, 1953[19]

기존의 미술작품에 일정한 변형을 가하여 새로운 미술작품을 만든 대표적인 예로 <지워진 드 쿠닝 드로잉>을 들 수 있다. 1950년대 미국의 미술흐름이 추상표현주의로부터 팝아트로 발전하는 과정에서 로버트 라우센버그(Robert Rauschenberg)는 당시 추상표현주의의 대가인

18) 저작권법 제13조(동일성유지권) ① 저작자는 그의 저작물의 내용·형식 및 제호의 동일성을 유지할 권리를 가진다. ② 저작자는 다음 각 호의 어느 하나에 해당하는 변경에 대하여는 이의(異議)할 수 없다. 다만, 본질적인 내용의 변경은 그러하지 아니하다. 1. 제25조의 규정에 따라 저작물을 이용하는 경우에 학교교육 목적상 부득이하다고 인정되는 범위 안에서의 표현의 변경, 2. 건축물의 증축·개축 그 밖의 변형, 3. 특정한 컴퓨터 외에는 이용할 수 없는 프로그램을 다른 컴퓨터에 이용할 수 있도록 하기 위하여 필요한 범위에서의 변경, 4. 프로그램을 특정한 컴퓨터에 보다 효과적으로 이용할 수 있도록 하기 위하여 필요한 범위에서의 변경, 5. 그 밖에 저작물의 성질이나 그 이용의 목적 및 형태 등에 비추어 부득이하다고 인정되는 범위 안에서의 변경.

19) 그림사진은 http://boingboing.net/2008/05/19/the-story-of-erased.html에서 퍼옴.

빌렘 드 쿠닝(Willem de Kooning)의 드로잉 작품을 잉크와 크레용 등 15가지의 방법으로 한 달간 지우는 작업을 하여 <지워진 드 쿠닝 드로잉(Erased de Kooning Drawing, R. Rauschenberg, 1953)> 이란 작품을 만들었다.

[팝아트의 전복성(subversion)] 이 작품은 마치 쿠닝(의 작품)의 유령 같기도 하다. 그러나 이 유령적 성격은, 데리다(Derrida)가 <마르크스의 유령들>에서 보듯, 작품이란 고정불변의 미학적 가치를 갖지 않으며, 저자가 사라짐으로써 오히려 비로소 새로운 미학적 가치가 생성된다는 점을 보여주는 것이기도 하다. 그렇기에 쿠닝의 작품손괴는 쿠닝과는 '또 다른 소묘'가 될 수 있다. 이 작품이 갖는 역사적 의미는 이를 통해 라우센버그가 나중에 팝아트, 즉 대중문화(popular culture)를 반영한 미술을 생성시켰다는 데에 있다. 그의 이 창작적 훼손은 추상표현주의의 고급성과 대중문화의 저급성이라는 위계를 전복시키기 위한 것이었다고 평가할 수 있다. 이후 발전한 팝아트는 대중문화의 미술상품화를 의미하는 것이 아니라, 고급스런 초월성의 비현실성과 대중문화의 저급한 현실성 사이의 경계를 지워버리는 해체의 미학을 보여준다고 볼 수 있다. 이 해체는 양식적으로는 하나의 그림 속에서 대중적 이미지가 고급스런 회화를 일방적으로 '대체'해 버리는 방식이 아니라 그 둘이 서로 '대치'(confrontation)되는 방식으로 진행된다. 이 작업에 의하여 이제 현실(의 이미지)도 현실이 아니라 상징(회화적 상상 속의 한 요소)의 하나가 되고, 비현실, 즉 상징도 단순히 상징이 아니라 현실이 되는 미학이 미술에 자리 잡게 된 것이다. 여기서 미술의 본질은 그것의 양식에 있지 않고 양식이 실현되는 사회적 맥락의 철학적 배후에 놓이게 된다. 이처럼 팝아트는 현실과 상징의 경계를 지워버리는 전복성이 두드러진다. 가령 드 쿠닝의 소묘가 고급예술의 상징이라면 그것을 지우는 행위는 현실이고, 그 현실이 소묘에 침투함으로써 <지워진 드 쿠닝>은 상징과 현실 사이의 경계가 사라진다는 의미를 생성시킨다. 이와 정반대로 드

> 쿠닝의 소묘가 고급예술이 존재한다는 현실의 기호라면, 그것을 지워 버리는 행위는 저급예술과 구분되는 고급예술이 따로 존재하지 않는다는 상징의 기호라고 할 수 있다. 그 행위가 <지워진 드 쿠닝>의 작품에 침투하여 현실과 상징의 경계가 지워지는 의미가 생성된다.

여기서 라우셴버그가 의도한 것은 지우기도 창조적인 작업일 수 있음을 보여주는 것이었다. 또한 지우기가 창조적이기 위해서 모든 사람들이 위대하다고 보는 사람의 작품을 사용할 필요가 있었던 것이다. 하지만 이처럼 뒤에 만들어진 작품이 이전의 작품을 (부분적으로) 해체하는 것은 그 작품에 발현된 작가의 인격을 침해할 수 있다. 이는 법적으로는 저작인격권(동일성유지권)의 침해에 해당한다. 그러나 이런 해체는 다른 고유성을 가진 작품을 창조하기 위해 부득이한 것일 수 있고, 그런 부득이한 해체는 포스트모던미술에서 창조적 해체의 의미를 가짐으로써 모던가치의 단순한 파괴와는 구별되는 것이다.

2. 창조적 해체의 일반적 승인

먼저 기존의 작품에 다른 고유함을 더하는 작품의 창출은 기존의 작품이 갖고 있는 미학적 특성을 해체하고 다른 미학적 특성을 더하는 재구성의 작업이다. 이런 작업이 미술창작행위로 인정될 수 있기 위해서는 다음 두 가지 사상을 전제로 한다.

- 첫째, 예술적 가치가 있는 그림을 훼손하는 것도 예술적 가치가 있는 행위가 될 수 있다. 즉, 예술은 예술의 파괴(Art as the Destruction of Art)[20]이다.

20) Amy M. Adler, "Against Moral Rights", *California Law Review* (Cite 97 Cal, L. Rev. 263, 2009), 284쪽 아래 참조.

- 둘째, 화가의 고결한 인격을 공격하는 것도 예술적 가치를 가질 수 있다.

(1) 미학적 자유의 평등과 그 전제조건

이때 해체는 전면적일 수도 있고, 부분적일 수도 있다. 이론적으로는 모든 작품은 — 저작가 밝히든 밝히지 않든 — 과거의 작품들을 해체하고, 다른 해석으로 다르게 조합하는 일종의 해석학적 순환 속에 있다. 그렇기 때문에 누구나, 미학적 담론에 의해 새로운 작품에 새로운 예술성이 생성될 수 있다면, 기존의 자신의 작품에 인정되는 미학적 가치와 그 새로운 가치가 비교형량되고, 그 둘 사이가 균형을 이루도록 하기 위한 부담을 짊어져야 한다. 이 부담은 '공평한 자유'라는 이성법의 공리에서 비롯된다. 이 부담은 모두가 짊어지는 것이며, 이를 통해 다른 사람도 미학적 가치를 부여받을 수 있는 인격의 발현으로서 작품을 생성시킬 권리를 누릴 수 있게 된다. 다시 말해 누구나 '고유성'이 있는 작품을 만들 수 있고, 또한 누구나 그것과는 '또 다른' 고유성이 있는 작품을 만들 권리가 있다는 것이다. 여기서 미학적 자유의 평등을 말할 수 있다.

하지만 이러한 미학적 자유의 평등은 반달리즘과 같은 것이 아니다. 훌륭한 미술작품의 예술적 가치를 훼손할 자유는 그 훼손을 통해 창작되는 작품의 미학적 가치와 비례적으로만 인정될 수 있다. 이는 미학적 평등이 예술에 대한 몰이해와 반문화주의적 폭력을 정당화하는 것이 아님을 뜻한다. 이처럼 미학적 평등의 전제조건을 갖추지 못한 작품의 훼손은 포스트모던미술의 창작적 훼손에 속하지 않고 예술반달리즘(art vandalism)이 될 뿐이며, 형사처벌이 필요한 범죄가 된다.21)

---

21) 예술반달리즘에 대해 자세히는 아래 [7]단락 참조.

(2) 작품해체적 창작과 법의 딜레마

여기서 법이 작품의 보존, 바꿔 말해 그림에 발현된 화가의 인격을 보호하는 방향으로만 기능해서는 안 됨을 알 수 있다.

1) 파괴로서 그림 그리기

보존이 아니라 해체 또는 파괴가 예술의 지속적인 창조를 가능케 할 수 있기 때문이다. 그렇기에 피카소(Picasso)도 "그림이란 그림의 파괴의 총합이다"(A picture is a sum of its destructions)라고 말한 바 있다. 그러므로 저작권법이 예술작품을 보존하는 목적을 좇는다고 할 때, 작품의 개념은 유연해져야 한다. 예컨대 가치 있는 그림의 변형물도 새로운 가치의 그림이 될 수 있다고 보는 것이다. 새로운 가치의 그림을 창출하기 위해 기존 그림을 변형하는 행위는 기존의 작품의 유지라는 측면에서는 저작인격권의 침해에 해당한다. 하지만 그 행위는 새로운 작품의 창작이라는 측면에서는 저작권을 새롭게 생성시키는 행위가 된다. 그러므로 하나의 행위는 저작권법상으로는 양면성(ambivalence)을 가질 수 있다.

여기서 미술작품의 모더니즘적 가치에 대한 (저작권)법의 맹목적 고수는 새로운 창작의 무한한 다양성을 방해하고, 이는 창작인센티브의 보장이라는 (저작권)법의 목적을 오히려 그르치게 된다.

2) 도덕으로부터 자유로운 창작적 해체의 합법화

여기서 법은 아포리아에 빠지게 된다. 라우센버그의 쿠닝 그림 지우기와 같은 행동을 금지할 수도 장려할 수도 없게 되는 것이다. 라우센버그의 그림 지우기 행위가 갖는 양면성으로 인해 그런 행위는 저작권법의 기초를 이루는 '도덕으로부터 자유로운 영역에' 위치한다고 볼 수 있다. 그처럼 도덕으로부터 자유로운 영역에 위치하는 창작적 훼손행위에 의해 생성된 작품에 대해 저작권을 인정할 것인지는 다시금 이성법의 과제가 된다.

(3) 주체간의 미학적 평등

기존의 그림을 훼손하는 행위가 새로운 가치의 그림을 창작하는 것인지, 그런 행위를 통해 그림의 가치가 증가하는지 아니면 감소하는지 등은 그림을 바라보는 미학적 비평의 관점에 따라서 또는 비평문화의 패러다임 변화에 따라 그 답이 달라질 수 있다. 그러므로 기존 그림을 훼손하여 새로운 가치의 그림을 그리는 행위가 저작권법의 통제를 받지 않을 수 있으려면, 파괴되는 그림의 화가가 그 그림을 통해 발현한 미학적 주체성의 가치와 그 그림을 훼손하여 새로운 그림을 창작하는 미학적 주체성의 가치가 적어도 균형을 이루어야만 한다.

1) 수평적 미학적 평등

물론 원론적으로 모든 개인은 자신의 미학적 발현이 다른 사람의 그것과 동등한 취급을 받을 권리가 있다. 모든 인간은 평등하며, 이 평등의 이념은 미학적 평등에까지 미쳐야 한다.

㈎ 미학적 상호주관성 이처럼 모든 개인이 그의 예술적 능력과 안목 등과 상관없이 미학적으로 동등한 주체로 인정되어야 한다는 점을 '미학적 상호주관성'(aesthetic Intersubjectivity)이라고 개념화할 수 있다. 이 미학적 상호주관성은 개인들 사이의 수평적 관계에서 승인되는 것이다.

이런 수평적 미학적 평등은 현대미술과 제조물(Product) 사이의 경계가 희미해져가는 현상에 의해서 좀 더 촉진되기도 한다. 미술작품과 제조물 사이의 차이가 적어질수록 미술작품의 소유자가 그 작품을 개인적 취향에 따라 변형하는 행위를 법적으로 허용할 필요성은 높아질 것이다.

(나) **예술적 주권** 하지만 미술작품의 변형에 대한 허용은 작품의 소유권이 화가의 저작인격권보다 우선하는 권리이기 때문이 아니다. 그것은 포스트모던 사회에서 예술의 의미 변화와 그 변화를 공동으로 결정하는 모든 사람들의 권리, 즉 비유적으로 말해 예술적 주권 때문이다. 누구나 미학적 가치를 창조하는 자격을 갖고 있고, 무엇이 예술인지를 스스로 결정할 권리를 갖고 있다는 것이다. 그러나 예술적 주권은 누구나 누려야 하기 때문에 상호주관적 권리로 구성되어야 하고, 그러 권리를 향유하는 상태를 미학적 상호주관성이라고 개념화할 수 있다.

2) 수직적 미학적 평등과 문화재보호법

그러나 그 작품이 한 법공동체에서 역사적 의미를 가지게 됨으로써 문화재보호법에 의한 보존의 대상이 되는 경우에는 예외가 인정된다. 하지만 문화재보호법에 의해 어떤 작품을 원 저작자가 창작한 상태로 보존하고, 그 변형이나 훼손을 차단하는 경우에 불가피하게 승인할 수 없게 되는 상호주관성은 개인들 사이의 수평적 동등성일 뿐이다. 왜냐하면 문화재보호법은 과거, 현재 그리고 미래의 세대가 문화재를 함께 공유할 기회를 보장한다는 점에서 또 다른 차원의 상호주관성, 즉 세대들 사이의 미학적 평등을 보장하는 것이기 때문이다. 이런 평등을 수직적 미학적 평등이라고 개념화할 수 있다. 저작권법이 수평적 미학적 평등을 실현해야 한다면, 문화재보호법은 수직적 미학적 평등을 실현해야 하는 것이다.

3. 창작적 훼손의 법적 취급

(1) 잠재적 문화재로서 미술작품에 대한 법의 존중

그러나 미학적 상호주관성이란 이름 아래 아직 문화재가 되지는 않았지만 그래도 이미 사회적으로 높은 가치를 인정받은 작품을 개인의 미학적 고유성을 이유로 함부로 훼손하는 것을 허용할 수는 없다. 왜냐하면 사회적으로 그 가치가 높게 인정된 작품은 이미 문화재가 '되어가는' 과정에 있고, 그런 점에서 '잠재적인 문화재'라고 볼 수 있기 때문이다. 여기서 수직적인 미학적 상호주관성에도 불구하고 기존 작품의 훼손을 통한 창작을 허용(수평적인 미학적 평등)할 수 있기 위한 법적 조건을 설정해야 한다. 이는 창작적 훼손이 위치하는 '도덕으로부터 자유로운 영역'을 법으로 규율하게 되는 것, 즉 법제화를 의미하는 것이기도 하다.

- 첫째, 기존 작품의 훼손이 법적 규제를 받지 않을 정도로 가치 있는 새로운 작품의 창작이 되기 위해서는 기존 작품의 미학적 가치를 단지 파괴하는 것이 아니라 그 기능을 유지하면서 새로운 가치를 창출하는 것이어야 한다. 이를 위해 사용(use)과 언급(mention)의 구분이론은 의미가 있다(아래 (2) 참조).
- 둘째, 새로운 작품의 창작을 위해 기존 작품을 훼손하는 사용이 불가피하고, 최후의 수단이어야 한다(아래 (3) 참조).
- 셋째, 기존 작품의 창작적 훼손이 원저작자에 대한 명예훼손행위가 되는 경우에는 형법에 의해 허용되지 않는다(아래 (4) 참조).

(2) 이용(use)과 언급(mention)

논리학에서는 이용(use)과 언급(mention)의 개념이 널리 구별된다. 단어로써 그 단어의 의미를 표현할 때, 그 단어는 '이용'되는 것이지만, 단어 그 자체에 대해 토론할 때, 그 단어는 단지 '언급' 되는 것이다. 예를 들어 '서울은 하나의 거대도시다'라는 표현에서 서울은 거대도시의 의미를 지니는 단어로 사용되는 반면, '서울은 두 글자로 이루어졌다'라는 표현에서 서울은 그 자체에 대해 언급 되고 있을 뿐이다.

1) 단토(Danto)의 비평이론

예술철학자 아서 단토(Arthur C. Danto)는 이 논리학 개념을 응용하여 그림의 이용과 언급을 구별한다.22)

(가) 이용과 언급의 구별 즉, 기존의 가치 있는 그림을 사용하는 방식이 그 그림이 원래 보여주는 것을 표현하는 경우에, 그 그림은 '이용'(use)되는 것이고, (그림 자체의 감상이 아니라, 다른 목적을 위해) 원래 그림처럼 보여지도록 표현한다면 그 그림은 단지 '언급'(mention)되는 것이라고 한다. 예를 들어 위조된 그림은 원래의 그림을 언급할 뿐, 이용하는 것이 아니다.

(나) 뉴요커들에 의한 모던 아트의 납치 이에 비해 단토(Danto)의 비평에 의하면 러셀 코너(Russel Connor)가 피카소의 <아비뇽 처녀들(Les demoiselles d'Avignon, 1907)>의 여자들로써 루벤스의 <레우키푸스 딸들의 강간(The Rape of the Daughters of Leucipus, 1618)>의 여자들을 대체하여 그린 <뉴요커들에 의한 모던 아트의 납치(The Kidnapping of Modern Art by the New Yorkers, 1985)>는 피카소와 루벤스의 그림을 '이용'하여 그린 새로운 걸작이 된다. 그가 이렇게 보는 이유는 코너는 피카소나 루벤스의 그림을 단지 흉내 낸 것이 아니라, "우리의 시대를 위해 존재하

---

22) 이러한 구별에 관한 이론으로 Arthur C. Danto, *After the End of Art* (Princeton University Press, 1997), 205쪽 아래 참조.

는 방식"(ways of doing so which are for our time)[23]으로 그렸기 때문이다. 이런 평가를 받으려면 단토는 새롭게 만든 그림이 원래의 그림의 작가가 메시지를 전달하는 데 사용한 것과는 다른 수단들(means)을 갖고 있어야 한다고 본다. 단토에게 코너의 그림은 일종의 교차된 정체성의 풍자만화이며, 포스트모던미술의 걸작으로서 인정될만한 수단을 갖고 있는 것으로 평가되었다.

Russell Connor, The Kidnapping of Modern Art by the New Yorkers, 1985[24]

2) 새로운 수단에 의한 독자적 의미의 생성으로서 창작

여기서 어떤 그림의 훼손이 미학적 평등의 차원에서 하나의 새로운 예술행위로 인정되려면 그 훼손이 그 그림을 단지 언급하는 것이 아니라 그 그림이 표현하려 했던 바를 '이용'하되, '새로운 수단'에 의해 독자적인 의미를 생성시키는 것이어야 함을 알 수 있다. 또한 이때의 새로운 수단이란 단지 특정한 기법을 뜻하는 것이 아니라, 새로운 시대적 상황적 맥락 속에서 메시지를 재해석하는 것 등을 포함하는 넓은 의미로 이해되어야 한다. 따라서 이미 세계적으로 인정받는 명화를 똑같이 그리더라도 새로운 해석의 의미가 담겨진다면, 그 그림은 똑같은 그림이 아니라 새로운 시대에 독자적인 가치를 지니는 그림이 될 수 있다.

또한 이는 새로운 그림이 됨을 넘어서 새로운 장르가 되기도 한다. 대중매체의 사진이미지나 다른 사람의 사진을 재촬영하여 작

23) Arthur C. Danto, *After the End of Art* (Princeton University Press, 1997), 209쪽.

24) 이 그림사진은 russellconnor.com/gallery_17.html에서 퍼옴.

품[25])을 만들어내는 리처드 프린스(Richard Prince)의 작업을 '재사진'(re-photography)이라는 새로운 개념으로 설명하는 것은 그 대표적인 예이다. 이처럼 다른 작품을 이용하여 새로운 미학적 의미를 생성시키는 창작행위와 단지 언급함으로써 그 작품의 저작권을 침해하는 행위를 구별하는 이론은 법의 해석·적용에도 매우 유용한 도구가 될 수 있다. 여기서 우리나라 대법원 판례에 등장한 두 가지 사건을 예로 설명해본다.

㈎ **나체의 마야와 성냥갑 사건** 저작권 침해가 문제된 사건은 아니지만, 이용과 언급의 구별이 유용한 사건으로 <나체의 마야> 성냥갑 사건이 있다. 1970년에 사회적 이슈가 되었던 사건으로 고야(Francisco José de Goya y Lucientes)가 그린 명화인 <나체의 마야>를 유엔성냥갑이라는 물품에 새겨 넣어 판매한 행위가 음화제조판매죄에 해당한다고 본 판결(대판 70도1879)이 있다. 이 판결은 당시 비평계에 많은 논란을 가져왔다. 명화는 명화일 뿐이라고 주장하면서 이런 형사처벌은 우리 현실의 비예술성을 보여준다는 비판[27])이 있는가 하면, "명화에 대한 모독"[28])이라는 비평이 있기도 했다. 그러나 당시 대법원 판결은 옳은 판결이다. 유엔성냥갑은 <나체의 마야>를 예술로서 '이용'한 것이 아니라 '언급'에 해당하는 상업적 사용을 했을 뿐이기 때문이다. 사실 그 사용은 포르노

Francisco Goya, The Nude Maja (La maja desnuda), 1800년경[26])

25) 가령 말보로 담배의 카우보이 광고 사진을 재촬영한 Untitled (Cowboy)는 프린스의 대표작으로서 뉴욕 크리스티 경매에서 고가에 낙찰되기도 한 바 있다.
26) 그림사진은 구글(http://www.google.co.kr) 이미지 검색에서 나온 사진을 퍼옴.
27) 경향신문 (1970.10.31.자) 기사 <나체의 마야>의 내용임.
28) 손동진, "나체화와 에로티시즘", *동아일보* (1970.11.6.), 논단 참조.

사진을 실을 수 없는 상황에서 포르노의 기능과 유사한 기능을 <나체의 마야>가 대신 달성하게 만든 것이었다.

(나) 히딩크넥타이 문양의 창작성과 창작적 모방 히딩크넥타이 사건[29]에서 모방 넥타이는 응용미술작품인 히딩크넥타이의 문양을 본 뜨면서 얼마간의 변형을 주고 있다. 이런 변형이 일종의 창작적 훼손인지 단순한 저작권침해의 모방행위인지를 검토해볼 수 있다.

ㄱ) 표현이 아닌 아이디어 첫째, 히딩크넥타이에 사용된 팔괘나 태극문양 또는 사각형이나 다이아몬드형의 점들은 작가에게 고유한 것이 아니고, 그 문양을 넥타이에 사용한 것은 단지 아이디어일 뿐 '표현'적인 창작물이 아니다.[30] 따라서 저작권이 히딩크넥타이의 문양에 인정되서는 안된다. 하지만 판례[31]는 그 배열의 고유성을 인정하여 저작권을 인정한다.

ㄴ) 창조적 모방 둘째, 이런 판례의 입장이 일단 타당한 것으로 가정하자. 그러면 모방넥타이가 새로운 창작물을 만든 것인지가 검토되어야 한다. 모방넥타이가 히딩크넥타이처럼 태극문양, 팔괘문양 점 등을 사용한 점은 맞지만, 자세히 보면, 히딩크넥타이와는 달리 팔괘를 안에 갖고 있는 원형 주변에 흰색 점선들이 단지 4각형 구조를 이루지 않고, 환형(環形)구조를 이루고 있음을 볼 수 있다. 환형구조는 융(Jung)이 말하는 의식의 전일성(Einheit des Bewußtseins)을 표현하는 가장 완벽한 도안이며, 이런 도안은 아이

---

29) [1]단락의 II.2. (2). 2) (나) 참조.

30) 비슷하게 비판적인 관점으로 차상육, "응용미술의 저작물성 판단기준", *창작과 비평* (제45호, 2006), 111쪽.

31) 무죄를 선고했던 원심판결은 서울지방법원 2003.8.14. 선고 2003고단3524 판결, 대법원의 파기환송받은 원심법원의 유죄판결은 서울중앙지방법원 2005.2.4. 선고 2004노2851 판결을 이에 대한 상고기각판결은 대판 2005도1450를 참조.

디어일 뿐이다. 그러나 배열의 고유성으로 저작권을 인정하는 판례의 입장에서 보면 의식의 전일성을 모티브로 볼 수 있는 모방넥타이의 새로운 배열도 고유한 것으로 저작권이 인정될 수 있어야 한다. 그러므로 모방넥타이는 히딩크넥타이의 응용미술작품을 이용(use)하여 새로운 응용미술작품을 만든 것이지, 그것을 언급(mention)하여 저작권을 침해한 것이 아니다.

히딩크넥타이

모방 넥타이[32]

(3) 창작적 훼손의 보충성

앞에서 설명한 그림의 창조적 훼손의 요건은 그림을 훼손하면서도 그 그림의 저작인격권을 침해하지 않는다고 볼 수 있기 위한 단지 필요조건에 불과하다.

1) 문화국가적 보존과 창작적 훼손 사이

그림은 아직 문화재가 되지 않은 경우에도 저작인격의 발현이라는 개인적 차원을 넘어 사회적으로 의미 있는 미학적 담론의 대상이 되고, 공표와 함께 점점 더 많은 사람들에게 공명(共鳴)을 얻어가고, 그 그림과의 심미적 소통과 교류의 역사가 깊어져간다. 그림은 때때로 매우 뜨거운 공론의 대상이 되기도 하다. 그렇기 때문에 공표되어 사람들의 감상과 담론의 대상이 된 그림은 크건 작건 모종의 '사회적 가치'와 '공공적 성격'(또는 공공재적 성격)을 가진다고 할 수 있다.

32) 사진은 네이버(http://search.naver.com) 이미지 검색에서 나온 사진을 펴옴.

여기서 어떤 그림의 소유권을 취득하기만 했다면, 그 그림을 훼손하는 방식으로 새로운 창작을 해도 무방하다고 볼 수 없게 된다. 원 저작자의 미학적 발현과 새 저작자의 미학적 발현이 동등한 경우라 할지라도 이미 공표되어 사람들이 미학적 소통을 펼친 역사가 쌓인 작품을 무조건 지워버리는 것은 문화국가의 실현이라는 요청(헌법 제9조)에서도 허용되기 어렵다. 여기서 법은 작품의 '창작적 훼손의 자유로움'과 작품의 '문화국가(실현)적 보존'을 위한 금지 사이에 위치하게 된다.

2) 동일성유지권의 예외

이 사이에(inbetween) 위치하는 법이란 예컨대 작품의 훼손이 새로운 창작행위일지라도 그 창작행위가 원 작품의 훼손이라는 방법 이외의 방법으로는 그 고유성을 창출할 수 없는 경우에만 창작적 훼손을 허용하는 것이다. 다시 말해 기존 작품에 새로운 의미를 생성시키는 작품의 이용행위가 창출하는 미적 가치가 기존 작품의 직접적 변형을 통해서만 비로소 창출할 수 있는 경우에 한하여 저작권자의 동일성유지권(저작권법 제13조 제1항)의 침해를 인정하지 않을 수 있다. 저작권법 제13조 제2항[33]은 다음과 같은 경우를 그 예로 들고 있다. 특히 제5호 "그 밖에 저작물의 성질이나 그 이용의 목적 및 형태 등에 비추어 부득이하다고 인정되는 범위 안에서의 변경"이라는 일반조항은 이런 보충성의 요청을 담고 있다고 볼 수 있다.

---

33) 저작권법 제13조 ② 저작자는 다음 각 호의 어느 하나에 해당하는 변경에 대하여는 이의(異議)할 수 없다. 다만, 본질적인 내용의 변경은 그러하지 아니하다. <개정 2009.4.22> 1. 제25조의 규정에 따라 저작물을 이용하는 경우에 학교교육 목적상 부득이하다고 인정되는 범위 안에서의 표현의 변경 (2. 3. 4. 호 생략), 5. 그 밖에 저작물의 성질이나 그 이용의 목적 및 형태 등에 비추어 부득이하다고 인정되는 범위 안에서의 변경.

(4) 명예훼손의 인격침해가 없을 것

창작적 훼손행위에 의한 기존 작품의 미학적 해체가 원 저작자 개인의 사적인 명예나 양심과 같은 인격의 핵심부를 침범하는 경우는 법적으로 허용되지 않는다. 형법상 명예훼손죄가 성립할 수 있기 때문이다. 여기서 명예훼손죄의 보호법익은 저작인격권의 최소한이 됨을 알 수 있다. 바꿔 말해 명예훼손죄가 성립하는 지점부터 저작인격권은 더 이상 제한될 수 없다. 명예훼손죄가 성립하는 창작적 훼손행위는 저작권법 제13조 제2항 단서의 "본질적인 내용의 변경"에 해당하는 경우 가운데 한 유형이 된다. 이처럼 저작자의 명예보호를 위해 작품의 창작적 변형을 금지하는 것은 인격의 동등한 상호적 승인을 추구하는 이성법의 본질에서 비롯되는 것이다. 다른 사람의 작품의 미학적 가치의 해체와 재구성이 허용되는 것은 내가 만든 작품의 미학적 가치도 다른 사람에 의해 해체되고 재구성될 수 있음을 전제한다. 그러나 인격의 미학적 발현에서 이와 같은 평등의 요청은 인격 그 자체에 대한 침해가 아니라 인격에 대한 상호존중을 의미할 뿐이다. 그러므로 어떤 작품의 미학적 해체가 그 작품의 저작자의 명예를 훼손하는 지점에 이른다면, 그것은 미학적 평등으로 인정될 수 없고, 법의 보호를 받을 수도 없다.

Ⅲ 숭고미의 차이와 차이의 법

미술의 미학적 가치가 매우 높을 때, 흔히 그것을 숭고미라고 표현한다. 숭고미는 모던미술뿐만 아니라 포스트모던미술에서도 추구되고, 사회적으로 승인될 수 있다. 하지만 포스트모던미술의 숭고미는 모던미술의 숭고미와는 다른 의미를 갖고 있고, 법의 미학적 가치로서도 다른 의미를 가져다 준다.

1. 숭고미의 정신분석학적 의미

먼저 숭고미의 의미를 라깡(Jacques Lacan)이 말하는 욕망의 이론을 통해 이해할 필요가 있다.

1) 라깡의 욕구, 욕망, 순수욕망

그에 의하면 욕망은 욕구와 욕망, 그리고 순수욕망으로 구별된다. ① 욕구(needs)는 식욕, 성욕 등과 같은 생물학적 욕구이다. 욕구는 그것을 충족시킬 재화가 있다면, 언제나 충족될 수 있다. ② 욕망(desire)은 사랑과 인정에 대한 바람을 말한다. 이런 욕망은 영원히 충족될 수 없다. 왜냐하면 욕망은 욕망을 향해 있고(desire to desire),[34] 욕망은 끊임없이 욕망을 재생산하기 때문이다.

> 예컨대 최경태의 <여고생(포르노그라피2)展>(2001년)에서 보듯 포르노와 얼핏 유사하지만, 다소의 양식적 차이를 보여주는 에로티카(성애물) 회화는 라깡의 개념에서 보면 성적 '욕구'를 표현하는 작품이다. 이에 비해 김인규 미술교사의 <우리부부> 사진은 가령 미디어가 모델의 아름다운 모습에 의해 학습시켜 놓은 욕망, 사회적으로 가치가 승인된 몸에 대한 욕망(desire)을 비판하기 위한 작품이라고 할 수 있다.

③ 순수욕망(pure desire)은 욕망의 주체가 그 실현을 위해 죽음을 무릅쓸 때 순수해지는 그런 욕망을 말한다. 이처럼 인간이 (아름다움을 위해) 죽음을 무릅쓰는 것은 쇼펜하우어, 니체, 프로이트 등으로 이어지는 사상의 전통에서 보면 인간에게 죽음은 긍정적인 것, 심지어 열렬히 욕망되어야 하는 것이기[35] 때문이다. 죽음충동

34) 이는 이상돈, *욕망은 행복을 낯설게 한다*(연극과 인간)의 중심적인 명제이다.

(thanatos)은 인간의 보편적인 심리이며, 죽음충동의 실현은 욕망이 순수해지기 위해 통과해야 하는 터널과도 같은 것이다.

> 가령 아이들이나 미술교육을 받지 못한 어른들이 아무렇게나 그림을 그리는 것은 욕구(needs)이다. 현실로부터 해방의 이미지를 담은 아름다움을 생성시키고픈 욕구의 표현이다. 미술대학에 가기 위해 그리는 방법을 배우고, 양식을 익히는 것은 욕망(desire)이다. 사회적으로 그림을 잘 그린다는 것을 인정받기 위한 욕망이다. 화가가 되어 유명세를 얻고, 돈을 잘 벌게 되었음에도 그 화가는 더 인정받고 (더 많이 벌고) 싶은 욕망에 빠진다. 욕망을 향해 있는 욕망이다. 진정하게 위대한 화가는 그런 욕망을 넘어서 그림 자체에만 몰입해 있는, 즉 순수욕망을 갖고 있는 예술가이다.

2) 욕망의 죽음을 통한 욕망의 순수화로서 숭고성

숭고미는 라깡이 말하는 순수욕망을 통해서 생성된다. 숭고(崇高)란 욕망이 땅에서 하늘을 향해 올라가 절대자의 거룩함을 닮아가는 상태를 말한다. 대부분의 인류문화에서 땅 속에 묻히는 것은 죽음이며, 하늘을 향해 높아지는 것(예: 비상 飛上)은 거룩한 절대자를 닮거나 가까이 다가가는 (영원한) 삶을 의미한다. 순수욕망, 즉 죽음을 무릅쓰는 순수욕망이란 죽음을 통하여, 영원한 삶을 얻으려는 욕망이다. 즉, 땅 속에 묻힘을 통하여 하늘로 높이 날아가려는 욕망이다.

여기서 땅 속에 묻히는 것은 욕구(needs)나 사회적으로 가치를 인정받으려는 욕망(desire)이고, 하늘로 높이 날아가는 것은 아름다움 그 자체 이외에 어떤 것도 욕망하지 않는 것을 의미한다. 이런 숭

35) 이에 대해서는 Linda Hutcheon/Michael Hutcheon, "Death Drive: Eros and Thanatos in Wagner's 'Tristan und Isolde'", *Cambridge Opera Journal* (Vol. 11, No. 3, 1999), 267~268쪽 참조.

고미는 욕망을 실현하기 위해 어떤 아름다움의 양식을 선택하고, 개발하는지와 무관하게 생성될 수 있다. 예술작품은 그 작품의 아름다움을 통해 사회적으로 인정받으려는 욕망을 땅 속에 묻음으로써 아름다움을 좇는 욕망을 순수하게 할수록 숭고미에 다가가는 예술성을 갖게 된다. 여기서 예술성의 '자기모순'을 알 수 있다. 즉, 예술작품을 창작한다는 것은 죽음충동을 (가능한 더 많이, 궁극적으로는 끝까지) 몰고가는 예술작업을 통해 (삶으로서) 에로스를 실현하는 것이다.

3) 욕망의 중층성으로서 예술작품의 숭고미

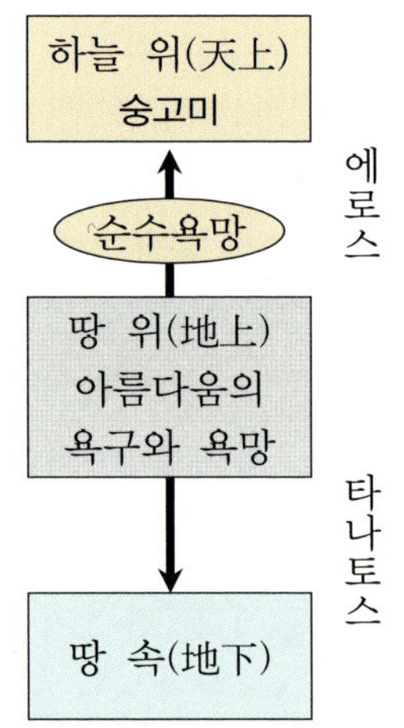

욕구, 욕망, 순수욕망은 서로 배제하는 관계에 있지 않고, <욕구→욕망→순수욕망>으로 발전하는 중층구조를 이룰 수 있다. 예술작품이 생성시키는 아름다움, 특히 해방적 이미지를 생산하고, 독자가 향유하는 삶의 과정도 이런 욕망의 발전적 중층구조를 띨 수 있다. 예술작품에서 욕구란 억압과 금기가 지배하는 현실의 삶으로부터 해방하고픈 바람이며, 이를 채워주는 작품은 아름다움의 욕구를 채우는 것이다. 또한 그 작품이 사회적으로 (비평으로 통해) 승인되는 가치를 얻는 양식을 통하여 해방적 이미지를 생성하고 향유할 수 있게 하면, 아름다움의 욕망을 채워주는 것이 된다. 이 욕망의 단계를 지나 욕구의 충족여부나 사회적 가치가 인정되는 양식에 대한 욕망에 대한 관심을 떨쳐버리고, 영원한 해방감의 체험적 의미를 생성시키고, 향유하는 단계에 이르면 그 작품의 예술성은 숭고미의 단계로 접어들었다고 말할 수 있다.

여기서 주의할 점이 있다. 예술작품에 대한 비평은 숭고미의 차원이 아니라 욕망의 차원에서 진행된다. 그러나 숭고미의 이미지를 갖는 작품이거나 숭고미를 지향하는 순수욕망을 좇은 작가의 작품을 숭고미가 있다고 비평할 수 있다. 숭고미는 우리가 현실로 도달하는 것이 아니라, '예료'(anticipation)하는 것이다. 즉 미래에 달성될 상태를 지금 미리 느낄 수 있는 것일 뿐이다. 데리다의 개념을 빌면, 숭고미는 전미래시제(futur antérieur)"[36]로서만 존재할 수 있을 뿐이다. 숭고미의 진정한 도달은 인간이 절대자가 되거나 절대자의 영역에 들어가 영생을 얻었을 때에 이루어지기 때문이다.

2. 모던미술에서 숭고미의 의미와 절차주의적 이성법

숭고미는 모던미술에서도 양식적 특성으로 발현되기도 한다. 절대주의(Suprematism)라고 불리는 (기하학적[37]) 추상예술, 즉 비구상의 세계(die gegenstandlose Welt)를 그리는 예술을 예로 설명해보자.

(1) 말로비치의 모노크롬에서 숭고미

특히 비구상의 시대를 열은 것으로 평가되는 모노크롬(Monochrome 단색화)의 창시자인 캐시미르 말로비치(Kazmir Malevich)(1878~1935)의 그림을 보면 실질적인 지시내용은 제거되고 형식적이고 기술적인 질료적 특징만이 남겨져 있다. 모더니즘의 한계점에 위치한 추상미술의 숭고성은 그림이 재현하는 공간이나 선 등과

36) 이에 관해서 Jacques Derrida (진태원 옮김), *마르크스의 유령들* (문학과 지성사, 2007), 392~395쪽; 이를 법적 정의에 적용한 이상돈, *법미학* (법문사, 2008), 123쪽 참조.

37) 추상예술은 흔히 절대주의 추상미술처럼 기하학적(geometrical) 추상과 칸딘스키 이래의 표현적(expressive) 추상으로 구분된다. 이에 관해 자세히는 마순자, "추상미술, 그 의미의 다의성", *서양미술사학회 논문집* (제24집, 2005), 138쪽 아래 참조.

Kazimir Malevich, White on White, 1918[39]

같은 현실이 아니라 오직 그림의 표면 위에만 존재한다. 말레비치가 재현하는 공간은 감상하는 데 필요한 시간의 흐름이 멈추어 버린 듯한 공간, 즉 환영적인 공간(illusionistic space)이다. 이 공간 속에서는 모든 내용(의미)은 선과 공간이 구성하는 형식에 의해 대체되고,[38] 그 형식은 선과 공간의 재배치나 새로운 형태들, 삼각형이나 원 등의 추가와 재배열을 통해 비판적으로 재생산된다. 이와 같은 형식은 '이성'의 가장 순수한 형태이다. 내용은 이성의 순수성을 왜곡하는 이데올로기를 갖기 쉽다. 그렇기에 내용적 메시지를 담지 않는 미니멀리즘(minimalism)은 이성을 가장 이성답게 재현하는 방편이며, 그림이 현실을 왜곡되게 재현하는 것에 대한 자기반성적 성찰이기도 하다.

(2) 동일성강제에 대한 성찰

그러므로 내용을 형식에 용해시켜버리는 추상예술은 모든 인간에게 같은 내용(의 삶, 도덕적 지향성)을 수용하라는 요구에 대한 거부이다. 이 요구는 이성이 비이성을 배제하고, 이성이 요구하는 바대로 행동하라는 동일성의 강제(Identitätszwang)를 말한다. 이런 동일성의 강제에 대한 예술의 거부는 아도르노(Adorno)가 말하듯, 미술이 '객관적으로 유효한 의미를 거부하는 것'이라 할 수 있다. 하지만 추상예술에서 형식은 완전히 죽는 것이 아니라 비판적으로

---

38) Jerome Carroll, "The Limits of the Sublime, the Sublime of Limits: Hermeneutics as a Critique of the Postmodern Sublime", *The Journal of Aesthetics and Art Criticism* (Vol. 66, No. 2, 2008), 174쪽.

39) 그림사진은 http://www.moma.org/collection/object.php?object_id=80385에서 퍼옴.

재구성될 뿐임에 주의할 필요가 있다. 형식은 삶이 펼쳐지는 시공간이다. 따라서 형식의 성찰적인 재생산에 쏠린 추상예술은 삶의 내용이 이데올로기적일 것을 거부하지만, 예술이 삶과 통합되는 변증적 과정을 거부하지는 않는다. 예술의 숭고함(the sublime, sublimity)이란 끊임 없이 재생산되는 형식과 삶의 내용이 변증적으로 통합되는 과정 속에 있게 된다.

(3) 추상미술의 발전과 이성법의 절차주의화

추상미술의 발전을 통한 모던미술의 자기반성적 성찰은 이성법의 자기반성적 성찰에 견줄 수 있다. 이성법이 그 실체적 내용을 이성법의 형식에 환원한다는 것은 곧 '절차주의적 법'으로 발전함을 의미한다. 만일 내용이 환원되는 형식을 고정된 양식으로 이해한다면, 그런 형식은 또 다른 내용이 된다. 이성법의 체제에서 형벌권 실현을 통해 실현되는 정의의 '내용'은 피고인을 보호하는 법치국가적 '형식'[40](예: 공소시효 등과 같은 소송조건)에 담긴다. 내용을 형식에 환원한다는 것은 실제로는 내용에 대한 형식의 우위를 인정하기 쉽다. 그럴 경우 형식은 또 다른 의미의 실체적인 내용이 되기 쉽다. 여기서 내용이 환원되는 형식이란 곧 절차를 의미한다고 볼 필요가 있다. 이성법의 부정적 변증, 즉 이성과 비이성을 구분하고, 비이성을 철저히 배제하는 보편주의적인 태도로 인해 개별 사안의 특수성과 고유성을 바라보지 못함으로써 빚어지는 폭력적인 동질화의 요구에 대한 자기반성은 법의 내용을 '합리적인 절차'에 내맡기는 법의 절차주의(Prozeduralisierung)를 가져왔다고 볼 수

40) 독일에서는 형사사법의 '보호형식성'(Justizförmlichkeiten)이라고 불려왔다. 이 용어는 짜샤리에(Zachariae)에게서 비롯된다. Zachariae, *Handbuch des deutschen Strafprozesses*, Band. I (1860), 144~147쪽 참조.

있다. 물론 이때 합리적 절차란 이성적 사고를 하는 사람들이 비판과 토론을 펼치는 대화의 제도화된 과정을 의미한다. 예컨대 절차주의적 사고에 의하면, 어떤 그림이 음란물인지를 판단할 때, 그 그림이 성기나 성교를 그렸는가와 같은 실체적 내용을 기준으로 정하는 것이 아니라, 소송에 참여하는 사람들의 활발한 의견개진과 미술비평가나 법학자의 감정의견을 충분히 듣는 절차를 통해서 정하되, 그 결정의 내용을 개방시켜 놓게 된다. 이렇게 절차주의적 법을 추상미술에 견줄 수 있다면, 추상미술의 숭고미에 해당하는 이성법의 숭고미는 절차의 극점(極點)으로서 하버마스(Jürgen Habermas)가 말하는 이상적 대화상황(ideale Sprechsituation)[41]에서 생성될 것이다.

3. 포스트모던미술의 숭고미와 차이의 법

(1) 탈형식, 이질성, 자기목적성, 즐거운 개방성

포스트모던미술에서 숭고미는 내용의 형식으로의 환원이 아니라, 형식의 '상실'에 대한 찬양으로 생성된다. 형식은 아무리 성찰적으로 재구성되더라도, 비록 전승된 문화에 대해 비판적일 수는 있긴 하지만 그 문화의 양식을 계승하는 관습의 맥락에서 완전히 해방되지 않기 때문이다. 가령 추상예술에 비해 팝아트는 예술의 고급성을 구성하는 형식을 새롭게 한 것이 아니라 일체의 형식을 거부하는 것이다. 이는 예술이 삶과 통합되어야 하는 목적성을 더 이상 좇지 않는 것이다. 즉 예술은 자신 속에 내재화된다(자기목적성).

41) Habermas, *Vorstudien und Ergänzungen zur Theorie des kommunikativen Handelns* (Suhrkamp, 1984), 127쪽 아래. 하버마스는 이 개념을 주로 70년대 초기에 즐겨 썼으나, 형이상학 또는 허구라는 비판을 받은 후에는 주로 "합리적 대화"란 개념을 사용하였다. 이 개념에 대해서는 Habermas, *Faktizität und Geltung* (Suhrkamp, 1992), 138쪽 아래 참조.

모던미술의 숭고미	포스트모던미술의 숭고미
• 형식의 비판적 재생산	• 형식의 죽음
• 동일성 거부	• 이질성(heterogeneity)
• 예술의 형식과 삶의 내용의 변증적 통합	• 예술의 자기목적성
• 환상적 시공간의 재현	• 표현할 수 없는 것의 표현
• 미니멀리즘적 성찰	• 즐거운 개방성

이로써 예술은 내용(의미)을 형식에 환원시킴으로써 내용적 동질성을 거부하는 데서 그치는 것이 아니라 그 형식을 죽임으로써 무한대의 다양성 또는 이질성(heterogeneity)을 좇는 것이다. 물론 이런 무한대의 이질성을 추구하는 것은 리오타르(J. F. Lyotard)의 표현을 빌면 '즐거운 개방성'(joyous openness)이라고 할 수 있다. 그림이 표현할 수 있는 이질성이 무한대라면, 그 표현은 무엇이 표현되는 것인지를 알 수 없게 하는 것이어야 한다. 그러니까 포스트모던미술에서 숭고미는 "표현할 수 없는 것을 표현하는"(presenting the Unpresentable)[42] 자기모순적 경험에서 오는 것이 된다. 이렇게 '즐거운 개방성' 아래서는 여성의 삶을 잔인할 정도로 노정(露呈)하는 여성주의 미술에 대해서도 부정적인 예술적 가치가 아니라 "해방과 자유의 이념"[43]에 의해 매개되는 숭고미를 인정할 수 있게 된다.

42) Jean-François Lyotard, "Presenting the Unpresentable: The Sublime", *Artforum* (Vol.20, 1982), 64~69쪽, 특히 68쪽 참조.

43) 여성주의 예술에서 이 점을 칸트(Kant)의 역동적 숭고 개념의 확장으로서 숭고로 이해하는 김혜련, "여성적 숭고의 가능성", *한국여성철학* (창간호, 2001), 177쪽 아래 참조.

(2) 차이의 법

포스트모던미술의 이와 같은 특성은 차이(difference)의 법에 견줄 수 있다. 차이의 법은 절차주의적 이성법의 패러다임에서 발견되지 않은 '즐거운 개방성'을 갖고 있기 때문이다.

1) 이성법의 정의원리로서 차별의 금지

포스트모던 법의 새로운 정의원리로서 차이를 이해하기 위해서는 먼저 이를 이성법의 차별(discrimination) 개념과 구별할 수 있어야 한다.

㈎ **평등의 확장으로서 이성법의 발전** 근대 이성법은 모든 개인에게 자유를 평등하게 보장하는 법이었다. 이 평등한 자유는 개인의 능력과 환경, 시장메커니즘의 왜곡된 조정기능으로 인해 현실에서 자유를 향유할 조건(재화)의 불평등을 가져왔고, 이에 대한 반성으로 자유(향유)의 실질적 조건(재화)을 가능한 평등하게 분배하려는 법(실질법, 사회국가적 법)이 성장해왔다. 그러나 평등한 '자유'와 자유(조건)의 '평등', 바꿔 말해 자유주의와 공동체주의는 언제나 충돌과 갈등을 겪게 된다. 추상회화의 법적 상응으로서 절차주의의 법제는 자유와 평등의 충돌과 갈등을 해소하면서 양자를 조정하는 기능을 수행하기도 한다.[44] 절차주의의 법제는 이런 조정기능을 넘어서 자유와 평등을 조정하고 법을 형성하는 일체의 과정에 개인들의 자유롭고 기회균등한 참여를 도모하기도 한다. 이로써 이성법의 발전은 <'자유'의 평등→'재화'(자유향유조건)의 평등→'참여'의 평등>으로 이루어졌다고 볼 수 있다.

㈏ **합리성과 보편성 위의 차별 개념** 여기서 평등은 이성법

---

44) 이 점을 다차원적인 법제의 구축에 의해 구체화시키는 이상돈, *기초법학* (법문사, 2010), 25쪽 아래 참조.

의 시대와 법패러다임을 가로지르는 정의의 원리로 위치한다. 평등은 합리적인 이유가 없는 차별을 금지하고, 동시에 합리적인 이유에 의한 차별을 요구한다. 이성법의 정의를 구성하는 핵심개념으로서 차별 개념은 합리적 사고와 보편화가능성의 원리 위에서 작동한다. 가령 이성애자에게 혼인할 권리를 보장한다면, 동성애자에게도 같은 권리를 보장하는 보편화의 원리가 작동한다. 물론 이런 보편화가능성은 합리적 사고에 의해 판단된다. 동성애자가 혼인한다고 다른 사람에게 직접 피해를 주지도 않으며, 그렇지 못했을 경우에는 오히려 그들의 인권이 침해된다는 식의 합리적 논거와 사고가 개입하여 보편화가능성이 판단되는 것이다.

2) 차이의 의미

하지만 동성애자에게 혼인권을 인정하면 양성을 기초로 가정을 누려온 시민들의 혼인과 가족제도에 관한 정체성과 상징성을 훼손하게 된다. 다시 말해 '차별'(discrimination)은 해소할 수 있으나 동성애를 거부하는 비동성애자들의 동성애자에 대한 차이(difference)가 지워진다. 이처럼 합리적 사고에 의한 보편화가능성의 판단이 아니라 설령 비합리적이라고 할지라도 각 개인이 갖는 고유성과 차이성을 존중하는 것은[45] 포스트모던 시대의 법이 실현해야 하는 새로운 정의가 된다. 이와 같은 차이성은 거의 무한대이다. 이 차이성의 무한대란 바꿔 말해 포스트모던미술의 특성으로서 '즐거운 개방성'과 같다. 이런 법은 이성법이 전제한 시민사회와 다른 사회, 이를테면 라끌라우(Laclau)의 견해처럼 차이들의 불안정한 질서로

45) 이것은 만인을 속박하는 규범적 헤게모니의 구속들에서 벗어나는 자기배려라고 볼 수 있다. 이에 관해 연효숙, "윤리적 주체와 차이의 존재론", *시대와 철학* (제20권, 2000), 19~20쪽 참조. 이런 점에서 포스트모던 법은 춤으로서 법이 된다는 이상돈, *법의 춤* (법문사, 2012), 75쪽 참조.

서, 궁극적으로는 봉합될 수 없는 구성체[46]와 같은 사회상을 전제한다. 여기서 차이의 개념을 좀더 이론적으로 설명한다면, 차이란 이성법에 수용하지 못한 민속학적 전통이나 하부문화적 관행, 더 나아가 상호이해의 가능성을 머금고 있는 개인의 주관적인 정의관점 등의 다양한 의미망을 가리킨다. 차이는 궁극적으로는 자신의 사회적 실존을 결정하고, 그 실존의 의미를 문화적(사회적, 언어적)으로 구성하는 개인의 능력이 발휘됨으로써 생성된다. 인권도 그런 능력의 발휘를 통해 생산된 의미망에서 결정(結晶)되는 권리이다. 여기서 차이는 포스트모던 사회에서 법의 새로운 (권리)원칙, 즉 인류학적 원칙(anthropological principle of right)[47]이 된다고 할 수 있다.

3) 차이의 한계

하지만 차이의 법이라고 해서 모든 개인의 주관적 관점에서 바라보는 자신의 다른 사람에 대한 (주관적 관점과 표현방식의) 차이가 '절대적으로', '무조건적으로' 허용되는 것은 아니다. 만약 그렇지 않다면 차이는 근대 이성법에서 인정했던 자연법적 권리, 처분불가능한 권리를 부활시키는 법원리가 되기 때문이다. 그렇기 때문에 차이의 법은 어떤 사람의 차이가 다른 사람의 차이들을 지워버리는 것인지를 성찰해야 하고, 이 성찰은 차이의 존중이 새로운 불합리한 차별을 가져오는지를 면밀히 살피는 것이어야 한다. 그렇기

46) Ernesto Laclau, "Metaphor and Social Antagonism", C. Nelson & L. Grosberg 편, *Marxism and the Intepretation of Culture* (University of Illinois Press, 1988), 254쪽.

47) 이런 이해로 Terence Turner, "Human Rights, Human Difference: Anthropology's Contribution to an Emancipatory Cultural Politics", *Journal of Anthropological Research* (Vol. 53, No. 3), 279~285쪽 참조.

때문에 포스트모던 법은 근대 이성법의 원리를 폐기하는 것이 아니라, 그것을 전제하고, 그것의 결핍과 한계를 메우는 한에서 작동하게 된다. 이 지점에서도 법의 모더니즘과 포스트모더니즘은 언제나 성찰이라는 접점을 갖게 됨을 알 수 있다.

예를 들어 자신이 근무하는 중학교의 학생들이 쉽게 찾아 드나들 수 있는 홈페이지에 자기 부부의 누드사진을 올린 미술교사 김인규의 <우리부부>는 예술적 표현의 자유 범위 안에 있는 것으로 보기 어렵다. 물론 그 작품을 두고 벌어지는 법원과 작가의 음란성에 대한 서로 다른 관점은 개인적인 '차이'에 해당된다. 음란성의 이성법적 개념에 의해서는 작가의 고유한 관점이 결코 존중될 수 없다. 하지만 자동카메라로 찍힌 부부의 누드사진이 예술이라는 관점은 (광학적 이미지의 절제된 선택과 표현적 행위와의 융합의 유무에 의해) 예술적 사진과 기술적 사진을 차별화하는 법의 보편성을 폐기해버릴 위험이 있다. 물론 작가의 고유한 예술적 관점의 차이를 존중하기 위해 예술적 사진과 기술적 사진의 법적 차별을 제거해 볼 수도 있다. 이것은 차이의 원리가 요구하는 바일 수도 있다. 하지만 그런 차이의 존중을 이유로 중학생들이 드나드는 홈페이지에 누구나 자신의 누드사진을 게재할 수 있다고 본다면, 그것은 학생들로 하여금 도덕에 관련하여 니체가 말하는 극단적 허무주의[48]에 빠지게 만들 수 있다. 바로 이 지점에서 차이의 정의는 철수될 수밖에 없는 것이다.

---

48) *KGW* Ⅷ1 2[119], 119쪽.

07 | 미술비평과 법 |

예술반달리즘과 법

I 예술반달리즘의 의미

미술작품을 이유없이 훼손하는 행위를 흔히 예술반달리즘(art vandalism)이라고 부른다. 이때 훼손이 새로운 미술작품을 창작하는 부득이한 경우에는 이를 저작인격권(동일성유지권 등)의 침해로 보지 않게 된다. 예술반달리즘은 때로는 그래피티라는 새로운 미술 장르를 가리키기도 하고, 때로는 형법상 손괴행위를 가리키기도 한다.

1. 사회학적 개념으로서 반달리즘

먼저 예술반달리즘이라고 할 때 반달리즘은 역사적으로는 4, 5세기경 아프리카에 왕국을 세운 반달족이 지중해연안에서 로마에 이르는 지역까지 야만적인 파괴와 약탈행동을 한 데서 유래된 프랑스어(Vandalisme)이다. 그러나 반달리즘은 오늘날 역사적 개념이 아니라 사회학적 개념이다.

(1) 손괴와 구분

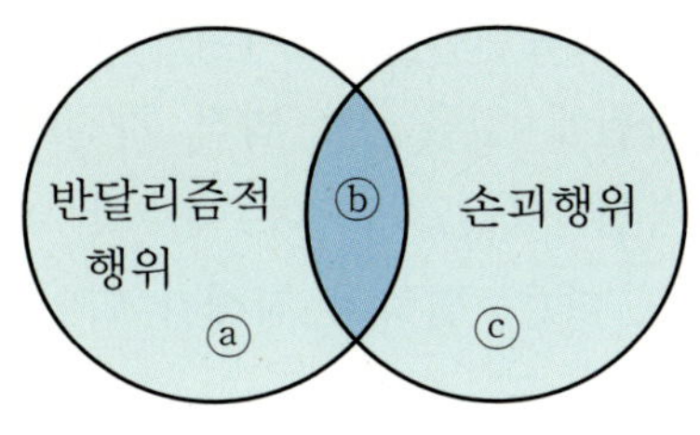

반달리즘은 법적으로는 손괴행위(형법 제366조)에 가장 가깝다. 그러나 똑같지 않다. 개념의 외연으로 이미 명확히 구분된다. 가령 ⓐ 손괴죄에 포섭되지 않는 반달리즘적 행위(예: 할로윈 데이에 남의 차에 달걀을 투척함)가 있을 수 있고, ⓒ 반달리즘에 해당하지 않는 손괴행위(예: 싸움 끝에 화가 나서 그 상대방 차량의 타이어를 펑크내는 행위)가 있을 수 있으며, ⓑ 손괴죄에 포섭되는 반달리즘적 행위(예: 친구들과 몰려다니다 자신이 가질 수 없는 값비싼 수입품 상점의 유리창을 깨는 행위)가 있을 수 있다.

(2) 반달리즘의 사회학적 개념

현행법체계에서 손괴행위의 반달리즘적 성격은 양형에서 불리하게 작용할 수 있다. 불리한 양형요소로서 반달리즘의 특성을 구성하는 사회학적 개념은 어떻게 정의할 수 있을까? 이에 관한 사회학적 논의의 폭은 매우 넓고 광활할 수 있다. 그러나 엄밀한 개념정의는 불가능하다. 다만 다음과 같은 현상학적 특징들 가운데 많은 요소를 가질수록, 그 행위는 더 쉽게 반달리즘적 행위로 파악할 수 있다.

① 젊은 사람(25세 이하), ② 남자, ③ 즉흥적(spontaneously) 행동, ④ 익명의(anonymously) 행동, ⑤ 떼지은(in groups), ⑥ 공공장소

(예: 공원, 놀이터, 길거리)에서의 행동, ⑦ 크지 않은 규모의 손괴, ⑧ 공격적 동기(예: 자기표현기회의 부족이나 사회 전반에 대한 불만) 등.[1)]

반달리즘이 손괴죄에 해당하는 경우에 그 고유성은 사회학적 차원에 있을 뿐, 법적 차원에는 없다. 즉 반달리즘적 손괴행위를 형법 제366조로 다루는 것 이외에 다른 범죄구성요건을 창설할만한 '다른' 법익의 침해가 확인되지 않는다.

2. 예술반달리즘과 침해법익

이에 비해 반달리즘적 행위가 예술품에 대해 행해질 때에는 재산이라는 법익과는 다른 법익을 건드리게 된다. 즉, 예술품은 일반 재물과는 달리 공적인 의미(public meaning), 그러니까 재산이면서도 문화를 형성하는 요소로 기능한다. 그래서 예술품에 대한 반달리즘적 행위는 보통의 반달리즘과 차별화하여 '예술반달리즘'(art vandalism)이라고 개념화할 수 있다.

(1) 문화적 유산재로서 예술품

예술품의 문화형성적 기능이 역사적인 차원에서 주목할만한 것일 때, 즉 "국가적 · 민족적 또는 세계적 유산"(문화재보호법 제2조)으로 평가될 때 예술품은 곧 문화재가 된다. 문화재인 예술품에 대한 반달리즘적 행위는 문화재보호법 제92조(손상 또는 은닉의 죄)에 의해 금지되고 처벌된다. 문화재의 손괴 · 은닉죄는 단순한 예술품의 손괴와는 달리 보호법익이 개인적 법익인 재산권이 아니라 문

1) 반달리즘의 특징을 이와 같이 정리한 문헌으로 M. J. Williams, "Framing Art Vandalism - A PROPOSAL TO ADRESS VIOLENCE AGAINST ART", *Brooklin Law Review* (Vol. 74, No. 2, 2009), 590~591쪽 참조.

화적 유산의 보존이라는 보편적 법익이 된다.

(2) 예술적 가치의 보편적 향유

그러나 국가적 · 민족적 또는 세계적 "유산"의 성격을 아직 승인받지 못한 예술품일지라도 그에 대한 반달리즘적 공격행위는 형법상 손괴죄가 포착하지 못하는 불법의 실질을 갖고 있다. 그 불법의 실질은 많은 사람들이 승인하는 그 작품의 예술적 가치와 그 가치의 일반적인 향유가능성이라는 의미에서 공공의 이익이다. 이런 이익은 형법상 법익론으로 분류한다면, 보편적 법익(Universalrechtsgut)에 속한다고 볼 수 있다.

1) 예술품손괴에 손괴죄의 통제기능적 한계

이 보편적 법익은 개인의 재산에 대한 침해범죄인 손괴죄의 보호법익과 구별된다. 예컨대 (초중고 교과서에 등장하는) 김기창 화백의 그림을 소유하는 자가 그 그림에 덧칠하는 행위는 손괴죄로 처벌할 수 없다. 타인의 재산에 대한 침해가 없기 때문이다. 그러나 그런 행위는 그 그림이 갖는 예술적 가치에 대한 사회적 승인과 그 가치의 보편적 향유가능성이라는 문화형성적 기능에 장애를 일으킨다. 이러한 보호법익을 직접적으로 보호하는 법적 통제의 장치는 아직 없다. 예술반달리즘이 손괴죄에 해당하는 경우에는 행위자에게 불리한 양형요소로 고려될 수 있을 뿐이다.

2) 저작인격권침해죄의 의미적 한계

다만 그림의 동일성이 훼손되면 저작인격권침해죄(저작권법 제136조 제2항 1호/제13조)가 적용될 수 있다. 저작인격권침해죄는 작품에 발현된 저작자의 인격을 보호하는 것일 뿐, 그 작품의 예술적 가치에 대한 사회적 승인이나 향유가능성 그 자체를 보호하는 것이 아니다. 하지만 저작자의 인격발현을 보호함으로써 '간접적으로' 그와 같은 보편적 법익을 보호할 수는 있다.

3. 예술반달리즘의 유형

(1) 행위의 유형화

예술품에 대한 반달리즘적 행위는 몇 가지 유형으로 나눌 수 있다. 예술반달리즘적 행위의 유형은 그에 대한 입법방향의 설정에 유용할 수 있다. 아래 사례군은 반달리즘행위, 손괴행위, 예술반달리즘 행위의 중요 유형을 개관하기 위해 유형화한 것이다.

ⓐ 할로윈 데이에 남의 차에 달걀을 투척함
ⓑ 친구들과 몰려다니다 자신이 가질 수 없는 값비싼 수입품 상점의 유리창을 깨는 행위
ⓒ 싸움 끝에 화가 나서 그 상대방 차량의 타이어를 펑크내는 행위
ⓓ 전시된 설치미술작품의 가격이 매우 비싼 것이 동기가 되어 작품성을 냉소하는 태도로 그 전시상태를 매우 경미하게 바꾸어 놓는 행위(손괴죄에 해당하지 않는 예술반달리즘적 행위)
ⓔ 많은 화가가 참가하는 마니프 아트페어 전시장에 들어가 가격이 높은 작품들을 무차별적으로 손괴하는 행위
ⓕ 타인이 소유하는 김기창 화백의 그림에 덧칠을 함

(2) 예술반달리즘의 유형확정

이 사례들을 ① 예술품, ② 반달리즘, ③ 법률상 손괴행위라는 세 가지 구조적 요소의 충족여부를 기준으로 유형화해보면 다음 도표와 같이 배열될 수 있다. 그러면 법적 통제가 논의될 수 있는 행위유형으로 7가지(ⓐ~ⓔ)를 생각해 볼 수 있다. 여기서 예술반

달리즘에 대한 법적 대응을 논의할 때 특히 의미있는 유형은 다음 세 가지이다.

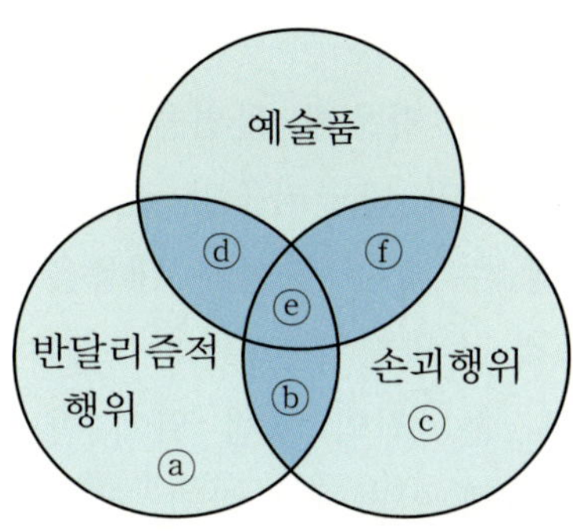

- 손괴죄에 해당하지 않지만 예술품에 대해 반달리즘적 공격을 가하는 행위(ⓓ),
- 반달리즘은 아니지만 예술품을 손괴하는 행위(ⓕ),
- 예술품에 대한 반달리즘적인 손괴행위(ⓔ)

반달리즘이라는 개념은 모호한 사회학적 개념이고, 손괴행위와의 경계도 불분명하기 때문에 예술반달리즘은 넓은 의미에서 이 세 가지 유형을 모두 포괄하는 것으로 볼 필요가 있다.

Ⅱ 예술반달리즘적 손괴의 불법과 적정제재

1. 불법의 세 가지 지층

예술반달리즘적 행위 가운데 불법을 가장 완비하고 있는 가장 좁은 의미의 예술품의 반달리즘적 손괴행위(ⓔ)를 예로 하여 예술반달리즘이 가질 수 있는 불법의 내용을 구조적으로 파악해보자. 예술반달리즘적 손괴행위는 아래 도표와 같이 세 가지 불법의 지층을 갖는다. 손괴죄의 불법 위에 반달리즘적 행위의 전형적인 행위양태에 대해 인정되는 반가치성(행위반가치)이 추가되고, 그 위에 다시 문화형성적 기능의 훼손, 즉 "문화적 의미가 있는 것들에 대한 공중의 이익"(collective interest in objects of cultural significance)[2]의 훼손이 추가되는 것이다.

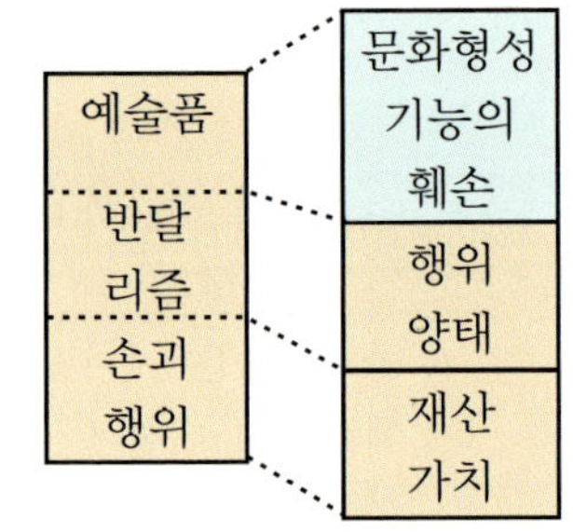

2. 예술반달리즘적 손괴죄의 창설

여기서 예술반달리즘적 손괴행위가 문화재가 아닌 예술품에 대한 경우라면, 새로운 보편적 법익의 범죄구성요건을 창설하는 것은 부적절하고, 기존의 손괴죄의 가중구성요건을 만드는 방안을 생각해볼 수 있다.

2) M. J. Williams, "Framing Art Vandalism – A PROPOSAL TO ADDRESS VIOLENCE AGAINST ART", *Brooklin Law Review* (Vol. 74, No. 2, 2009), 604쪽.

(1) 중손괴로서 예술품손괴죄

특히 제366조의 가중구성요건으로 제367조가 "공익에 공하는 건조물을 파괴"하는 행위를 10년 이하의 징역 또는 2천만원 이하의 벌금에 처하는 것에 주목할 필요가 있다. 예술품이 문화재라면 문화재보호법이 적용된다. 문화재보호법 제92조 제1항은 국가지정문화재의 손괴를 3년 이상의 유기징역, 제2항이 지정문화재나 일반동산문화재의 손괴를 2년 이상의 유기징역으로 처벌한다. 여기서 예술반달리즘적 손괴행위를 문화재손괴행위나 공익건조물파괴죄의 법정형보다는 가볍고, 일반손괴죄의 법정형(3년 이하의 징역 또는 700만원 이하의 벌금)보다는 무거운 법정형, 예컨대 7년 이하의 징역으로 처벌하는 방안을 생각할 수 있다. 이는 기존의 중손괴죄와 다른 새로운 유형의 "중손괴죄"(grand criminal mischief)[3]로서 예술품손괴죄를 제정하는 것이라 할 수 있다. 가령 다음과 같은 법률규정을 제안할 수 있다.

> 제366조의2(예술품손괴죄) 공공연하게 전시되어 있는 예술품을 아무런 이유나 동기도 없이 손괴한 자는 아무런 동기도 없이 손괴한 자는 7년 이하의 징역 또는 2,000만원 이하의 벌금에 처한다.

(2) 환유 개념으로서 반달리즘

예술품손괴죄의 구성요건은 손괴죄의 구성요건표지에다 예술품과 반달리즘을 표현하는 문구가 추가된다. 예술의 의미에 대한 검토는 여기서 하지 않겠다.[4] 그러나 사회학적 현상을 파악하는 개

---

3) 미국에서 이런 제안을 하는 M. J. Williams, "Framing Art Vandalism - A PROPOSAL TO ADRESS VIOLENCE AGAINST ART", *Brooklin Law Review* (Vol. 74, No. 2, 2009), 620쪽 아래 참조.

4) 자세한 내용은 이 책의 [1] 단락을 참조.

념인 반달리즘의 법개념화는 일반 반달리즘에서 등장하지 않는 아포리아적 성격의 문제를 갖고 있다. 이 문제는 반달리즘의 텍스트를 "아무런 이유나 동기없이"로 정식화하더라도 사라지지 않는다. '이유없이'라고 할 때 그 이유는 일반조항적 불명확성을 갖는다.

이 일반조항의 해석에서 특히 문제가 되는 것은 포스트모던 시대에는 어떤 작품의 예술적 가치를 훼손하는 행위가 동시에 (특히 포스트모던) 예술의 창작이 될 수 있다는 점에 있다. 아무런 이유나 동기 없이 행하는 예술품의 훼손행위를 예술반달리즘이라고 부를 수 있다. 그러나 예술 수행적인 반달리즘은 반(反)예술이 아니라 '다른' 예술이 된다. 예술반달리즘적 행위가 — 모던미술의 관점에서는 — 외형상 손괴처럼 보이지만, 또 다른 예술의 창작이 된다면 (예술품)손괴죄가 불성립한다고 보아야 한다. 여기서 어떤 행위를 두고 예술품에 대한 반달리즘적 손괴행위라고 말할 때 '예술반달리즘'은 수사학적 개념, 특히 환유(換喩)의 개념으로 기능하는 것임을 알 수 있다. 왜냐하면 보편자(=기존 예술품의 가치를 넘어서 새로운 예술적 가치를 창출하지 못한다는 종합적인 판단)가 개별자(=사회현상의 하나로서 반달리즘)를 통하여 비유적으로 정의되고 있기 때문이다. 이 논의에서는 예술성 개념의 일반적 승인이 전제되어 있음에 주의를 요한다. 포스트모던미술가들은 자신의 작품에 대한 예술성의 승인에 관심이 없거나 심지어 예술성의 해체를 유일한 심미적 가치로 받아들일 수도 있다. 그런 예술관도 법은 헌법상 '예술의 자유'(헌법 제22조 제1항)에 의해 보호하지만, 손괴죄의 적용이라는 맥락에서는 기능할 수 없다.

3. 예술창조적 손괴행위에 대한 손괴죄의 적용

또한 어떤 행위가 기존의 예술품을 손괴하여 새로운 예술적 가치를 창출하였다고 해서 그 행위의 합법성이 곧바로 승인되는 것은 아님에 주의해야 한다. 만일 기존 예술품의 소유자가 그런 손괴에 동의하지 않았다면 그의 재산권에 대한 위법한 침해는 남는 것이기 때문에 일반 손괴죄(제366조)로 처벌될 수 있다. 그런 행위는 단지 반달리즘을 이유로 하는 불리한 양형을 받게 되지 않거나 (위에서 제안한) 예술품손괴죄에 해당하게 되지 않을 뿐이다.

Ⅲ 예술반달리즘의 유형과 손괴죄의 적용

예술반달리즘은 비평이론적으로 보면, 전략적(tactical) 예술반달리즘과 표현적(expressive) 예술반달리즘으로 구분할 수 있다.5)

1. 표현적 예술반달리즘과 예술품손괴죄

(1) 정신분석학적 자기의 표현으로서 예술반달리즘

먼저 표현적 예술반달리즘에서 표현이란 예술품의 문화적 의미, 이를테면 종교적, 도덕적, 정치적, 역사적 또는 경제적(예: 터무니없이 비싼 가격) 의미에 대해 저항하는 자기(self)를 외부화하는 것을 가리킨다. 이때 자기(self)는 다분히 정신분석학적 함의를 지닌다. 행위자의 사회적 정체성이나 인격으로서 자아의 실현이 아니라, 억압된 자기의 충동적 표출이 된다. 그러므로 표현적 예술반달리즘은

5) tactical과 expressive의 구분에 관해서 M. J. Williams, "Framing Art Vandalism - A PROPOSAL TO ADRESS VIOLENCE AGAINST ART", *Brooklin Law Review* (Vol. 74, No. 2, 2009), 597~602쪽 참조.

더 정확히는 자기표현적 예술반달리즘이라고 개념화할 수 있다. 자기표현적 반달리즘의 대표적인 예로 리히텐슈타인의 <커튼> 그림에 대한 반달리즘적 공격사건(A Vandalized Lichtenstein)을 들 수 있다.

(2) 반달리즘에 희생된 리히텐슈타인

리히텐슈타인(Roy Lichtenstein)의 그림 <커튼(Curtains, 1962)>은 그의 초기 작품으로서 정교한 주름으로 장식된 커튼이 쳐진 유리창을 묘사한 작품이다. 이 그림은 1993.8 "손으로 그린 팝: 변환기의 미국 예술 1955-1962" 전시의 일부분으로 휘트니 미국예술박물관(the Whitney Museum of American Art)에 대여 전시되고 있었다. 1993.8.7. 당시 그 박물관에 임시로 고용된 21세의 월커(Reginald Walker)는 펠트펜(매직펜)으로 리히텐슈타인의 그림에 낙서를 했다. 이 그림의 당시 시가는 약 20~30억원 정도로 평가되었었다. 월커는 7년 이하의 징역에 처해지는 2급[6]의 손괴죄로 기소되었다.[7] 이런 월커의 행위는 표현적 반달리즘(expressive vandalism)의 전형을 보여준다.

(3) 예술품손괴죄의 적용

이처럼 표현적 예술반달리즘에 의한 손괴행위에 대하여 7년 이하의 징역형을 법정형으로 하는 예술품손괴죄를 적용할 수 있다. 자기표현적 예술반달리즘에는 뒤에서 보듯 전략적 예술반달리즘이

6) 미국의 주법들은 대부분 손괴행위로 인한 손해의 크기에 따라 등급을 정하여 처벌하며, 손해의 크기는 손괴행위로 상실된 시장가치와 복원비용을 합한 금액을 기준으로 정한다. 이에 관해 M. J. Williams, "Framing Art Vandalism - A PROPOSAL TO ADDRESS VIOLENCE AGAINST ART", *Brooklin Law Review* (Vol. 74, No. 2, 2009), 607쪽 아래 참조.

7) 이 사건에 대한 뉴욕타임즈의 Carol Vogel이 쓴 기사 http://www.nytimes.com/1993/09/17/arts/inside-art.html 참조.

추구한 긍정적 목적가치(예: 여성참정권의 제도화)와 같은 유리한 양형요소가 고려되기 어렵다. 다만 무의식적 자기(self)의 회복이라는 행위자 개인에게 고유한 사정이 다소 유리한 양형요소로 고려될 수 있을 것이다.

2. 전략적 예술반달리즘과 손괴죄

(1) 외부적 목적달성을 위한 예술품의 손괴

Diego Velázquez, The Rokeby Venus 1647~1651경[8)]

전략적 예술반달리즘은 예술품에 대한 공격 그 자체에 의미를 두지 않고, 그것을 통해 공중의 관심을 끌어냄으로써 일정한 (예술품의 의미세계 밖에 있는) 외부적 목적(예: 정치적 이유)을 달성하려는 수단(전략)으로 이루어지는 예술품 손괴행위를 말한다. 전략적 예술반달리즘은 예술 그 자체에 대한 가치맹목적 태도에서가 아니라 다른 (정치적) 목적가치를 위하여 예술의 심미적 가치를 백안시하는 태도에서 비롯된다. 이 태도는 가치들의 비교형량에서 지극히 주관적인 판단의 경향을 의미할 뿐 예술품에 대한 야만적 손괴, 즉 예술품을 아무런 이유에서 아무렇게나 손괴해도 무방한 대상으로 생각하는 것은 아니다. 그런 점에서 전략적 예술반달리즘은 진정한 의미에서 '반달리즘'이 되기 어렵다. 하지만 주관적 가치판단에 의해서이긴 하지만, '결과적으로는' 예술품의 심미적 가치에 눈을 감아버린다는 점에서는 여전히 예술반달리즘의 부류에 속한다고 볼 수 있다.

---

8) 그림사진은 http://en.wikipedia.org/wiki/File:RokebyVenus.jpg에서 퍼옴.

(2) 비너스 사건

이런 전략적 예술반달리즘의 대표적인 사건으로 비너스 그림사건을 들 수 있다. 리차드슨(Mary Richardson)은 1914년 런던 국립갤러리에 있었던 17세기 회화의 하나인 <The Rokeby Venus>를 고기써는 기계로 분해해버렸다. 그의 행위는 감옥에 있던 여성참정권론자인 한 동료의 단식투쟁에 대하여 사람들의 주의를 끌어내기 위한 것이었다. 리차드슨의 이런 예술반달리즘은 일종의 전략적 선택이다. 여성이 참정권을 누리지 못하는 20세기 초반 영국사회에서 여성의 현실과 여성의 이상적 모습을 형상화하는 비너스 그림의 고결함과 성스러움 사이에 존재하는 극적인 대조를 이용하여 현실의 추악함을 인식하게 하려는 것이 리차드슨의 전략이었을 것이다.

(3) 손괴죄의 적용

리차드슨의 예술반달리즘적 행위에다 현행 형법을 적용한다면 손괴죄(제366조)를 적용하여야 한다. 진정한 의미에서 반달리즘의 표현이 아니어서, 예술품손괴죄의 반달리즘적 구성요건요소("아무런 이유나 동기없이")를 충족하지 못하기 때문이다. 그러므로 전략적 예술반달리즘이라는 사정은 손괴죄로 처벌하는 양형과정에서 고려할 수밖에 없다. 전략적 예술반달리즘은 양면적 효과를 갖는다. 여성참정권을 향한 정치적 목적가치는 양형에서 유리한 요소가 되고, 역사적 문화적 가치가 있는 미술품의 훼손은 양형에서 불리한 요소가 된다. 이 유리한 요소와 불리한 요소를 비교형량하여 전략적 예술반달리즘은 양형에 유리하거나 불리하게 작용할 수 있다.

Ⅳ 그래피티의 예술성과 손괴죄의 적용

반달리즘은 오로지 예술파괴적으로만 기능하지는 않고, 때로는 예술생성적으로 기능한다. 이를 반달리즘의 양면성이라고 할 수 있다. 이 양면성이 가장 극적으로 드러나는 경우가 그래피티(graffiti)의 문제이다.

1. 그래피티의 의미

그래피티란 원래 이탈리어어 graffitto(단수)의 복수형 graffitti에서 온 말이다. 이 말의 원래 의미는 긁힌(scratched)이라는 것이다. 예컨대 지하터널의 벽면에 에어로졸이나 스프레이를 사용하여(그림의 형상을 띠기도 하는) 낙서를 하는 행위이다.

(1) 손괴행위와 그래피티

그래피티는 재산의 보존이라는 측면에서는 반달리즘적 행위와 유사하다. 또한 그래피티는 즉흥적이고 투입산출효과를 합리적으로 고려하지 않는 젊은 사람들의 반항적 행동으로 주로 이루어진다는 점에서도 반달리즘과 유사한다.

그러나 그래피티는 '어디에(예: 위험한 장소, 안전한 장소) 그려졌는지', '누가(예: 인종이나 신분) 참여했는지', '어떤 메시지를 갖고 있는지'(예: 정치적 이념, 인종차별이나 상업광고에 대한 도전)에 따라 달라지는 사회적 의미를 추구한다는 점에서 의미에 대해 맹목적인 반달리즘과 다르다.

(2) 힙합의 미술적 표현

브레이크댄스가 춤으로 표현된 힙합[9]이라면, 그래피티는 미술로 표현된 힙합이라고 할 수 있다. 양자 모두 비주류의 하문문화가 주체성을 획득한 장르라 할 수 있다. 예컨대 사회의 주변적 지위에 있는 청소년들이 그래피티를 통해 기존의 주류 문화, 법과 질서, 경제와 시장, 언론과 미디어에 저항한다. 이 저항은 비보이들의 그것처럼 전복적(顚覆的) 의미를 갖는다. 여기서 전복적이란 그래피티가 체제를 전복시키는 방향으로만 그의 상징적 기능을 수행함을 뜻하지 않는다. 그보다는 그래피티는 주류문화와 비주류문화를 하나의 직물로 짜아 넣는 통합적 연결기능을 수행하기도 한다. 서로 다른 문화들(주류문화와 하부문화)이 동등하게 상호작용하며 하나의 고유한 문화적 그림을 그려낸다는 점에서 그 상호문화성(intercul-turality)을 말할 수 있다. 그래피티는 포스트모던 시대에 상호문화성을 재생산하는 행위라는 의미를 갖는다.

2. 그래피티에 대한 형법적 적용

미국에서는 그래피티를 하는 사람들을 두고 "그래피티 갱"(graffiti gang)이라고 부르기도 한다. 이런 수사(修辭)는 그래피티를 체제전복적인 행위로 왜곡시킨다. 그런 수사학은 아마도 미디어가 예컨대 범죄적인 청소년 폭력조직과 그래피티를 연결지음으로써 생성된 스테레오타입이기 쉽다.[10] 이런 수사학적 이해에서 보면 그래피티는 모두 손괴죄에 의해 통제되어야 한다. 그러나 그래피티의 상호문화성은 이런 수사학에 대해 비판적 거리를 두게 한다. 물

9) 이런 설명으로 이상돈, *법의 춤* (법문사, 2012), [6]단락 참조.

10) 이런 관점으로 Rob White, "Graffiti, Crime Prevention & Cultural Space", *Current Issues in Criminal Justice* (Vol. 12, 2001), 258쪽 참조.

론 그래피티의 활동 자체가 명백히 폭력적인 불법의 형태를 띠는 경우에는 그래피티는 전복적인 의미를 갖는 것이 아니라 체제전복적인 의미를 갖는다. 그럴 경우에 그래피티는 상호문화성을 재생산해내지 못할 것이기 때문이다.

사항색인

ㅇ

ㅈ

[저 서]

◇ 기초법 분야 ◇

- 『Wortlautgrenze, Intersubjektivität und Kontexteinbettung』, Frankturt/New York, 1992
- 『법이론』, 박영사, 1996(제1판); 세창출판사, 2005(제2판)
- 『법학입문』, 박영사, 1997(제1판); 법문사, 2005(제3판)
- 『법사회학』(이상돈 · 홍성수), 박영사, 2000
- 『법철학』, 법문사, 2003
- 『욕망은 행복을 낯설게 한다. 모더니즘의 행복론』, 연극과 인간, 2003
- 『인권법』, 세창출판사, 2005
- 『법문학』(이상돈 · 이소영), 신영사, 2005
- 『문헌연구 포스트모더니즘과 법』(이상돈 · 이소영 · 민윤영 · 정채연), 세창출판사, 2006
- 『시민운동론』, 세창출판사, 2007
- 『기초법학』, 법문사, 2008, 2010
- 『법미학』, 법문사, 2010
- 『로스쿨을 위한 법학입문』, 법문사, 2009
- 『법정신분석학입문』(2인공저), 법문사, 2010
- 『법의 춤』, 법문사, 2012

◇ 형사법 분야 ◇

- 『형법의 근대성과 대화이론』, 홍문사, 1994
- 『형사소송법 사안풀이와 법치국가』, 태진사, 1995
- 『형사소송법』(2인공저), 홍문사, 1996(제1판), 2004(제6판)
- 『형사소송원론. 형사소송의 근대성과 대화이론』, 법문사, 1998
- 『형법정책』(배종대 · 이상돈 편역), 세창출판사, 1999
- 『형사소송법연습』, 법문사, 1999(제1판)
- 『형법학. 형법이론과 형법정책』, 법문사, 1999
- 『법률해석의 한계』(5인공저), 법문사, 2000
- 『사례연습 형사소송법』, 법문사, 2001(제2판), 2004(제3판)
- 『헌법재판과 형법정책』, 고려대출판부, 2005

◇ 의료법 분야 ◇

- 『의료형법』, 법문사, 1998
- 『의료체계와 법』, 고대출판부, 2000
- 『치료중단과 형사책임』, 법문사, 2002
- 『생명공학과 법』, 아카넷, 2003
- 『수가계약제의 이론과 현실』, 세창출판사, 2009
- 『의료법강의』(2인공저), 법문사, 2013(제2판)

◇ 경영법 분야 ◇

- 『부실감사법』, 법문사, 2004
- 『윤리경영과 형법』, 신영사, 2005
- 『공익소송론』, 세창출판사, 2006
- 『부실감사 판례연구』, 법문사, 2006
- 『사례연구 기업윤리와 법』(이상돈 · 지유미 · 박혜림), 법문사, 2008
- 『조세형법론』, 세창출판사, 2009
- 『공정거래형법』, 법문사, 2010
- 『증권형법』, 법문사, 2011
- 『경영과 형법』, 법문사, 2011

〔저자약력〕

서울 출생
서울 중앙중학교 졸업
서울고등학교 졸업
고려대학교 법과대학 졸업(총장상 수상)
고려대학교 대학원 졸업(법학석사)
독일 프랑크푸르트 대학교 대학원 졸업(Dr.jur.)
現, 고려대학교 법학전문대학원 교수
한국법철학회 회장
국가생명윤리심의위원회 위원
대법원 국선변호위원회 위원

미술비평과 법

2013년 5월 1일 초판 인쇄
2013년 5월 5일 초판 1쇄발행

저 자 이 상 돈
발행인 배 효 선

발행처 도서출판 法 文 社

주 소 413-756 경기도 파주시 문발동 526-3
등 록 1957년 12월 12일/제2-76호(윤)
전 화 (031)955-6500~6 FAX (031)955-6525
E-mail (영업) bms@bobmunsa.co.kr
(편집) edit66@bobmunsa.co.kr
홈페이지 http://www.bobmunsa.co.kr

조 판 (주) 성 지 이 디 피

정가 25,000원 ISBN 978-89-18-08525-8